比语精读

田原 上册

台海出版社

图书在版编目（CIP）数据

论语精读 / 雷原著. —北京：台海出版社，2019.8
ISBN 978-7-5168-2378-1

Ⅰ.①论… Ⅱ.①雷… Ⅲ.①《论语》—研究 Ⅳ.
①B222.25

中国版本图书馆CIP数据核字（2019）第124711号

## 论语精读
LUNYU JINGDU

著　者：雷　原

责任编辑：俞滟荣　曹任云　　　　装帧设计：末末美书
版式设计：赵　易　　　　　　　　责任印制：蔡　旭

出版发行：台海出版社
地　　址：北京市东城区景山东街20号　　邮政编码：100009
电　　话：010-64041652（发行，邮购）
传　　真：010-84045799（总编室）
网　　址：http://www.taimeng.org.cn/thcbs/default.htm
E – mail：thcbs@126.com

经　　销：全国各地新华书店
印　　刷：北京雁林吉兆印刷有限公司
本书如有破损、缺页、装订错误，请与本社联系调换

开　　本：880mm×1230mm　　　　1/32
字　　数：366千字　　　　　　　印　张：17
版　　次：2019年8月第1版　　　印　次：2019年8月第1次印刷
书　　号：ISBN 978-7-5168-2378-1

定　　价：98.00元（全两册）

# 目录

# 丛书总序

雷原

　　中华文化源远流长，作为教育工作者，如何在浩瀚的书籍中理出头绪，找到脉络，以最简单的方式，做到既能传承文化，又能学以致用，使国人能够知类通达，明体达用，成为通人，就成为我始终思考斟酌的问题。

　　幸运的是，我在思考这一问题时，经常得到恩师汤一介先生、楼宇烈先生等人的指导，同时研读汤用彤先生、钱穆先生、梁漱溟先生等人的书籍，受益匪浅。通过多年在实际工作中的印证，最后我得出一个结论：有四本书是中华传统文化之根，也是国人的四本必读之书，即《论语》《道德经》《大学》《中庸》。

　　《论语》是讲人与人之间和谐之道的。孔子四教：文、行、忠、信，其所教在人文，因为人文是人与人之间所相通的。人文不同于宗教，人之所向往、所追求的，全依赖自己的德行，而非外在的力量。或许这种力量是存在的，但已成为今天之我的前提，对今天之后的我，已无从着力，而意义最大者在于我今后之修德与进取。

在可为处着力，在应该为处着力，由近而远，由易而难，素位而行，随遇而乐。这正是孔子教导我们的文化根本所在。

《道德经》的价值一则在培养人们的异向思维，即从反面思考问题。居高而知卑下之意义，处于卑下而知必向趋高的转变；柔弱能胜刚强，卑谦者因能容物而壮大，从而使人能在困境与逆境中得以自得、自安与奋进。

二则在顺其自然，或者叫因循时势。"因循"就是顺应，也就是"舍己之私意"，而顺应时势之变迁，这样才能以最小之力得最大收获。譬如因时而教，就是依其年龄而设置符合此年龄段的科目。再譬如因地而教，以学北京话为例，最好待在北京进行学习，就会事半功倍；待在广东而学习北京话，就会事倍功半。

可以说《论语》正着讲，《道德经》反着说，两者一阳一阴，相辅相成，共同构建了中华文化的基石。

《大学》《中庸》被认为是曾子、子思所作，或者可以说是曾子与子思对于学习孔子思想的心得。

《大学》近于学习方法上的心得，提出了"三纲八目"，"三纲"即"大学之道在明明德，在亲民，在止于至善"。明明德在于"内圣"，亲民则是"外王"，两者合一，即至善。三纲其实为一。"八目"即"格物、致知、诚意、正心、修身、齐家、治国、平天下"。八目其实不完全依此次第的，格物无诚意，显然也难以格物，心不正何以意诚呢？可以说"格物致知，诚意正心"是一回事，是一事的几个方面，目标在修身，亦即"明明德"。"齐家治国平天下"则类于"亲民"，合起来是"至善"。

《中庸》一书，更多地讲功夫与境界："喜怒哀乐之未发，谓之中；发而皆中节，谓之和。""中和"既是功夫，也是最高境界，亦即"至善"之境。这种"喜怒哀乐之未发，发而皆中节"的功夫，根本在"诚"，"诚者天之道也，诚之者人之道也"。诚者才能尽性知天，诚才能得天地之佑，诚则明，明则诚。

所以《大学》《中庸》是学习孔子思想的方法指引，也是修身的功夫指南。学习《大学》《中庸》极其重要，类似于读经的纲要，这两本书字又非常少，易于学习。

总之，我们若能在此四本书上下功夫，既能够领略中华文化的要旨，也容易形成传统文化的体系，正反合一，学道贯一，足以奠定人生的价值与理想。

# 推荐序

楼宇烈

　　我很乐意为雷原教授的《论语精读》作序。何以如此呢？一个原因是雷原的为人、做事与学养。他为人正直诚恳，有情有义。他做事格局大，敢于用人，善于把握主次，轻重缓急拿捏得当。雷原做学问的特点在于博通与学以致用。他以国学教育为专长，对经济、金融、政治、管理、军事、农业与农村等方面都有所涉猎，领域不仅广博，而且在每一个领域里都有深入的研究。

　　另外一个原因就是《论语》这本书对于中国人乃至全人类而言，意义非常重大。当今世界，商业竞争、科技竞赛，以及文化冲突甚为严重。科学日益发达，学科日益细密，这些可能使人与人之间的隔膜日益加深。科学与产业结合起来，在某种程度上也导致了人与自然关系的恶化，使人与人之间的贫富差距进一步拉大，人与人的关系也更加恶化。

　　而孔子直指人心，找到了人与人之间的相同处，即"仁"，可以实现人与人的和谐。"己所不欲，勿施于人"，乃仁之体；

"入则孝、出则悌、谨而信、泛爱众、而亲仁"，则仁之用。仁孝为本，由近及远，由父母而兄弟而男女而朋友而君臣，四海一家。使不同宗教信仰者、不同文化背景者，无论其信仰什么，都能"己所不欲，勿施于人"，从而不相互鄙视，不相互欺诈，不相互嫁祸于对方，更不会相互无端侵略，等等，这样这个世界才会美好。所以孔子之学是解决人类共同问题的，而孔子的主要思想都在《论语》中。

雷原释、译、导读的《论语精读》较之以前的版本具有综汇的特点。一方面他在注解时充分吸收了钱穆、杨伯峻、李泽厚、幺峻洲等学者对《论语》章句的注解，很多地方一句话引用了好几位先生的注解，以便读者集思广益，加深对《论语》章句的理解。译文部分则完全以自己的语言风格，依照自己的理解，通俗地进行翻译，然后简明扼要地加以导读。他的导读部分最有价值，特点也很突出。这也可以说是他注泽《论语》的另一个贡献。特点何在呢？

第一，关联性强。前后内容相互关联，使读者对孔门弟子中的人与事能形成总体印象，从而启发读者在读书时要善于归纳总结，达到"温故知新"的境界。

第二，引用《大学》《中庸》《孟子》《荀子》《诗》《尚书》等典籍中的语录，以经解经，使导读更有会通的特点。

第三，在导读中，以历朝历代的制度得失注解《论语》，从而使《论语》"修身、齐家、治国、平天下"的治道特点凸显出来。

雷原教授若无丰富的人生阅历，就很难与古人有心灵的交流。神交古人，正是说要与古人有默契。依汤用彤先生的话就是与古人之间要有"同情之默应""心性之体会"。这一点雷原做到了，顺此趋势继续发展下去，雷原的前途不可限量。

# 学而第一

（共16章）

## 1.1

子曰①："学而时习②之，不亦说悦③乎？有朋④自远方来，不亦乐乎？人不知而不愠⑤，不亦君子⑥乎？"

**【注释】**

①子曰："《论语》中'子曰'的'子'都是指孔子而言。"（杨伯峻《论语译注》）

②时习："按一定的时间（或在恰当的时候）实践。"（杨伯峻《论语译注》）"习，鸟数飞也。"（朱熹《论语集注》）

③说：通"悦"。高兴、喜悦、愉快。

④朋："志同道合的人。"（杨伯峻《论语译注》）

"同门曰'朋'，同志曰'友'。"（毛子水《论语》）

⑤人不知而不愠："人家不了解我，我不怨恨。"（杨伯峻《论语译注》）

"人家没有知识，我不气恼。"（张松辉、周晓露《〈论语〉〈孟子〉疑义研究》）

"一说古之学者为己，己得先王之道，含章内映，而他人不见不知，而我不怒也。一说君子易事，不求备于一人，故为教诲

之道。若有人钝根不能知解者，君子恕之而不愠怒也。"（李学勤《论语注疏》）

⑥君子："论语中的'君子'有时指有德者，有时指有位者，有的地方难以区分二者。这里指有德者。"（杨伯峻《论语译注》）

## 【译文】

先生说："将所学的东西，经常用于生活、生产实践中，不也是件很高兴的事情吗？有朋友从远方到我这里来做客，不也是件很快乐的事情吗？我有点学问，别人虽然不知道，我并不怨怒，不也正是君子的德行吗？"

## 【导读】

本章重在说明学以致用、学习与实践相结合的道理；学习要跟志同道合者相互切磋才会有乐趣，进步才会快，以及要抱有一种为己之学的态度。

## 1.2

**有子**①**曰："其为人也孝弟**悌②**，而好犯上者，鲜矣；不好犯上，而好作乱者，未之有也。君子务本，本立而道生。孝弟**悌**也者，其为仁之本与！"**

## 【注释】

①有子：孔子的学生，姓有，名若。"《论语》中记载的弟子，通常都称字，如'子贡'或'颜渊'（字上加氏）等；只有有若和曾参称'子'，如'有子''曾子'。宋程颐认为，

《论语》成于有子、曾子弟子门人，所以《论语》中独称这二人为'子'。"（毛子水《论语》）

②孝弟：弟通"悌"。"善事父母为孝，善事兄长为弟。"（朱熹《论语集注》）

**【译文】**

有子说："一个人在家能遵守孝悌之道，在外却喜好犯上，是几乎没有可能的；在外不犯上，忠于职守，而好作乱的，是几乎不曾有过的。君子常常致力于根本，根本确立了，仁爱之心便能随之建立（或一切便迎刃而解）。孝顺父母，兄友弟恭，是热爱众人的根本！"

**【导读】**

本章之要在于：孝悌是行仁的根本。体现了儒家由近及远的思想，即仁从孝悌开始。

## 1.3

### 子曰："巧言令色①，鲜矣仁！"

**【注释】**

①巧言令色："花言巧语，虚言假色。"（李泽厚《论语今读》）

"好其言，善其色，致饰于外，务以悦人。"（朱熹《论语集注》）

先生说:"虚言假色者,是很少真心爱人的。"

【导读】

仁有真实、质朴、诚敬之意,本章从反面说明什么不是"仁"。

## 1.4

曾子<sup>①</sup>曰:"吾日三省<sup>②</sup>吾身:为人谋而不忠乎?与朋友交而不信乎?传不习乎<sup>③</sup>?"

【注释】_____

①曾子:孔子的学生,名参,字子与。

②三省(xǐng):"省,自我检查,反省,内省。三省的'三'表示多次。"(杨伯峻《论语译注》)

"三省有两解:一,三次省察。二,省察下列三事。依前解。"(钱穆《论语新解》)

③传不习乎:"老师传授我的学业是否复习了呢?"(杨伯峻《论语译注》)

"我所传授于人的,有不是我自己日常所讲习的吗?"(钱穆《论语新解》)

"传授给别人的东西,自己实践过吗?"(李泽厚《论语今读》)

【译文】

曾子说:"我每天多次在三个方面反省、要求自己——为人做事是否尽心尽力了？与朋友交往是否有不信实的地方？我传授给学生的知识，自己实践过了吗？"

**【导读】**

　　本章重在谈君子的修炼要一日三省己身。"习"的本意是鸟在空中飞行习练。"习"是通过实践，从亲身感受中理解学问的真意。学问如果不能亲身实践，其字面意思、人们所理解的意思，会跟字面背后的真意不全一样，甚至有很大的偏差。由此可见，古人做学问的精神既注重知行合一，也注重学习与实践的统一。

1.5

　　子曰："道导<sup>①</sup>千乘之国<sup>②</sup>：敬事而信<sup>③</sup>，节用而爱人<sup>④</sup>，使民以时<sup>⑤</sup>。"

**【注释】**

　　①道：一说通"导"；二说"道"（音dào）是治理的意思。

　　②千乘之国："乘，古代称四匹马拉的一辆兵车为'一乘'，能出兵车千乘是一大国。"（钱穆《论语新解》）

　　"千乘之国，在孔子之时已经不是大国，因此子路也说过'千乘之国摄乎大国之间'的话。"（杨伯峻《论语译注》）

　　③敬事而信：此句意在诚敬待人，诚敬做事。上不敬则下慢，不信则下疑。下慢而疑，事情则难以成功。

　　④爱人："爱护人民。"（李泽厚《论语今读》）

　　"爱护官吏。古代的'人'字有广狭两义，广义的'人'指一切人群，狭义的'人'指士大夫以上的各阶层人群，这里和

'民'对言，用的是狭义。"（杨伯峻《论语译注》）

⑤使民以时：时指农时。使民当于农隙，不违农时。

【译文】

先生说："治理一个中等的国家，应该做到：对于大国应恭敬、信实、有礼，要节俭，爱护民力，不违农时。"

【导读】

本章阐述了孔子关于治理一个中等国家应该遵守的原则：恰当地使用民力，不违农时；节俭、诚敬有信。

## 1.6

子曰："弟子<sup>①</sup>入则孝，出则弟悌<sup>②</sup>，谨而信，泛爱众而亲仁<sup>③</sup>。行有余力，则以学文<sup>④</sup>。"

【注释】

①弟子："一般有两种意义：年纪幼小的人；学生。这里是第一种意思。"（杨伯峻《论语译注》）

②入则孝，出则弟："在家里孝顺父母，在外面敬爱兄长。"（李泽厚《论语今读》）

"使用的是互文手法：年轻人无论在何地都要孝顺父母、尊敬兄长。"（张松辉、周晓露《〈论语〉〈孟子〉疑义研究》）

③亲仁："'仁'即'仁人'。"（杨伯峻《论语译注》）

④行有余力，则以学文："文，亦称文章，即以读书为学也。有余力始学文，乃谓以孝悌、谨信、爱众、亲仁为本，以余

力学文也。"（钱穆《论语新解》）

"这里的'文'，指书本言，意为'除了学习德行以外，余事便是读书。'"（毛子水《论语》）

## 【译文】

孔子说："年轻人在家要孝顺父母，在外要尊敬比自己年龄大的，爱护比自己年龄小的。行为谨慎，言语信实，热爱众人，亲近贤者。这些做到了，有剩余的时间，再去学习《诗》《书》等文化课。"

## 【导读】

本章重在说明由近及远、由孝而仁的道理，并强调做人是第一位的，学文是其次的。在中国古代教育思想中，培养人的德行是第一位的，学习知识是其次的，而德行在于做人，做人的功夫自孝悌来。

## 1.7

子夏①曰："贤贤易色②，事父母能竭其力，事君能致其身③，与朋友交言而有信。虽曰未学，吾必谓之学矣。"

## 【注释】

①子夏：孔子弟子，姓卜，名商。

②贤贤易色："好人之贤德胜过好色之心。"（钱穆《论语新解》）

"与下文事父母、事君、交朋友相应，贤贤易色指夫妻间的

关系，对妻子重品德不重容貌。"（杨伯峻《论语译注》）

③致其身："致尽忠节，不爱其身。"（李学勤《论语注疏》）

**【译文】**

子夏说："用喜好美色之心对待圣贤，侍奉父母能竭尽其力，对待国君能忠诚有加，与朋友交往能诚实有信。虽然他或许没有学过经典，但我认为他是有学问的人。"

**【导读】**

本章更进一步阐述了做人比读书重要的道理。

## 1.8

**子曰："君子不重则不威<sup>①</sup>，学则不固<sup>②</sup>。主忠信<sup>③</sup>。无<sub>毋</sub>友不如己者<sup>④</sup>。过则勿惮改。"**

**【注释】**

①不重则不威："不厚重就无威严。"（钱穆《论语新解》）

"不庄重，就没有威严。"（杨伯峻《论语译注》）

②学则不固："此句有两解：一，接上文，人不厚重，那么所学的就不能固守。二，独立成句，学习就不会固陋。当从后解。"（钱穆《论语新解》）

③主忠信："行事以忠信为主。"（钱穆《论语新解》）

"凡所亲狎，皆须有忠信者也。"（李学勤《论语注疏》）

④无友不如己者：无，通"毋"，禁止词。不要，不可。

"言不得以忠信不如己者为友也。"（李学勤《论语注疏》）

"窃谓此章绝非教人计量所友之高下优劣，而定择交之条件。苟我心常能见人之胜己而友之，则易得友。"（钱穆《论语新解》）

**【译文】**

先生说："作为一个君子，不庄重、不厚重则无威严；不认真、不钻研，所学的东西也不会牢固。做人做事以忠信为主。所结交的朋友都能认识到他们的优点。有了过失，不要怕改正。"

**【导读】**

本章言庄重、忠信的重要。

## 1.9

**曾子曰："慎终追远①，民德归厚矣。"**

**【注释】**

①慎终追远："终，丧礼。远，祭礼。对死者的送终之礼能谨慎，对死亡已久者能不断追思。"（钱穆《论语新解》）

"终，指父母的死亡。谨慎地对待父母的死亡，追念远代祖先。"（杨伯峻《论语译注》）

**【译文】**

曾子说："谨慎地对待父母的丧事与祖先的祭祀，会对民众道德的提升产生积极的作用。"

本章言对孝的追溯。孝在于时间，是纵向延伸；悌在于空间，是横向的扩大。

## 1.10

子禽①问于子贡②曰："夫子③至于是邦也，必闻其政。求之与？抑与之与④？"子贡曰："夫子温、良、恭、俭、让⑤以得之。夫子之求之也，其诸⑥异乎人之求之与？"

**【注释】**

①子禽：孔子的弟子。陈亢（gāng，或说读kàng），字子禽。

②子贡：姓端木，名赐，字子贡，孔子的弟子。

③夫子："'夫子'本是对尊长的敬称。在《论语》里，孔子的门人通常对孔子当面称'子'，和别人提到孔子时则称'夫子'。"（毛子水《论语》）

④抑与之与："抑"，连词，表示选择。"与之与"，前面的"与"是动词，给。后面的"与"同"欤"，是语气词，表示疑问。

⑤温、良、恭、俭、让："温和、善良、严肃、节俭、谦逊。"（杨伯峻《论语译注》）

"温，和厚也。良，易直也。恭，庄敬也。俭，节制也。让，谦逊也。"（朱熹《论语集注》）

"敦柔润泽谓之温，行不犯物谓之良，和从不逆谓之恭，去

奢从约谓之俭，先人后己谓之让。"（李学勤《论语注疏》）

⑥其诸：用来表示不肯定的语气，"或者""也许"的意思。

## 【译文】

子禽问子贡："先生每到一个国家，必然很快了解其中的政事。这是先生主动问别人得来的呢？还是别人主动告诉先生的呢？"子贡回答道："先生平易近人，善为人谋，认真、不敷衍别人，能克制自己，还很谦虚，所以无论居于高位者，还是普通百姓，都愿意将自己所知道的告诉先生。他老人家获得的方法，和别人获得的方法，不相同吧？"

## 【导读】

本章言孔子"温、良、恭、俭、让"之美德。


### 1.11

**子曰："父在，观其志；父没，观其行。三年无改于父之道①，可谓孝矣。"**

## 【注释】

①三年无改于父之道："'三年'表示长期，'道'表示善的东西。他对他父亲为人做事合理的部分，长期不将其改变。"（杨伯峻《论语译注》）

"本章就父子言，则其道其事，皆家事也。三年内，子孝不忍遽改其父生时之素风。"（钱穆《论语新解》）

"言孝子在丧三年，哀慕犹若父存，无所改于父之道，可谓

孝也。"（李学勤《论语注疏》）

**【译文】**

先生说："父亲在世时，要观察儿子志向；父亲去世以后，要观察儿子的实际行动，是否在按照父亲的遗志进行。若三年大概还能继承不变，应该可以称他为孝子了吧！"

**【导读】**

本章从"父在"与"父没"的变化，观子之孝行，让人进一步加深对孝的理解。

## 1.12

有子曰："礼之用，和为贵①。先王之道斯②为美，小大由之③。有所不行④，知和而和，不以礼节之，亦不可行也⑤。"

**【注释】** _____

①礼之用，和为贵："礼者，天理之节文，人事之仪则也。和者，从容不迫之意。盖礼之为体虽严，而皆出于自然之理，故其用，必从容而不迫，乃为可贵。"（朱熹《论语集注》）

"和是'和睦'的意思。"（张松辉、周晓露《〈论语〉〈孟子〉疑义研究》）

"礼的作用，以恰到好处为珍贵。"（杨伯峻《论语译注》）

"礼的实行，以达到和谐最为可贵。"（曾琦云《每日论语》）

②斯：代词，这，指代礼。

③小大由之：由，遵从。意为"事无大小，都遵循这个道理"。

④有所不行：一说接下文："如果有行不通的地方。"（杨伯峻《论语译注》）

一说接上文："小大由之的'之'指的是'礼'。言每事大小皆用礼，不以乐（yuè）（和，谓乐也。乐主和同，故谓乐为和）和之，则其政有所不行也。"（李学勤《论语注疏》）

一说接上文："'之'代'和'，大小事情都以和睦为目的，有时就行不通。"（张松辉、周晓露《〈论语〉〈孟子〉疑义研究》）

⑤"知和……行也"："只强调'和'，为和而求和，而不把'礼'作为节限，也是不可行的。"（钱穆《论语新解》）

"如有行不通的地方，便为恰当而求恰当，不用一定的规矩制度来加以节制，也是行不通的。"（杨伯峻《论语译注》）

## 【译文】

有子说："礼制的作用在于使社会和谐。古代先王治理天下，关键就在于依礼而行，大小之事莫不由此。如果有行不通之处，只知道为了一团和气，而放弃对礼的遵守，也是不可以的。"

## 【导读】

本章重在说明"礼"与"和"的关系。礼在于敬，乐在于和，敬胜则严而不泰，乐胜则流而不节。所以要严而泰，和而节，不失其中正。

## 1.13

有子曰："信近于义，言可复也[①]；恭近于礼，远耻辱也[②]；因不失其亲，亦可宗也[③]。"

**【注释】**

①信近于义，言可复也：复，反复，即实现诺言。"义不必信，信不必义。以其言可反覆，故曰'近义'。"（李学勤《论语注疏》）

"所守的约言符合义，说的话就能兑现。"（杨伯峻《论语译注》）

②恭近于礼，远耻辱也："恭虽非礼，以其能远耻辱，故曰'近礼'。"（李学勤《论语注疏》）

"态度容貌的庄矜合于礼，就不致遭受侮辱。"（杨伯峻《论语译注》）

③因不失其亲，亦可宗也：因，依靠，凭借。"所依者不失其可亲之人，则亦可以宗而主之矣。"（朱熹《论语集注》）

"所亲不失其亲，言义之与比也。既能亲仁比义，不有所失，则有知人之鉴，故可宗敬也。"（李学勤《论语注疏》）

**【译文】**

有子说："与人承诺要合乎道义，才能去履行；对人恭敬要合乎礼制，才能使自己远离耻辱；所依靠的是自己信得过的人，才是可靠的。"

本章在说明德行高尚的人，言不必信，行不必果，唯义之所在；致恭而中其节，恭而有度，则可以远离耻辱；所依靠的人都是亲近自己的人，才是靠得住的。

## 1.14

子曰："君子食无求饱，居无求安，敏①于事而慎于言，就有道而正焉②，可谓好学也已。"

**【注释】**

①敏："敏于事者，勉其所不足。"（朱熹《论语集注》）

②就有道而正焉："接近有德行的人来匡正自己。"（杨伯峻《论语译注》）

"就有道之人，以正（辨正）其是非。"（朱熹《论语集注》）

**【译文】**

先生说："君子吃饭不必要求吃饱，居处未必要求舒适，可是对于做事则勤奋力行，说话则不妄言，以有道者为师来匡正自己，这样的人才称得上好学之人。"

**【导读】**

本章在阐述"好"的条件，即以有道之人来匡正自己的言行，力行谨言，不求温饱安逸。诚如夫子所说的"士志于道，而耻恶衣恶食者，未足与议也"。

## 1.15

子贡曰："贫而无谄，富而无骄，何如？"子曰："可也。未若贫而乐，富而好礼者也。"

子贡曰："《诗》云：'如切如磋，如琢如磨①。'其斯之谓与？"子曰："赐也，始可与言《诗》已矣！告诸往而知来者②。"

【注释】_____

①如切如磋，如琢如磨："此诗有两种解释：一治骨曰'切'，治象曰'磋'，治玉曰'琢'，治石曰'磨'，四字分指平列，谓非加切磋琢磨之功，则四者皆不能成器，盖言学问之功。又一释，治牙骨者，切了还得磋，使益平滑。治玉石者，琢了还得磨，使益细腻。此言精益求精，求之古训，前说为当。"（钱穆《论语新解》）

②告诸往而知来者："告诉他一件事，他就能悟出一个道理来。（能懂得诗句外的意思，读者不可拘泥于'往''来'两字的本意。）"（毛子水《论语》）

"告诉你这里，你能悟到那里。"（钱穆《论语新解》）

"告诉你过去的，你便能用在未来上。"（李泽厚《论语今读》）

【译文】

子贡问："虽然贫困，但不谄媚别人；虽然居于富贵之境地，但并不傲慢待人。这样做，怎么样？"先生答："这样做，可以了！但是不如处于贫困却快乐（乐在其素位而行，不在贫困），处于富贵却能以礼待人。"

子贡说："《诗经》上说：'如同加工骨头、牛角、象牙、玉石一般，切磋它、琢磨它，精益求精。'大概说的就是这种情况吧！"先生赞赏道："端木赐，可以开始与你谈论《诗经》了！告诉你一件事，你可以引申到很多事情啊！"

## 【导读】

本章从子贡与孔子对身处贫富处境应有的不同人生态度说起，引申到做学问要精益求精、触类旁通。

## 1.16
### 子曰："不患人之不己知，患不知人也。"

## 【译文】

先生说："不要担心别人不知道自己，该担心的是自己不了解别人。"

## 【导读】

本章在言知人之重要，君子一要知命，二要知礼，三要知人。

# 为政第二

（共24章）

## 2.1

子曰："为政以德，譬如北辰①，居其所而众星共拱②之。"

**【注释】**

①北辰："即北极星，古人谓之天之中心。"（钱穆《论语新解》）

②共："'共'同'拱'，环抱、环绕之意。"（杨伯峻《论语译注》）

**【译文】**

先生说："把政治建立在道德的根本上，如同北极星一样，众星都拱卫在它的周围（言下之意能得民心）。"

**【导读】**

本章言德政如北斗之星，别的星辰都环绕着它，以喻德政是无为而治的根本。

## 2.2

子曰："《诗》三百①，一言以蔽之，曰'思无邪'②。"

①《诗》三百："《诗经》三百零五篇，言三百，举其大数。"（钱穆《论语新解》）

②思无邪："论功颂德，止僻防邪，大抵皆归于正。"（李学勤《论语注疏》）

"其言出于至情流溢，直写衷曲，毫无委托虚假，此即所谓诗言志。"（钱穆《论语新解》）

**【译文】**

先生说："《诗经》三百余首，概括一下：'思想纯正，无邪恶的东西。'"

**【导读】**

本章是孔子对《诗经》的评价，孔子很推崇《诗经》。首诗《关雎》中的第一句"关关雎鸠"喻男女恋情，并且在《国风》中有许多表达男女爱情、幽期密约的内容，孔子非但不指责，还给予"思无邪"与"哀而不伤，乐而不淫"的评价。这是人类情思自然中正、合乎礼节而不放肆、无邪僻的精神境界。

## 2.3

子曰："道<sup>导</sup>①之以政，齐之以刑，民免而无耻②；道<sup>导</sup>之以德，齐之以礼，有耻且格③。"

**【注释】**_____

①道：引导；疏通。后写作"导"。

②民免而无耻："免，先秦古书，单用一个'免'字，一般是'免罪''免祸'的意思。意为'人民只是暂时地免于罪过，却没有廉耻之心'。"（杨伯峻《论语译注》）

"免而无耻，谓苟免刑罚。而无所羞愧，盖虽不敢为恶，而为恶之心未尝忘也。"（朱熹《论语集注》）

③有耻且格："格，人心归服。"（杨伯峻《论语译注》）

"格，正也。使民知有礼则安，失礼则耻。如此则民有愧耻而不犯礼，且能自修而归正也。"（李学勤《论语注疏》）

"言躬行以率之，则民固有所观感而兴起矣，而其深浅厚薄之不一者，又有礼以一之，则民耻于不善，而又有以至于善也。一说，格，正也。"（朱熹《论语集注》）

## 【译文】

先生说："用法制政令治理国家，以刑法进行惩治，民众虽然因畏惧而不犯罪，然而廉耻之心却难以养成；用道德为根本治理国家，即推行仁政，用礼制加以约束，民众的廉耻之心会养成，而且会自觉改过向善。"

## 【导读】

本章主要阐述礼与刑的关系，并主张礼刑合治，以礼为主的治国思想。

## 2.4

子曰："吾十有又五而志于学，三十而立①，四十而不惑②，五十而知天命③，六十而耳顺④，七十而从心所欲，不逾矩⑤。"

①三十而立："三十岁，（懂礼仪）说话做事都有把握。"（杨伯峻《论语译注》）

"有所成立也。"（李学勤《论语注疏》）

②四十而不惑："四十岁，（掌握了各种知识）不致迷惑。"（杨伯峻《论语译注》）

"志强学广，不疑惑也。"（李学勤《论语注疏》）

③五十而知天命："命，天之所禀受者也。孔子四十七学《易》，至五十穷理尽性天命之终始也。"（李学勤《论语注疏》）

"天命，即天道之流行而赋于物者，乃事物所以当然之故也。"（朱熹《论语集注》）

"孔子所说'天命'，就是一般意义上的命运。"（张松辉、周晓露《〈论语〉〈孟子〉疑义研究》）

④六十而耳顺："六十岁，一听别人言语，便可以分别真假，判明是非。"（杨伯峻《论语译注》）

"耳闻其言，则知其微旨而不逆也。"（李学勤《论语注疏》）

"无论听到任何语言，都能够心平气和地对待。"（张松辉、周晓露《〈论语〉〈孟子〉疑义研究》）

⑤七十而从心所欲，不逾矩："到了七十岁，便随心所欲，任何念头不越出规矩。"（杨伯峻《论语译注》）

“矩，法也。言虽从心所欲而不逾越法度也。”（李学勤《论语注疏》）

**【译文】**

先生说：“我十五岁立志学习，三十岁时能知礼而自立，四十岁时对所遇到的事情不再有不惑之感，五十岁时知道自己人生的使命，六十岁时对于任何赞扬的、批评的甚至漫骂的，都能分别真假，判明是非，到了七十岁时便能随心所欲但不逾越礼制。”

**【导读】**

本章重在说明人生的六个阶段。由此也可看出人生是心物一体的人生，人生之心境是与人生的年轮紧密相连的，同时人生也是一个由外而内、内外兼修的过程。

## 2.5

孟懿子①问孝。子曰：“无违。”

樊迟②御③，子告之曰：“孟孙问孝于我，我对曰‘无违④’。”樊迟曰：“何谓也？”子曰：“生，事之以礼；死，葬之以礼，祭之以礼。”

**【注释】** _____

①孟懿子：鲁国大夫，三家之一，姓仲孙，名何忌，懿是他的谥号。下文孟孙即指孟懿子。

②樊迟：孔子弟子，姓樊，名须。

③御：御车。

④无违："古人凡违背礼者谓之'违'。无违意为不违背礼节。"（杨伯峻《论语译注》）

"其父贤而好礼，懿子不能谨守其父之教，孔子教以无违，盖欲其善体父命卒成父志。"（钱穆《论语新解》）

"言行孝之道，不得违礼也。"（李学勤《论语注疏》）

## 【译文】

孟懿子问孝于先生，先生说："不要违背礼制。"

樊迟给先生驾车，先生告诉樊迟："孟孙向我问孝，我回答说'不要违背礼制'。"樊迟问："什么意思呢？"先生说："对于父母，在他们活着的时候，要依礼制进行侍奉；他们过世了，要依礼而葬，依礼而祭祀。"

## 【导读】

本章孔子针对孟懿子的实际情况，阐述行孝不可违逆礼制。

### 2.6

**孟武伯**①**问孝。子曰："父母唯其疾之忧**②**。"**

## 【注释】

①孟武伯：孟懿子的儿子，仲孙彘，武是他的谥号。

②唯其疾之忧："言父母爱子之心，无所不至，唯恐其有疾病，常以为忧也。人子体此，而以父母之心为心，则凡所以守其身者，自不容于不谨矣，岂不可以为孝乎？"（朱熹《论语集注》）

"子女常以谨慎持身，使父母只以他的疾病为忧，言无他可忧。"（钱穆《论语新解》）

**【译文】**

孟武伯问先生什么是孝。先生说："做父母的最担心子女的身体有疾病（意思是说子女健康不让父母担心忧虑就是孝）。"

**【导读】**

本章是针对孟武伯好勇任性斗狠的缺点，来说明不用父母为子女担心，就是孝道。意在劝其加强道德修养，让父母为他放心。

## 2.7

子游①问孝。子曰："今之孝者，是谓能养。至于犬马，皆能有养②；不敬，何以别乎？"

**【注释】** _____

①子游：孔子学生，姓言，名偃，吴人。

②至于犬马，皆能有养："此句有两解：犬守御，马代劳，亦能侍奉人，是犬马亦能养人。另一说是犬马亦得人之养，可见徒养口体不足为孝。今从后解。"（钱穆《论语新解》）

**【译文】**

子游问孔子什么是孝。孔子说："现在说孝，以为能供养父母吃穿就是孝。岂不知家中的犬马都能得到饲养，如果在对待父母方面欠缺孝敬之心，那么饲养犬马与供养父母又有什么区别呢？"

## 2.8

子夏问孝。子曰："色难<sup>①</sup>。有事弟子服其劳，有酒食先生馔<sup>②</sup>，曾<sup>③</sup>是以为孝乎？"

**【注释】**

①色难："孝子侍奉父母，以能和颜悦色为难。"（钱穆《论语新解》）

"色难者，谓承顺父母颜色乃为难。"（李学勤《论语注疏》）

②先生馔（zhuàn）：馔，饮食。"先生或说指长者，或说指父兄。上言弟子，不言子弟，则指长者为是。"（钱穆《论语新解》）

"先生，谓父兄。"（李学勤《论语注疏》）

③曾："音céng，副词，竟也。"（杨伯峻《论语译注》）

**【译文】**

子夏向先生问孝。先生说："对待父母和颜悦色是最难的。有事情，做子女的替父母做；有酒食，先让父母吃，难道这就叫孝吗？"

**【导读】**

本章又言孝的真谛。不仅内心要诚敬，还要侍奉父母，和颜悦色、心平气和，并且随时随地都想着父母，有酒食的时候也应先想着父母。

## 2.9

子曰："吾与回①言终日，不违②如愚。退而省其私③，亦足以发。回也不愚。"

**【注释】**

①回：颜回，孔子最得意的弟子，姓颜，名回，字子渊。

②不违：不提出疑问和反对意见。

③退而省其私："言回既退还，而省察其在私室与二三子说释道义，亦足以发明大体。"（李学勤《论语注疏》）

"等他退下，我省察他的私人言行。"（钱穆《论语新解》）

"等他退回去自己研究。"（杨伯峻《论语译注》）

**【译文】**

先生说："我与颜回整天在一起讨论学问，他从不向我提出不同的观点，似乎有点愚笨。讨论结束等他退下之后，我省察他的言行，发现他对我所讲的道理发挥得很好，颜回不愚笨啊！"

**【导读】**

本章以颜回为例，讲弟子对老师真心服膺，弟子如何跟着老师学习。

## 2.10

子曰："视其所以，观其所由，察其所安①，人焉廋哉②？人焉廋哉？"

**【注释】**

①"视其……所安"："以，因义。因何而为此事。或说，以，为也。由，经由义。同一事，取径不同。安，安定、安乐义。"（钱穆《论语新解》）

"以，当'与'讲。意为所结交的朋友。所由是指为达到一定目的所从由的道路。"（杨伯峻《论语译注》）

"以，用也。言视其所行用。由，经也。言观其所经从。安，言察其所安处也。"（李学勤《论语注疏》）

②人焉廋（sōu）哉：焉，何处义。廋，藏匿义。意为"这个人能向何处藏匿呢"？

**【译文】**

先生说："观察人首先观察他所做的事，以及做事的原因（重在观察所做之事的动机与出发点），其次观察他做事的路径（通过观察他做事的方式，来了解他内心的取舍），最后观察他对于做事的后果安心与否（其心之安与不安，观察他内心的价值）。经过上述三个步骤的观察，他的为人品行还能隐藏到哪里去呢？"

**【导读】**

本章是孔子关于识人的三个步骤的说明。即由外及内、善行恶行到心之所安处。心之所安处即是人的价值取向所在，也就是人的本质。

## 2.11

**子曰："温故而知新<sup>①</sup>，可以为师矣。"**

**【注释】**

①温故而知新："皇侃义疏说，'温故'就是'月无忘其所能'，'知新'就是'日知其所亡'。"（杨伯峻《论语译注》）

"温，温寻义。寻者以火熟物。后人称急火曰'煮'，慢火曰'温'，温犹习也。故字有两解。一，旧所闻昔所知为故，今所得新所悟为新。二，故如故事典故。"（钱穆《论语新解》）

**【译文】**

孔子说："在温习旧知识时，能有新体会、新发现，就可以做老师了。"

**【导读】**

本章有两层意思：一者在于说明学习要经常复习已经学习过的东西，学以致用；二者，"温故知新"还在于说明学习古时的道理，要领悟其文字背后的精神，然后与自己的时代、自己所处的环境相结合，使这种精神转变为可以指导自己实践的理论。

## 2.12

子曰：“君子不器<sup>①</sup>。”

**【注释】**

①不器："古代知识范围狭窄，孔子认为应该无所不通。"（杨伯峻《论语译注》）

"器，各适其用而不能相通。不器，非谓无用，乃谓不专限于一材一艺之长，犹今之谓'通才'。"（钱穆《论语新解》）

**【译文】**

先生说："君子应该守道，也就是合乎道则为，不合乎道则不为，不能成为被人利用的工具。"

**【导读】**

本章重在说明君子得道而不可名的境界，与老子之"不可言之道，不可名之名"具有同样的意义。

## 2.13

子贡问君子。子曰：“先行其言，而后从之<sup>①</sup>。”

**【注释】**

①先行其言，而后从之："对于要说的话，先实行了，再说出来。"（杨伯峻《论语译注》）

"先行其言者，行之于未言之前。而后从之者，言之于既行之后。"（朱熹《论语集注》）

## 【译文】

子贡问怎么样才能成为君子。先生说："先做，而后再说（当然所做所说必须合乎道义）。"

## 【导读】

本章在于说明行胜于言的道理。

### 2.14

子曰："君子周而不比，小人比而不周①。"

## 【注释】

①周、比："'周'是以当时所谓道义来团结人，'比'是以暂时共同利害互相勾结。"（杨伯峻《论语译注》）

"周，普遍也。比，偏党也。皆与人亲厚之意，但周公而比私耳。"（朱熹《论语集注》）

"周，忠信义。比，阿党义。"（钱穆《论语新解》）

## 【译文】

先生说："君子能以道义团结人，但并不拉帮结派；小人擅长拉帮结派，但不能团结人。"

## 【导读】

本章意在说明君子要站在天下的高度看待问题，有时为完成天下的兴亡之责也应结为组织，但是不能以自己的私利、私心为目的，也不能以本组织的狭隘利益为利益，而是应以天下人之利益为利益，以天下的长治久安为根本。

## 2.15

子曰："学而不思则罔<sup>①</sup>，思而不学则殆<sup>②</sup>。"

**【注释】**

①罔："诬罔。'学而不思'则受欺。"（杨伯峻《论语译注》）

或说"罔"通"惘"。

②殆："精神疲劳倦怠。"（李学勤《论语注疏》）

"殆，当疑惑解。"（杨伯峻《论语译注》）

"危殆义，亦疑义。思而不学，则事无征验，疑不能定，危殆不安。"（钱穆《论语新解》）

**【译文】**

先生说："若只学习而不思考，就会迷惑；同样，只思考而不学习，那又危殆了。"

**【导读】**

本章旨在阐述学与思要相结合。

## 2.16

子曰："攻乎异端，斯害也已<sup>①</sup>！"

**【注释】**

①攻乎异端，斯害也已："攻，专治也，故治木石金玉之工曰'攻'。异端，非圣人（孔子）之道，而别为一端。""专治而欲精之，为害甚矣！"（朱熹《论语集注》）

"批判那些不正确的议论，祸害就可以消灭了。"（杨伯峻《论语译注》）

**【译文】**

先生说："攻击异端学说，其害就没了。"

**【导读】**

凡事皆有阴阳，并且阴中有阳，阳中有阴，阴阳并存一体。独阴不生，独阳不存，阴阳永远此消彼长，但不可以相互消灭，也不可以将阴阳截然分开。本章重在说明应该考虑到问题的正反两面，害处就小了。

## 2.17

子曰："由①！诲女汝②知之乎？知之为知之，不知为不知，是知智也③。"

**【注释】** _____

①由：孔子弟子，仲由，字子路，卞人。

②女：通"汝"，你。

③是知也：知通"智"，意为"这就是聪明智慧"。

或说"知"读为zhī，意为"这就是对待知或不知的正确态度"。

**【译文】**

先生说："仲由啊！教你什么是'知道'！知道就说知道，不知道就说不知道，这就是'知道'。"

本章重在说明能知道自己知道的，也能知道自己不知道的，这本身就是一种智慧；同时还在告诉人们，知道就说知道，不知道就说不知道，这是一种好学的精神与谦虚诚实的求知态度。

## 2.18

子张<sup>①</sup>学干禄<sup>②</sup>。子曰："多闻阙疑，慎言其余，则寡尤；多见阙殆<sup>③</sup>，慎行其余，则寡悔。言寡尤<sup>④</sup>，行寡悔，禄在其中矣。"

**【注释】** _____

①子张：孔子的弟子，姓颛孙，名师，字子张，陈人。

②干禄：干，求也；禄，旧时官吏的俸禄。

③"多闻……阙殆"：阙：空义，此处作放置一旁解。

疑、殆："疑与殆是同义词，所谓'互文'见义。"（杨伯峻《论语译注》）

"疑，指已心感其不甚可信者。殆，指已心感其不甚可安者。"（钱穆《论语新解》）

"疑者，所未信。殆者，所未安。"（朱熹《论语集注》）

④尤：罪过。

**【译文】**

子张向先生学习谋求官职的方法。先生说："多听别人讲话，把有疑问的地方保留下来，讲自己没有疑问的东西，这样就可以少犯错误；要多观察，把有风险的事情搁置起来，做风险不大的事情，这样就会尽量不后悔。说话减少错误，做事尽量不后悔，谋求官职的机会就在其中了。"

**【导读】**

本章说明求得官禄的方法在于谨言慎行，不妄言、不妄语、不妄行。

## 2.19

哀公①问曰："何为则民服？"孔子对曰："举直错诸枉②，则民服；举枉错诸直，则民不服。"

**【注释】**

①哀公：鲁国国君，定公之子，姓姬，名蒋，哀是其谥号。

②举直错诸枉："错"同"措"。"错，为放置义。把正直的人提拔出来，放在邪曲的人之上。"（杨伯峻《论语译注》）

"错，置也。举正直之人用之，废置诸邪枉之人，则民服其上也。"（李学勤《论语注疏》）

**【译文】**

鲁哀公问道："怎样才能使民众心服呢？"孔子回答道："把品行正直的人安排在品行不正直的人之上，民众就心服了。把品行不正直的人安排在品行正直的人之上，则民心不服。"

本章讲述为君者用人的基本原则，即举直措诸枉。

## 2.20

**季康子**①**问："使民敬、忠以劝**②**，如之何？"子曰："临之以庄则敬，孝慈则忠**③**，举善而教不能则劝。"**

【注释】_____

①季康子：鲁国大夫，季孙肥，鲁哀公时正卿，康是其谥号。

②以劝：以，连词，相当于"而""和"。劝，一说相互劝勉；另说努力。

③孝慈则忠："或说，在上者能孝慈，斯在下者能忠矣。今按上下文理，盖谓在上者能导民于孝慈，使各人得孝其老，慈其幼，则其民自能忠于其上。"（钱穆《论语新解》）

"言君能上孝于亲，下慈于民，则民作忠。"（李学勤《论语注疏》）

【译文】

季康子问："要使百姓尊敬我、忠于我且能相互劝勉，该怎么做？"先生说："以庄重的礼仪对待，就会获得尊敬；自己能孝敬父母，慈爱百姓，百姓就会忠诚于你；选拔贤者，教育不贤者，百姓就会相互劝勉，努力向善了。"

【导读】

本章重在告诫为官者上敬则下不慢，上孝慈则下以忠，上扬善、择贤、帮助弱小，老百姓自然就会相互劝勉，努力向善了。

## 2.21

或谓孔子曰："子奚<sup>①</sup>不为政？"子曰："《书》<sup>②</sup>云：'孝乎惟孝，友于兄弟，施<sup>③</sup>于有政。'是亦为政，奚其为为政<sup>④</sup>？"

【注释】_____

①奚：疑问词，相当于"为什么"。

②《书》：指《尚书》。

③施：延及，影响。

④奚其为为政：为什么一定要做官才算是从政呢？

【译文】

有人对孔子说："先生为什么不从政为官呢？"先生说："《尚书》上讲：'仁政就是以孝治天下，孝就孝顺父母，友爱兄弟，把这孝悌之道做到了，就会有益于政治。'能行孝悌者就是从政，为什么一定要当官才算是从政呢？"

【导读】

本章说明为政之本在于教化。正如孟子所言"善政者不如善教者也"。教化之本在孝悌，所以自古皆以孝治天下。

## 2.22

子曰：“人而无信，不知其可也。大车无輗，小车无軏<sup>①</sup>，其何以行之哉？”

**【注释】**

①輗、軏："輗，古代大车车辕前面横木上的木销子。大车指牛车。軏，古代小车车辕前面横木上的木销子。"（曾琦云《每日论语》）

**【译文】**

先生说："人如果不信实，真不知道他怎么样做人呢！就如同大车、小车没有起连接作用的木销子，它们如何能行走呢？"

**【导读】**

本章以车若无輗、无軏，则不可以行，以喻人无信则不能立，所以有信义为立业之本。

## 2.23

子张问："十世<sup>①</sup>可知也？"子曰："殷因<sup>②</sup>于夏礼，所损益，可知也；周因于殷礼，所损益，可知也。其或继周者，虽百世可知也。"

**【注释】**

①十世："一世为一代，古称三十年为一世，十世当三百年。"（钱穆《论语新解》）

②因：因袭义。

**【译文】**

子张问道:"以后朝代的礼法制度演变的情况能知道吗?"先生说:"殷朝沿袭夏朝的礼法制度,所减少与增加的内容是知道的;周朝沿袭殷朝的礼法制度,所减少与增加的内容也是知道的。将来或有继承周朝的,即使传至三千年,即一百世,其礼法制度也是可以知道的。"

**【导读】**

本章重在说明礼法演变的基本规律。

## 2.24

子曰:"非其鬼①而祭之,谄也。见义不为,无勇也。"

**【注释】**

①非其鬼:"古代人死都叫'鬼',一般指已死的祖先,但也偶有泛指的。"(杨伯峻《论语译注》)

"非其鬼,谓非其所当祭之鬼。"(朱熹《论语集注》)

**【译文】**

先生说:"不是自己当祭的鬼神却去祭祀他,是谄媚。遇到自己当为之事却不做,是没有勇气。"

**【导读】**

本章重在说明应当安分守己、见义勇为,也有"不事人,焉事鬼"之义。

# 八佾第三

（共26章）

3.1

孔子谓季氏①："八佾②舞于庭，是可忍也，孰不可忍也③？"

**【注释】**

①季氏：鲁大夫季孙氏。

②八佾："佾是'行列'的意思，古时一佾八人，《周礼》规定只有周天子可以使用八佾，诸侯为六佾，卿大夫为四佾，季氏是大夫应用四佾。"（曾琦云《每日论语》）

"天子八佾，诸侯六，大夫四，士二。今以舞势宜方，行列既减，即每行人数亦宜减。其诸侯用六者，六六三十六人。大夫四，四四十六人。"（李学勤《论语注疏》）

③是可忍也，孰不可忍也："忍字有两解：一，容忍义。此事能容忍，何事不能容忍？二，忍心义。此事尚忍心做，将何事不忍心做？当从后解。"（钱穆《论语新解》）

"是、孰均指人（季氏），意为'这种人如果可以容忍，那还有什么人不可以容忍呢！'"（毛子水《论语》）

**【译文】**

孔子批评季氏说："季氏在家里享用天子才能有的八佾舞蹈

行列，这是违礼啊！这他都忍心做得出来，那还有什么不忍心做的呢？"

**【导读】**

本章重在批评季氏僭礼之事。

3.2

三家①者以《雍》彻撤②。子曰："'相维辟公，天子穆穆③'，奚取于三家之堂④？"

**【注释】**

①三家：指鲁大夫孟孙、叔孙、季孙，当时是鲁国当政的三卿。

②以《雍》彻：《雍》，《诗经·周颂》中的一篇，古代天子及宗庙祭祀完毕，撤去祭品时唱这首诗。彻通"撤"，撤去。

③相维辟公，天子穆穆：相，助。维，语助词，无意义。辟公，指诸侯。穆穆，指庄严肃穆。意为："助祭的是诸侯，天子严肃静穆地在那里主祭。"（杨伯峻《论语译注》）

④奚取于三家之堂："《雍》诗所咏，于三家之庙堂无所取义。"（钱穆《论语新解》）

**【译文】**

鲁国大贵族孟孙、叔孙、季孙三家，在祭祀祖先结束时，竟然唱着天子祭祖撤供品时唱的礼乐，即《雍》。先生说："助祭者是四方的诸侯，天子则是庄严肃穆的主祭者，三家有何资格取《雍》而歌呢？"

**【导读】**

本章重在指责孟孙、叔孙、季孙三家违礼的行为。

## 3.3

子曰："人而不仁，如礼何？人而不仁，如乐何？"

**【译文】**

先生说："一个人不仁爱，怎么样对待礼法呢？不仁爱，怎么样对待礼乐呢？"

**【导读】**

本章重在说明仁与礼乐的关系。礼乐是仁的外在表现形式，仁是礼乐的核心，但是仁与礼乐又不能截然分开，仁与礼乐融于一体。

## 3.4

林放①问礼之本。子曰："大哉问！礼，与其奢也，宁俭；丧，与其易②也，宁戚③。"

**【注释】**

①林放：鲁国人。或说孔子弟子。

②易："易，治也。在丧礼，则节文习熟，而无哀痛惨怛之实者也。"（朱熹《论语集注》）

"易字有两解：一平易义。另一解，治地使平亦曰'易'，故易有治办义。"（钱穆《论语新解》）

③宁戚："宁可过度悲哀。"（杨伯峻《论语译注》）

"宁可悲哀。杨先生（杨伯峻）将'宁戚'解释为'宁可过度悲哀'是不合适的，'过度'是译者自己加上去的，不符合原意。"（张松辉、周晓露《〈论语〉〈孟子〉疑义研究》）

## 【译文】

林放问"礼"的根本。先生说："这是个重要的问题！对于礼而言，与其奢侈，不如节俭；对于丧礼而言，与其完备周到，不如有悲哀的心。"

## 【导读】

本章是在说"礼"与"仁"的关系，但是孔子深知一旦阐明两者的关系，则容易使人们各走一偏，要么尚礼而注重礼之形式，要么尚仁而失去其表现形式。因此孔子不言礼之本，而只说："与其奢也，宁俭；丧，与其易也，宁戚。"从中可知仁与礼之关系。

### 3.5

**子曰："夷狄之有君，不如诸夏之亡无也①。"**

## 【注释】

①夷狄之有君，不如诸夏之亡也："夷狄还有贤明之君，不像中原诸国却没有。"（杨伯峻《论语译注》）

"夷狄纵有君，还比不上诸夏之无君。君臣亦仅礼中的一端，社会可以无君，终不可以无礼。"（钱穆《论语新解》）

**【译文】**

先生说："夷狄民族，虽然有君主（无礼俗），不如华夏民族没有君主好呢（因华夏有礼俗）！"

**【导读】**

本章旨在说明"礼"在维系社会稳定方面起到的作用。

## 3.6

季氏旅①于泰山。子谓冉有②曰："女（汝）弗能救与？"对曰："不能。"子曰："呜呼！曾③谓泰山，不如林放乎？"

**【注释】**

①旅：祭名。"祭祀山川为'旅'。在当时，只有天子和诸侯才有祭祀'名山大川'的资格。季氏仅是鲁国大夫，竟去祭祀泰山，孔子认为是'僭礼'。"（杨伯峻《论语译注》）

②冉有：孔子学生冉求，字子有。

③曾：何，难道，表示疑问。

**【译文】**

季氏要祭祀泰山。先生对冉有说："你不能劝阻他吗？"冉有回答道："不能。"先生说："哎呀！难道说泰山之神还不如林放吗？（泰山之神怎么能接受季氏的祭祀呢！）"

本章重在批评季氏僭越礼，去祭祀泰山的行为。

## 3.7

子曰："君子无所争，必也射乎①！揖让而升，下而饮②，其争也君子。"

**【注释】**

①必也射乎：射，古代射礼，登堂而射，射后计算谁中靶多，中靶少的被罚饮酒。意为："（如有所争）一定是比箭吧！"（杨伯峻《论语译注》）

②揖让而升，下而饮："先必相互作揖，才升到堂上去。比射后，又相互作揖才退下。胜者、败者又必相互作了揖再升堂，举杯对饮。"（钱穆《论语新解》）

"相互作揖然后登堂；（射箭完毕，）走下堂来，然后（作揖）喝酒。"（杨伯峻《论语译注》）

**【译文】**

先生说："君子没有什么可争的事，如果有，那一定是射箭比赛吧！比赛时，相互行礼作揖，谦虚礼让，然后登堂；射完后下堂，相对而饮，表示祝贺对方。这种'争'，就是君子之间的争。"

**【导读】**

本章重在说明君子在竞争中应有的风度，即"不怨胜己者，反求诸己而已矣"。实际上本章是在叙述射礼的状况，它既是一种竞争性的体育活动，又是一种"礼"。用"礼"来限制比赛射箭时的乱与争，也是中国"礼让文化"在体育竞赛中的体现。

### 3.8

子夏问曰："'巧笑倩①兮，美目盼②兮，素以为绚兮③'，何谓也？"子曰："绘事后素④。"

曰："礼后乎？"子曰："起⑤予者商也！始可与言《诗》已矣。"

**【注释】**

①倩：笑得好看。

②盼：眼睛黑白分明。

③素以为绚兮：绚，文采义。"复加以素粉之饰，将益增面容之绚丽。"（钱穆《论语新解》）

"言人有此倩、盼之美质，而又加以华采之饰，如有素地而加采色也。"（朱熹《论语集注》）

④绘事后素："古人绘画，先布五采，再以粉白线条加以勾勒。"（钱穆《论语新解》）

"绘事，绘画之事也。后素，后于素也。"（朱熹《论语集注》）

⑤起：启发。

**【译文】**

子夏问道："'笑得美丽，现出两个酒窝！媚眼黑白分明，好像是在洁白的底子上画出的美丽彩绘'。这是什么意思啊？"
先生说："先有白底子，然后再画上画。"

子夏说："礼在后面吗？"先生说："启发我的是卜商啊！
现在可以与你谈论《诗经》了。"

【导读】

本章重在阐述"仁"先"礼"后的问题。

## 3.9

子曰："夏礼吾能言之，杞不足征也；殷礼吾能言之，
宋不足征也①。文献②不足故也。足，则吾能征之矣。"

【注释】

①"夏礼……征也"："夏、殷之礼，吾能说之，杞、宋
之君不足以成也。"（李学勤《论语注疏》）

"周之封建，兴灭国，继绝世，故封夏、殷二代之后于杞、
宋。"（钱穆《论语新解》）

征："证明义。意为'杞、宋不足以证明'。"（杨伯峻
《论语译注》）

②文献："文指典籍，献指贤人。"（钱穆《论语新解》）

【译文】

先生说："夏朝之礼制，我能说清楚，但是它后代的封地杞
地保留的文献资料等，却不够为我作证；殷朝的礼制，我也能说
清楚，但是殷朝后代的封地宋地所存的文献资料等，却不足以为

我作证。这是文献资料保存不足的原因。若保存得足，我是可以引以为证的。"

**【导读】**

本章重在说明由于文献资料的不足而难以研究夏礼、殷礼，孔子对此很惋惜。

## 3.10

子曰："禘①自既灌而往者②，吾不欲观之矣。"

**【注释】**

①禘（dì）：只有天子才能举行的大祭之礼。"周成王因为周公旦对周朝有莫大的功勋，特许他举行祭祀。以后鲁国之君都沿用此惯例，'僭'用这一礼，因此孔子不想看。"（杨伯峻《论语译注》）

②既灌而往者："灌，本作'祼'，祭祀中的一个节目。只待灌（香酒初献）之后，便不想再看下去了。"（杨伯峻《论语译注》）

**【译文】**

先生说："五年一次的祭祀远祖的禘祭礼，从给尸者献第一次酒之后，我就不想看下去了（禘祭已无诚敬之心，形式也已走形）。"

**【导读】**

本章重在说明禘祭之礼已经走形，批评禘祭之礼不合情理。

## 3.11

**或问禘之说。子曰:"不知也。知其说者之于天下也,其如示诸斯乎<sup>①</sup>!"指其掌。**

【注释】

①其如示诸斯乎:"一说示,同'视'。又说示,同'置'。斯指下文掌字。从前解,'将如看自己手掌般,一切易明。'从后解,'天下如置诸掌。'"(钱穆《论语新解》)

"示,假借字,同'置',摆、放的意义。或说同'视',犹言'了如指掌'。"(杨伯峻《论语译注》)

【译文】

有人问禘礼的相关内容。先生说:"我不知道。能知道禘祭礼的人,对治理天下,就像摆放东西在这里一样容易吧!"先生指着手掌说。

【导读】

本章仍言禘礼之重要,治国者不可忽视。

## 3.12

**祭如在<sup>①</sup>,祭神如神在。子曰:"吾不与祭,如不祭。"**

【注释】

①祭如在:此祭字指祭祖先。

## 【译文】

祭祀时，要如同祖先真在那里一样；祭神时，要好像神真在那里一般。先生说："我不亲自参加祭祀，那就如同不祭祀一样。"

## 【导读】

本章不仅批评祭礼流于形式，还有对"求人代祭"的批评。

### 3.13

王孙贾①问曰："'与其媚于奥，宁媚于灶②'，何谓也？"子曰："不然，获罪于天，无所祷也。"

## 【注释】

①王孙贾：卫灵公的大臣，时任大夫。

②与其媚于奥，宁媚于灶："这两句是当时的俗语，屋内西南角叫'奥'，弄饭的设备叫作'灶'。古代都认为那里有神，因而祭它。"（杨伯峻《论语译注》）

"时俗之语，因以奥有常尊，而非祭之主。灶虽卑贱，而当时用事。喻自结于君，不如阿附权臣也。"（朱熹《论语集注》）

媚：谄媚、巴结、奉承。

## 【译文】

王孙贾问道："'与其谄媚居于室内西南角的奥神，不如谄媚于灶神'，是什么意思呢？"先生说："若做了逆天的恶事，向谁祈祷都是无用的。"

【导读】

本章重在说明堂堂正正地做人是为人根本。"天道无亲，常与善人"，任何背离道德的敬神敬鬼行为，无实际善行的祈福活动都是无济于事的。在孔子的思想中，德行是高于一切的，既是人之所以为人的价值所在，也是推动社会进步的依据，更是个人成功的根本所在。所以《周易》中说："积善之家，必有余庆；积不善之家，必有余殃。"

## 3.14

子曰："周监于二代①，郁郁②乎文哉！吾从周。"

【注释】

①监于二代："监，犹视也。"（钱穆《论语新解》）

"二代指夏和殷。监同'鉴'，借鉴的意思。"（曾琦云《每日论语》）

②郁郁：文之盛貌。

【译文】

先生说："周朝之礼制是从夏、商两代借鉴而来的，丰富且有文彩啊！"

【导读】

本章言下之意是说三代之礼乐文化至周代时完备，孔子对其有所损益而遵从之。

## 3.15

子入太庙①，每事问。或曰："孰谓鄹人之子②知礼乎？入太庙，每事问。"子闻之，曰："是礼也③。"

**【注释】**

①太庙：朱熹《论语集注》写作"大"。古代开国之君叫"太祖"，太祖之庙便叫作"太庙"。周公旦是鲁国最初受封之君，所以这太庙就是周公的庙。

②鄹人之子：鄹，鲁小邑，孔子父亲叔梁纥曾为鄹邑大夫，鄹人之子指孔子。

③是礼也："礼者，敬而已矣。虽知亦问，谨之至也，其为敬莫大于此。"（朱熹《论语集注》）

**【译文】**

先生进太庙，每件事都要询问清楚。有人因此说："谁说鄹人之子懂得礼呢？进了太庙，什么事都要问一问。"先生听到后说："这正是'礼'所要求的（诚敬）。"

**【导读】**

本章重在强调"视礼必敬"的精神。"每事问"正是这种诚敬之心的体现。

## 3.16

子曰："射不主皮①，为②力不同科③，古之道也。"

①射不主皮："皮"代表箭靶子。"这里的'射'应该是演习礼乐的'射'。因此以射中与否为主，不以穿破皮与否为主。"（杨伯峻《论语译注》）

②为：因为。

③同科：同等义。

【译文】

先生说："射箭在于射中靶子，不在于是否穿破靶子，因为人的力气大小不同，这是古时的规矩。"

【导读】

本章以射礼做比喻，说明射礼的精神在中正之德而不在力量的大小。

## 3.17

**子贡欲去告朔①之饩羊②。子曰："赐也，尔爱其羊，我爱其礼。"**

【注释】

①告朔：天子每年十二月将次年的历书颁给诸侯，诸侯受而藏于祖庙，月初，去祭庙接受。

"每月初一，（诸侯）便杀一只活羊祭于庙，然后回到朝廷听政。这祭庙叫作'告朔'，听政叫作'视朝'或者'听朔'。到子贡的时候，每月初一，鲁君不但不亲临祖庙，而且也

不听政，只是杀一只活羊'虚应故事'罢了。"（杨伯峻《论语译注》）

②饩（xì）羊：祭祀用的活羊。

## 【译文】

子贡想去掉每月初一告祭祖庙要杀的那只活羊。先生说："赐啊，你爱惜那只羊，我爱的是礼。"

## 【导读】

本章言礼仪制度所蕴含的精神。

### 3.18

子曰："事①君尽礼，人以为谄也。"

## 【注释】

①事：侍奉。

## 【译文】

先生说："侍奉国君，一定要尽心尽力，完备无缺，甚至到了别人认为谄媚的程度。"

## 【导读】

孔子批评人臣对国君的无礼或者傲慢。有的臣子看到事君尽礼的人反而不习惯，便怀疑别人居心不良。

## 3.19

定公<sup>①</sup>问："君使臣，臣事君，如之何？"孔子对曰："君使臣以礼，臣事君以忠。"

**【注释】**

①定公：鲁君，名宋，昭公之弟，继昭公而立，在位十五年。

**【译文】**

鲁定公问道："君主使用臣子，臣子侍奉国君，怎么样做呢？"孔子回答道："君主以礼对待臣子，臣子以忠诚对待国君。"

**【导读】**

本章重在阐述君臣之关系是双向的、相互的。后来君臣关系变为"君叫臣死，臣不得不死"，是有悖于孔子精神的。

## 3.20

子曰："《关雎》<sup>①</sup>，乐而不淫，哀而不伤<sup>②</sup>。"

**【注释】**

①《关雎》：《诗经》的第一篇。

②乐而不淫，哀而不伤："淫，古人凡过分以至于失当的地步叫'淫'。伤，损害义。快乐而不放荡，悲哀而不痛苦。"（杨伯峻《论语译注》）

先生说：“《关雎》这首诗，快乐而不过分，悲哀而不伤害身心。”

**【导读】**

本章是孔子中庸之道在文艺思想中的表现。

## 3.21

哀公问社①于宰我。宰我②对曰：“夏后氏以松，殷人以柏，周人以栗，曰使民战栗。”子闻之，曰：“成事不说，遂事不谏，既往不咎③。”

**【注释】** _____

①社：“土神叫‘社’。哀公所问的社，是指‘社主’而言。古代祭祀土神，要立一个木制的牌位，这牌位叫‘主’，而认为这一木主，便是神灵之所凭依。有说‘社’是指立社所栽的树，未必可信。”（杨伯峻《论语译注》）

“这里的‘社’，不是木质的牌位，而是树木。”（张松辉、周晓露《〈论语〉〈孟子〉疑义研究》）

②宰我：孔子学生，名予，字子我。

③“成事……不咎”：“（责备宰我）已经做了的事不便再解释了，已经完成的事不便再挽救了，已经过去的事不便再追究了。”（杨伯峻《论语译注》）

“三代之社不同者，古者立社，各树其土之所宜木以为主也。……孔子以宰我所对，非立社之本意，又启时君杀伐之心，而其言已出，不可复救，故厉言此以深责之，欲使谨其后也。"

（朱熹《论语集注》）

## 【译文】

鲁哀公向宰我问关于土神牌位的事。宰我回答道："夏朝用松树做成木牌子，商朝人用柏树，周朝人用栗木，意思在使人民战栗，对土神有畏惧感。"先生听到后说："已经做过的事不必解释了，已经做完的事不必劝谏了，已经过去的事不必追究了。"

## 【导读】

本章是孔子批评宰我妄加议论三代社树的含义。

### 3.22

子曰："管仲①之器小哉！"

或曰："管仲俭乎？"曰："管氏有三归②，官事不摄③，焉得俭？"

"然则管仲知礼乎？"曰："邦君树塞门④，管氏亦树塞门；邦君为两君之好有反坫⑤，管氏亦有反坫。管氏而知礼，孰不知礼？"

## 【注释】

①管仲：春秋时齐国人，名夷吾，做了齐桓公的宰相，帮助他称霸诸侯。

②三归："三归，娶三姓女，妇人谓嫁曰'归'。"（李

学勤《论语注疏》）

"三归谓其有三处府第可归。"（钱穆《论语新解》）

"他收取了人民大量的市租。"（杨伯峻《论语译注》）

③摄：兼职。指他手下的人员，（一人一职）从不兼职。

④树塞门："树，树立。塞门，设屏于门，以蔽内外也。按周礼，只有天子和国君才有。"（曾琦云《每日论语》）

"古人屏亦成为树。塞，蔽义。古礼，天子诸侯于门外立屏以别内外。"（钱穆《论语新解》）

⑤反坫（diàn）："'坫'是古代君主招待别国国君时放置酒杯的土台。反坫，献酒完毕，将酒杯反置于台上。"（曾琦云《每日论语》）

## 【译文】

先生说："管仲的气量小啊！"

有人问："管仲节俭吗？"答道："管仲不仅有三处府第可归，而且家臣一人一职，人不兼事，怎么能说他节俭呢？"

"那么管仲懂礼守礼吗？"答道："国君宫殿门前有影壁，管仲家门口的前面也有影壁；国君为招待好外国国君，在堂上专门设置了喝完酒后放空杯子的土台子，管仲家也设置了类似的土台子。若说管仲懂礼，那还有谁不懂礼呢？"

## 【导读】

本章言管仲器量狭小的原因。一者要娶三姓女，手下人员多、不兼职，不知节俭；二者僭礼，与国君之礼相同，在大门口设影壁，还有陈放空酒杯的设备。

## 3.23

子语①鲁大太师②乐。曰："乐其可知也：始作，翕如也；从纵之，纯如也，皦如也，绎如也，以成③。"

**【注释】**

①语：告诉。

②大师：大音tài，乐官之长。

③"始作……以成"："乐曲刚刚开始时，五音齐合，慷慨激昂；展开以后，就韵律和谐，然后明快清新，最后是相连不绝，余音袅袅，最后完成。"（曾琦云《每日论语》）

"一开始是这样的兴奋振作，跟着是这样的纯一和谐，又是这样的清楚明亮，连绵流走，'乐'便这样完成了。"（钱穆《论语新解》）

从：放纵，纵容。这个意义后来写作"纵"。

皦（jiǎo）：清楚明白。

**【译文】**

先生与鲁国太师谈论音乐演奏时说："演奏音乐的道理是可以知道的：开始时和顺、协调；展开之后纯美，节奏分明，连绵不断，直到演奏完成。"

**【导读】**

本章言孔子对"乐"的感悟。音乐是没有形质的艺术，看不到，摸不着，抓不住，只能用一种叫"通感"的艺术手法来描述。孔子正是用这种通感描述了"乐"的奥妙。

## 3.24

仪封人①请见，曰："君子之至于斯也，吾未尝不得见②也。"从者见之。出曰："二三子何患于丧③乎？天下之无道也久矣，天将以夫子为木铎④。"

**【注释】**

①仪封人：仪为地名，今河南兰考境内。封人，系镇守边疆的官。

②见：请求孔子接见他。

③丧：丧失，这里指失去官位。

④木铎（duó）：铜质木舌的铃子。古代发布政令时用来召集群众。

**【译文】**

仪地的边防官员请求孔子接见他，说："凡有德行者来到这里，我没有不拜见的。"随从孔子出行的弟子安排他见到了孔子。他拜见了孔子后出来时说："你们这些弟子为什么还担心没有事情可做呢？天下混乱无道的日子已经很久了，上天必将赋予你们的老师大任，让他做人民的导师。"

**【导读】**

本章借仪封人之口，说明乱极当治，天必将使夫子周游四方以行教化使命。

## 3.25

子谓《韶》："尽美矣，又尽善也。"谓《武》："尽美矣，未尽善也①。"

**【注释】**

① "子谓……善也"：《韶》，舜时的乐曲名。《武》，周武王时的乐曲名。"'美'可能指声音言，'善'可能指内容言。舜的天子之位是'禅让'而来，故孔子认为'尽善'。武王天子之位是伐纣而来，尽管是正义战，孔子认为'未尽善'。"（杨伯峻《论语译注》）

**【译文】**

先生称赞《韶》说："美极了，善极了！"称赞《武》时说："美极了，但尚未到达至善！"

**【导读】**

本章言中国艺术的原则，即"道艺合一"。"尽美"是其艺术形式，"尽善"是其艺术精神，两者统一，才是上品。

## 3.26

子曰："居上不宽，为礼不敬，临丧不哀，吾何以观之①哉？"

**【注释】**

①何以观之："既无其本，则以何者而观其所行之得失哉？"（朱熹《论语集注》）

"凡此三失，皆非礼意。人或若此，不足可观。"（李学勤《论语注疏》）

**【译文】**

先生说："居于高位的官员，对下不能宽宏大量；对于'礼'不够恭敬；遇到丧事，并无悲哀之情。对此，我怎么能看下去呢！"

**【导读】**

本章言居上以"宽"为本，为礼以"敬"为本，临丧以"哀"为本。

# 里仁第四

（共26章）

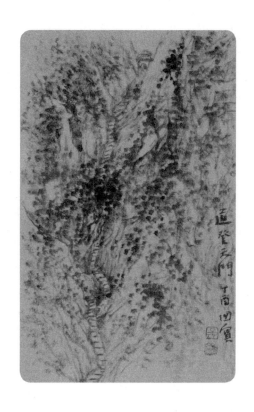

## 4.1

子曰："里仁为美<sup>①</sup>。择不处仁<sup>②</sup>，焉得知<sub>智</sub><sup>③</sup>？"

**【注释】**

①里仁为美："里者，民之所居。凡人之择居，居于仁者之里，是为美也。"（李学勤《论语注疏》）"里，即居义。居仁为美，犹孟子云：'仁，人之安宅也。'"（钱穆《论语新解》）

②择不处仁："选择住处，没有仁德，怎么能是聪明呢？"（杨伯峻《论语译注》）

"人贵能择仁道而处，非谓择仁者之里而处。"（钱穆《论语新解》）

③知：同"智"。"《论语》中的'智'都写作'知'。"（杨伯峻《论语译注》）

**【译文】**

先生说："居住在有仁德的乡里才是美好的。不选择有仁德的地方居住，怎么能称之为明智呢？"

**【导读】**

本章言选择邻里非常重要，尤其要选择有仁德之风的地方居住才是明智的。

## 4.2

子曰：“不仁者不可以久处约①，不可以长处乐。仁者安仁，知智者利仁②。”

**【注释】**_____

①约：穷困义。

②利仁：智者能够认识到仁德对他有利，所以实行仁德。

**【译文】**

先生说：“没有仁德的人，不可以长期处于贫困之境，也不可以长期处于安乐之境。仁德之人以行仁德而心安，智慧之人知道行仁德能获利。”

**【导读】**

本章言不仁者不可以长时期处于贫困之中，也不可以长时期处于安乐之中。久约必滥，久乐必淫，很难贫而乐，富而好礼。仁者与智者对仁德的追求动机不同，仁者以仁德为安，智者则深知仁德有利于自己；仁者重是非，智者重利害。

## 4.3

子曰：“唯仁者能好人，能恶人①。”

**【注释】**_____

①唯仁者能好人，能恶人：“好善而恶恶，天下之同情，

然人每失其正者，心有所系而不能自克也。唯仁者无私心，所以能好恶也。"（朱熹《论语集注》）

**【译文】**

先生说："唯有仁德之人，能真心地喜欢人，也能真心地厌恶人。"

**【导读】**

本章说唯有仁者才有真性情，能以直报怨。

**4.4**

子曰："苟志于仁矣，无恶也①。"

**【注释】**

①苟志于仁矣，无恶也："假如立志实行仁德，总没有坏处。"（杨伯峻《论语译注》）

"苟，诚也。志者，心之所之也。其心诚在于仁，则必无为恶之事矣。"（朱熹《论语集注》）

"恶，音wù，只要存心在仁，他对人便没有真所厌恶的了。"（钱穆《论语新解》）

**【译文】**

先生说："如果一个人立志于行仁，那么他就不会做坏事。"

**【导读】**

本章进一步阐述具有仁德的人，就不会有恶言恶行。

# 4.5

子曰："富与贵是人之所欲也，不以其道得之，不处也①；贫与贱是人之所恶也，不以其道得之，不去也。君子去仁，恶乎②成名？君子无终食之间③违④仁，造次必于是，颠沛必于是⑤。"

**【注释】**

① "富与……处也"："不以其道得之，谓不当得而得之。然于富贵则不处，于贫贱则不去，君子之审富贵而安贫贱也如此。"（朱熹《论语集注》）

处，安住义。去，违离义。"上'得之'犹言'得处'，下'得之'犹言'得去'。"（毛子水《论语》）

②恶乎：恶，同"乌"，文言疑问词，相当于"何"字。

③终食之间：吃顿饭的时间。

④违：离开。

⑤造次必于是，颠沛必于是：造次，仓促急遽之时。颠沛，颠仆困顿之时。"在仓促匆忙之间一定要与仁德同在，在颠沛流离之时一定要与仁德同在。"（杨伯峻《论语译注》）

**【译文】**

先生说："财富、官职、名声是人人愿意得到的，但是如果不合乎道义，则不能接受。贫困与低贱是人人所憎恶的，但是如果不是以合乎道义的途径而摆脱的，则宁愿处于此贫困与低贱之境遇中，不去摆脱。作为君子，如果离开仁德，怎么能叫君子呢？君子连一顿饭的工夫也不能离开仁德，在最紧迫时也应依仁而行，在颠沛流离之际也应依仁而动。"

**【导读】**

本章重在阐述中国人以道德为根本的价值观。无论贫富、贵贱、紧迫，还是流离失所，都应以道德为先，绝不可见利忘义，绝不可贫贱而移、威武而屈、富贵而淫。

## 4.6

子曰："我未见好仁者，恶不仁者。好仁者，无以尚之①；恶不仁者，其为仁矣，不使不仁者加乎其身。有能一日用其力于仁矣乎？我未见力不足者。盖有之矣，我未之见也。"

**【注释】**

①无以尚之："尚，动词，超过。意为'那是再好也没有了'。"（杨伯峻《论语译注》）

"尚，加义。其心好仁，更无可以加在仁道之上的实物存其心中。"（钱穆《论语新解》）

**【译文】**

先生说："我没有见过喜好仁德的人与憎恶不仁德的人。喜好仁德的人，是让仁德的东西加在自己身上（类于见贤思齐）；憎恶不仁德的人，他追求仁德的方法是不让不仁德的东西影响自己（类于见不贤而内自省）。有没有在一天内，下功夫行仁德而做不到的人呢？我没有见过做不到的，大概有这样的人，但我没有见过。"

【导读】

本章重在叙述春秋末期礼崩乐坏，社会风气每况愈下，喜好仁德的人与憎恶不仁的人越来越少。对此，孔子认为"为仁由己"，"仁"是人与生俱来的，做一个有仁德的人实际上并不难，只要努力，没有力不足者。

## 4.7

子曰："人之过也，各于其党①。观过，斯知仁矣②。"

【注释】

①各于其党：党，类义。"人之有过，各有党类，如君子过于厚，小人过于薄。"（钱穆《论语新解》）

②观过，斯知仁矣："人之过也，各于其类……于此观之，则人之仁不仁可知矣。"（朱熹《论语集注》）

"仁同'人'，考察某人所犯的错误，就可以知道他是什么样的人了。"（杨伯峻《论语译注》）

【译文】

先生说："人有不同的类型，什么样的人犯什么样的错误。观察一个人所犯的错误，就知道他是一个什么样的人。"

【导读】

本章言识人的一种方法，即从反面去分析一个人。比如从讦以知其直，从厉以知其刚，从软弱以知其温和，从拘谨以知其耿介。

## 4.8

子曰："朝闻道，夕死可矣。"

**【译文】**

先生说："早上领悟了真理，即使晚上死去，也是乐意的。"

**【导读】**

孔子的理想就是变"天下无道"为"天下有道"，为此，可以不惜任何代价甚至生命。孟子说："天下有道，以道殉身；天下无道，以身殉道。"

## 4.9

子曰："士志于道，而耻恶衣恶食者，未足与议也①。"

**【注释】**

①"士志……议也"："心欲求道，而以口体之奉不若人为耻，其识趣之卑陋甚矣，何足与议于道哉？"（朱熹《论语集注》）

**【译文】**

先生说："作为一个追求道的士君子，如果以穿不好的衣服、吃不好的饭菜为耻辱，那么他是不配谈追求光明大道的。"

**【导读】**

本章重在强调士应以"道"为志向，为此可以看淡美衣美食。在孔子看来应以"道"为精神，应谋道不谋食；还应超越个体与群体的利害得失，以天下为胸怀，不仅不为自己谋利益，也不为社会上的任何一个阶级、阶层谋求狭隘的集团利益。士穷不失义，达不离道；得志，泽加于民；不得志，修身见于世。孟子还说："无恒产而有恒心者，唯士为能。"言下之意就是"士"可以摆脱个人经济基础的限定，而发展恒德。

## 4.10

**子曰："君子之于天下也，无适也，无莫也[1]，义之与比[2]。"**

**【注释】**

①无适也，无莫也："没规定要怎么做，也没规定不要怎么做。"（杨伯峻《论语译注》）

"所谓'无适无莫'，就是无亲无疏。"（张松辉、周晓露《〈论语〉〈孟子〉疑义研究》）

此外，"无适也，无莫也"还有另解："适"（音dī），通"敌"，指敌对。"莫"通"慕"，指爱慕。"无敌无慕"就是无所为仇，无所欣慕。（幺峻洲《论语说解》）

②义之与比：比，挨着，靠拢，为邻。"只求合于义便从。"（钱穆《论语新解》）

**【译文】**

先生说："君子对于天下万物，没有规定一定要做什么，也没有规定一定不做什么，做与不做，关键在于是否合于'义'，合义则做，不合义则不做。"

**【导读】**

本章重在强调"君子之无可无不可"，但要以"义"为本。义之所在，则可；义之所不在，则不可。

## 4.11

子曰："君子怀德，小人怀土；君子怀刑，小人怀惠①。"

**【注释】** _____

① "君子……怀惠"："君子怀念道德，小人怀念乡土；君子关心法度，小人关心恩惠。"（杨伯峻《论语译注》）

"君子常怀念于德行，小人常怀念于乡土。君子常怀念刑法，小人常怀念恩惠。"（钱穆《论语新解》）

**【译文】**

先生说："君子心里想着道德至上，小人心里想着财富为重；君子心里有刑法底线，小人心里只有物质利益。"

**【导读】**

本章重在言君子以德为本，小人以田产为本；君子遵礼守法，小人见利忘义。

## 4.12

子曰："放①于利而行，多怨②。"

**【注释】** _____

①放：依循，按照。

②多怨："专在利害上计算，我心对外将不免多所怨。"（钱穆《论语新解》）

"依据个人利益行动，会招致很多的怨恨。"（杨伯峻《论语译注》）

【译文】

先生说："凡事皆依据利害原则（有利则为，有害则不为；或以利益最大化为准则，而不讲是非，不讲道义），则会滋生很多怨恨（有利则乐，无利则怨；或者利多则乐，利少则怨）。"

【导读】

本章重在说明以利害心引导人，会招来很多怨恨。所以孟子说："上下交征利而国危矣。"大到一个国家，小到一个单位，如果仅以利害教育人、诱导人，是很危险的。必须以是非观、道义观来引导。

### 4.13

子曰："能以礼让为国乎？何有①？不能以礼让为国，如礼何②？"

【注释】

①何有：有何难。

②如礼何："依孔子的意见，国家的礼仪必有其'以礼让为国'的本质，如果舍弃它的内容，徒拘守那些仪节上的形式，孔子说，那是没有什么作用的。"（杨伯峻《论语译注》）

**【译文】**

先生说："若能以礼让治理国家，治国有什么困难呢？不能以礼让治国，又怎么能叫'礼'呢？"

**【导读】**

本章重在说明"辞让"是礼的内容。中国传统文化可以说是"让"的文化，或者是"不争"的文化。

## 4.14

子曰："不患无位，患所以立；不患莫己知，求为可知也①。"

**【注释】** _____

①"不患无……知也"："所以立，谓所以立乎其位者（德才）。可知，谓可以见知之实。"（朱熹《论语集注》）

**【译文】**

先生说："不要担心没有官位，而要担心自己凭什么德行才能当好官。不要担心自己不被人知道，而要担心自己有什么本领让人知道。"

**【导读】**

本章要义在于强调修身的重要性。只要仁智勇集于一身，自会有齐家、治国、平天下的机会；即使无此机缘，也可以在自己的岗位上做出成绩来。所以君子要把功夫下在修身上，向内求而不是向外求。

## 4.15

子曰："参乎！吾道一以贯之。"曾子曰："唯①。"

子出。门人问曰："何谓也②？"曾子曰："夫子之道，忠恕③而已矣。"

**【注释】** _____

①唯："应词。直应曰'唯'，不再问。曾子自谓已明孔子意。"（钱穆《论语新解》）

②也：疑问词。或说通"邪"。

③忠恕："'恕'，孔子自己下了定义，'己所不欲，勿施于人'。'忠'则是'恕'的积极的一面，用孔子自己的话，便应该是'己欲立而立人，己欲达而达人'。"（杨伯峻《论语译注》）

**【译文】**

先生说："曾参啊！我有一个基本的精神是贯彻始终的。"曾参回答道："是。"

先生出去后，其他弟子问："先生说的是什么意思呢？"曾参说："夫子有一个常道，大概是'忠恕'吧！"

**【导读】**

本章重在讲述人道即仁道：推己及人。积极一点即是己所愿而施于人，消极一点即是己所不欲，勿施于人。

## 4.16

子曰："君子喻①于义，小人喻于利。"

①喻："晓义。君子于事必辨其是非，小人于事必计其利害。"（钱穆《论语新解》）

"乐义，即君子乐于义，小人乐于利。"（毛子水《论语》）

**【译文】**

先生说："君子懂得的是义，小人懂得的是利。"

**【导读】**

本章重在阐述君子以是非观分辨事情，小人以利害观分辨事情。

## 4.17

**子曰："见贤思齐焉，见不贤而内自省也**①**。"**

**【注释】** _____

①"见贤……省也"："见人之善恶不同，而无不反诸身者，则不徒羡人而甘自弃，不徒责人而忘自责矣。"（朱熹《论语集注》）

**【译文】**

先生说："见到贤者，就要以贤者为榜样，向他学习；见到不贤者，就要以不贤者的错误为鉴，反思自己如何能避免这些错误。"

**【导读】**

本章是在说修身的正反两种方法，正面方法即看到贤者，学习贤者的优点；反面方法即看到别人犯错误，立刻想到如果自己在别人的处境下，会不会犯同样的错误，从而时刻警惕自己的言行。

## 4.18

子曰："事父母几谏①。见志不从，又敬不违②，劳③而不怨。"

**【注释】**

①几谏：几，轻微，婉转。谏，规劝义。

②不违："不违背父母。"（钱穆《论语新解》）

"不放弃谏志。"（毛子水《论语》）

③劳：忧愁，辛劳。

**【译文】**

先生说："子女侍奉父母，若父母有过失要委婉地劝说。如果不能劝说父母改变主意，仍要继续恭敬父母。虽如此操心忧劳，也不要对父母生怨恨。"

**【导读】**

本章重在说明规谏父母要有耐心，还要讲究方法，寻找恰当的时机，还要有"劳而不怨"的忠厚品德。

## 4.19

子曰："父母在，不远游。游必有方①。"

①方：位所义。"游必有方，如己告云之东，即不敢更适西，欲亲必知己之所在而无忧，召己则必至而无失也。"（朱熹《论语集注》）

【译文】

先生说："父母在世，不作远行。如果不得已而外出，必须告诉父母自己的去处。"

【导读】

本章的含义不在"不远游"，而在时刻挂念父母之心，时刻在替父母考虑问题，即不让父母为自己操心。

### 4.20

子曰："三年无改于父之道，可谓孝矣。"

【注释】

本章重出，见《学而第一》1.11。

### 4.21

子曰："父母之年，不可不知也。一则以喜，一则以惧①。"

【注释】

①"父母……以惧"："常知父母之年，则既喜其寿，又惧其衰，而于爱日之诚，自有不能已者。"（朱熹《论语集注》）

【译文】

先生说："父母的年龄不能不知道。一方面为父母的年岁大而喜，另一方面又为父母的年岁大而担心。"

【导读】

本章言孝行的具体内容之一，即父母的生日要牢牢记住，父母的身体要常常关心。


## 4.22

子曰："古者言之不出，耻<sup>①</sup>躬之不逮<sup>②</sup>也。"

【注释】_____

①耻：动词的意动用法，"以为可耻"的意思。

②躬之不逮：躬，躬行。逮，及，赶上。

【译文】

先生说："古人不轻易说话，原因在于，以'做不到而说出了'为耻辱。"

【导读】

本章仍在阐述行胜于言，君子敏于行、讷于言的道理。


## 4.23

子曰："以约<sup>①</sup>失之者鲜矣。"

【注释】_____

①约：约束。"人能以约自守，则所失自少矣。"（钱穆

《论语新解》）

**【译文】**

先生说："因对自己节制、约束而犯过失的人是很少的。"

**【导读】**

本章重在说明一个严格要求自己的人，一定会很少犯错误。

### 4.24

子曰："君子欲讷<sup>①</sup>于言而敏<sup>②</sup>于行。"

**【注释】**

①讷（nè）：迟钝义。

②敏：敏捷义。

**【译文】**

先生说："君子要谨言（说话要慢而且谨慎），但要敏行（行动要勤快）。"

**【导读】**

本章重在要求君子谨言慎行。

### 4.25

子曰："德<sup>①</sup>不孤，必有邻。"

**【注释】**

①德："指有德言。有德之人，（纵处衰乱之世）亦不孤

立，必有同声相应、同气相求之邻。"（钱穆《论语新解》）

**【译文】**

先生说："有德行的人不会孤独，必有志同道合的人常在左右。"

**【导读】**

本章言修身以德，有德者必能悦近来远。

## 4.26

子游曰："事君数，斯辱矣，朋友数，斯疏矣①。"

**【注释】**

①"事君……疏矣"：斯：就。数：密，屡屡。可译为"烦琐"。数，还有一说，音shǔ，当面指出其过失。"至于烦渎，则言者轻、听者厌矣，是以求荣而反辱，求亲而反疏也。"（朱熹《论语集注》）

**【译文】**

子游说："侍奉国君，提意见太频繁，就会招致侮辱；对待朋友，批评过多，朋友会与你疏远。"

**【导读】**

本章重在阐明规劝上司、规劝朋友，既要把握好度，又要讲究方法。否则，会适得其反。

# 公冶长第五

（共27章）

## 5.1

子谓公冶长①："可妻②也。虽在缧绁③之中，非其罪也。"以其子④妻之。

子谓南容⑤："邦有道，不废⑥；邦无道，免于刑戮。"以其兄之子妻之。

**【注释】**

①公冶长：孔子弟子，齐人。

②妻：以女嫁人。

③缧（léi）绁（xiè）：拴罪人的绳索，这里指代监狱。

④子：儿、女皆称子。这里指的是女儿。

⑤南容：孔子学生，南宫适（kuò），字子容。

⑥不废：废，废弃义。国家有道，必见用，不废弃。

**【译文】**

先生谈论公冶长时说道："可以把女儿嫁给他。他虽然曾被囚禁在监狱里，但不是因为他有罪。"于是把女儿嫁给了公冶长。

先生谈到南容时说："国家政治清明时，他不会被废弃；国家混乱时，他还能免于刑罚。"于是将他的侄女嫁给了南容。

**【导读】**

本章主要讲孔子为他的女儿与侄女择婿。公冶长，社会对他不公，但是孔子公正地待他，没有嫌弃他有过牢狱之灾，认为罪责不在他。邦无道之时，南容作为一个有才干、正直不屈的人，也不致被刑罚；邦有道之时，则可以做官，为社会谋福利，也得到了孔子的认可。

## 5.2

**子谓子贱①："君子哉若人！鲁无君子者，斯焉取斯②？"**

**【注释】** _____

①子贱：孔子弟子，姓宓（fú），名不齐。

②斯焉取斯："斯，此也。前'斯'指子贱，后'斯'指其品德。言鲁若无君子，斯人何所取以成斯德。"（钱穆《论语新解》）

**【译文】**

先生谈论子贱时说："这个人真是君子啊！如果说鲁国无君子，他跟谁学的这么好的品德呢？"

**【导读】**

孔子赞扬子贱是君子的榜样，同时又发问这个人是跟从哪位先生学习的呢？是怎样修炼的呢？在这个世风日下的鲁国，怎么会有如此高尚的德行！

## 5.3

子贡问曰：“赐也何如？”子曰：“女<sub>汝</sub>，器也。”

曰：“何器也？”曰：“瑚琏<sup>①</sup>也。”

【注释】_____

①瑚琏：“瑚琏乃宗庙中盛黍稷之器，竹制，以玉饰之，言其既贵重，又华美，如后世言廊庙之材。”（钱穆《论语新解》）

“然则子贡虽未至于不器，其亦器之贵者欤？”（朱熹《论语集注》）

【译文】

子贡问先生：“我是个怎么样的人呢？”先生说：“你啊！是个有用的人，就像一个器皿。”

问：“什么样的器皿？”说：“是宗庙里用的祭器，瑚琏。”

【导读】

本章主要讲孔子评价子贡有廊庙之材，然而未到圣人之“不器”的境界。

## 5.4

或曰：“雍<sup>①</sup>也仁而不佞<sup>②</sup>。”子曰：“焉用佞？御人以口给<sup>③</sup>，屡憎于人。不知其仁<sup>④</sup>，焉用佞？”

【注释】_____

①雍：冉雍，字仲弓，孔子弟子。

②佞：能言善说，有口才。

③御人以口给：御，应答。口给，言语便捷，嘴快话多。

④不知其仁："孔子说不知，不是真的不知，只是否定的另一种方式。实际上说冉雍还不能达到'仁'的水平。"（杨伯峻《论语译注》）

**【译文】**

有人说："冉雍是个仁者，但不善于讲话。"先生说："何必要多讲话呢？与人辩论，多讲话，会使别人憎恨你。我不清楚冉雍是不是位仁人，但为什么要多讲话呢？"

**【导读】**

孔子通过对雍"仁而不佞"的评价，告诫人们话讲多了，同别人辩论，会被他人憎恨，尤其是在"邦无道"的社会。

# 5.5

**子使漆雕开①仕。对曰："吾斯之未能信②。"子说悦。**

**【注释】** _____

①漆雕开：孔子弟子，姓漆雕，名开，字子开。

②吾斯之未能信：是"吾未能信斯"的倒装。"斯，此也，紧承上'仕'字来。出仕将以行道，漆雕开不愿遽出仕，言对此事未能自信。"（钱穆《论语新解》）

**【译文】**

先生推荐漆雕开做官。漆雕开说："我对做官还没有信心。"先生听了很欢喜。

**【导读】**

孔子对漆雕开谦虚、严肃认真的态度，不轻易许诺的作风以及对出仕为官的淡定，感到由衷的欣慰。


5.6

子曰："道不行，乘桴<sup>①</sup>浮于海。从我者其由与。"子路闻之喜。子曰："由也好勇过我，无所取材<sup>②</sup>。"

**【注释】**

①桴：古代把竹子或者木头编成排，以当船用，大的叫"筏"，小的叫"桴"。

②无所取材："材，与'裁'同。……夫子美其勇，而讥其不能裁度事理，以适于义也。"（朱熹《论语集注》）

"材，同'哉'，古字有时通用。意为'这就没有什么可取的呀'。"（杨伯峻《论语译注》）

"其奈无所取材以为桴木。材，谓为桴木之材。此乃孔子更深一层之慨叹。既无心于逃世，而其无所凭借以行道之感，则曲折而更显矣。"（钱穆《论语新解》）

**【译文】**

先生说："我所追求的大道，行不通。我想乘木筏去很远的海外，能跟我一起去的，大概也就是仲由吧。"子路听到后很高兴。先生说："仲由这个人的勇气超过我，其他则没有什么可取的。"

**【导读】**

孔子评价子路有忠勇之德。在孔子无可奈何之时，首先想到的就是子路还会跟随自己。

## 5.7

孟武伯问："子路仁乎？"子曰："不知也。"又问。子曰："由也，千乘之国，可使治其赋①也，不知其仁也。"

"求也何如？"子曰："求也，千室之邑，百乘之家②，可使为之宰③也，不知其仁也。"

"赤也何如？"子曰："赤也，束带立于朝④，可使与宾客言也，不知其仁也。"

**【注释】**

①赋：兵赋，古代的兵役制度。这里也包括军政工作而言。

②千室之邑，百乘之家："千室之邑，'邑'是古代居民的聚居点，大致相当于后来的城镇，千室之邑即有一千户人家的大邑。百乘之家，卿大夫的采地，当时大夫有车百乘，是采地中的较大者。"（曾琦云《每日论语》）

③宰：邑长、家臣的通称。

④束带立于朝：指穿着礼服立于朝廷。

**【译文】**

孟武伯问："子路是仁人吗？"先生说："不知道。"追问。先生说："仲由，可以让他在一个有一千辆战车的国家管理财政与军事工作，但不知道他是否能达到'仁'的境界。"

"冉求怎么样？"先生说："冉求，可以让他在有一千户人口的城镇或者有一百辆战车的采邑担任总管，但不知道他是否能达到'仁'的境界。"

"公西赤怎么样？"先生说："公西赤，穿上礼服，端立于朝堂，可以让他迎来送往，但不知道他是否能达到'仁'的境界。"

**【导读】**

"仁"在这里是全德之义，是天人合一的同然之处，是良知。孔子很少许人以"仁"。然而即使没有对三位弟子给予"仁者"的评价，但还是极力推荐他们担任军政、家宰、外交等方面的工作。

## 5.8

子谓子贡曰："女<sub>汝</sub>与回也孰愈<sup>①</sup>？"对曰："赐也何敢望回。回也闻一以知十，赐也闻一以知二。"子曰："弗如也！吾与女<sub>汝</sub>，弗如也<sup>②</sup>。"

**【注释】** _____

①愈：胜过、超过。

②吾与女，弗如也："我和你均不如他。"（钱穆《论语新解》）

"我同意你的话，是赶不上他。"（杨伯峻《论语译注》）

【译文】

先生问子贡："你与颜回相比，谁强一些呢？"子贡回答说："我怎么敢与颜回相比呢！颜回能从一件事推及十件事。我啊，至多由一件事推出两件事。"先生说："不如颜回，我与你都不如颜回。"

【导读】

子贡有经商的才能，财富多，外交能力很强很有口才，在社会上名气很大。孔子让子贡与颜回做比较，从而达到对子贡进行开导、教育的目的。子贡很明智，以"回也闻一以知十，赐也闻一以知二"回答孔子。孔子很满意并且进一步说，他们俩都不如颜回，以此劝勉子贡继续努力。

## 5.9

宰予昼寝。子曰："朽木不可雕也，粪土之墙不可杇<sup>①</sup>也，于予与何诛<sup>②</sup>。"子曰："始吾于人也，听其言而信其行；今吾于人也，听其言而观其行。于予与改是<sup>③</sup>。"

【注释】 _____

①杇（wū）：泥工抹墙的工具叫"杇"，把墙壁抹平也叫"杇"。

②于予与何诛：与，语气词。诛，责备批评。可译为"对于宰我，不值得责备"。

③于予与改是："是，之上文'听其言而信其行'。孔子谓因于宰我而改变了这种态度。"（钱穆《论语新解》）

【译文】

宰我白天睡觉。先生说："腐朽的木头是不能雕刻东西的，粪土似的墙壁是不能再粉刷了，对于宰我，是没有必要责备了。"先生说："我起初对人，听他讲话，便相信他的为人；现在我对人，是听他讲话，还要观察他是否在按照他说的去做。是宰我改变了我观察人的态度。"

【导读】

孔子通过对宰我的批评，进一步改进了识人的方法，即听其言，观其行。听其言、观其行是识人的最基本的方法，后来法家的"循名责实法"应该由此而来。

## 5.10

子曰："吾未见刚者。"或对曰："申枨①。"子曰："枨也欲，焉得刚？"

【注释】

①申枨（chéng）：孔子学生，字周，鲁国人。

【译文】

先生说："我没有见过刚毅不屈的人。"有人说："申枨就是一个。"先生说："申枨私心重，怎么能叫刚毅不屈呢？"

这是对"欲而不刚，无欲则刚"的最好解释。

## 5.11

子贡曰："我不欲人之加诸我也，吾亦欲无加诸人。"
子曰："赐也，非尔所及<sup>①</sup>也。"

**【注释】**

①非尔所及："不加非义于人，此固能及。不欲人加非义
于我，则不能及。"（钱穆《论语新解》）

"施诸己而不愿，亦勿施于人，恕也。恕则子贡或能勉之，
仁则非其所及矣。愚谓无者自然而然，勿者禁止之谓，此所谓
仁、恕之别。"（朱熹《论语集注》）

**【译文】**

子贡说："我不愿意别人强加给我一些事情，我也无心强加
给别人一些事情。"先生说："端木赐啊，这是你所做不到的。"

**【导读】**

本章实际上是通过对子贡的批评，进一步阐释"己所不欲，
勿施于人"。孔子说子贡不愿意让人将不义之事加于自己，但是
子贡很难将不义之事不加于别人。

## 5.12

子贡曰："夫子之文章<sup>①</sup>，可得而闻也；夫子之言性与天

道，不可得而闻也。"

**【注释】** _____

①文章：或说指孔子所传授的《诗》、《书》、礼、乐等。

**【译文】**

子贡说："先生关于文献方面的学问，我们听到过；先生关于人性与天道方面的学问，我们没有听到过。"

**【导读】**

本章借子贡之口来说孔子讲授的《诗》、《书》、礼、乐等知识，依靠耳闻是能够学到的；老师讲授的"人性与道"的理论，依靠耳闻是不能够学到的。或者是孔子以传授《诗》、《书》、礼、乐为主，很少与弟子们谈论人性与天道的问题，此处因材施教的教育思想也可窥见一斑。

## 5.13

**子路有闻，未之能行，唯恐又闻。**

**【译文】**

子路听到一个道理，如果还没有履行实践，他就担心再听到另外一个道理。

**【导读】**

主要说明子路"敏行"的品德。关于子路的敏行之德，《论语》中还有"子路无宿诺"之说。

## 5.14

子贡问曰："孔文子<sup>①</sup>何以谓之'文'也？"子曰："敏而好学，不耻下问，是以谓之'文'也。"

**【注释】**_____

①孔文子：卫国大夫，孔圉（yǔ）。文，谥号。

**【译文】**

子贡问道："孔文子为什么被称为'文'呢？"先生说："孔文子聪敏灵活，爱好学问，向下面的人学习，而不以之为耻辱，所以被称为'文'了。"

**【导读】**

通过对孔文子的赞赏，说明"敏而好学、不耻下问"的道理。

## 5.15

子谓子产<sup>①</sup>："有君子之道四焉：其行己也恭，其事上也敬，其养民也惠，其使民也义<sup>②</sup>。"

**【注释】**_____

①子产：公孙乔，字子产，郑国大夫，为春秋时郑国贤相。

②"其行……也义"："他的行为态度谦逊、庄重；他侍奉君长严肃、尊敬；他教养老百姓有恩惠；他役使老百姓合理而适当。"（李泽厚《论语今读》）

**【译文】**

先生谈论子产时说："他有四点合乎君子的要求：他言谈举止恭敬庄重；他侍奉君主严肃认真；他对待百姓有恩有惠；他使用百姓合乎原则。"

**【导读】**

通过谈论子产，阐述君子之四德，即恭、敬、惠、义。

## 5.16

子曰："晏平仲①善与人交，久而敬之②。"

**【注释】**

①晏平仲：齐国的贤大夫，名婴。

②久而敬之："相交越久，别人越发敬重他。"（杨伯峻《论语译注》）

"指晏子敬人，虽久而敬爱如新。"（钱穆《论语新解》）

**【译文】**

先生说："晏平仲善于与人交往，相交愈久，别人愈发尊敬他。"

**【导读】**

本章赞扬晏子与人交往，爱人以德，待人以善，节之以礼，所以"久而敬之"。

## 5.17

子曰："臧文仲<sup>①</sup>居蔡<sup>②</sup>，山节藻棁<sup>③</sup>，何如其知<sub>智</sub>也<sup>④</sup>？"

**【注释】** _____

①臧文仲：鲁国大夫，臧孙辰。

②居蔡：居，藏义。蔡，古人把大乌龟叫作"蔡"。

③山节藻棁（zhuō）："节，屋中柱头之斗拱。雕刻山于节，故曰'山节'。棁，梁上短柱。藻，水草名。画藻于棁，故曰'藻棁'。山节藻棁，古者天子以饰庙。"（钱穆《论语新解》）

④何如其知也："当时以文仲为知（智），孔子言其不务民义，而谄渎鬼神如此，安得为知（智）。"（朱熹《论语集注》）

**【译文】**

先生说："臧文仲为大乌龟盖了房子，把房子的斗拱雕刻成山形，在房梁的短柱上还画了藻草，怎么能称这个人有智慧呢？"

**【导读】**

孔子批评臧文仲迷信乌龟，给大乌龟盖房子，把房子的斗拱雕成山形，在短柱上画着水草。这样既不符合周礼规定，又不符合民义，怎么能称他为有智慧的人呢？

## 5.18

子张问曰："令尹子文<sup>①</sup>三仕为令尹，无喜色；三已<sup>②</sup>

之，无愠色。旧令尹之政，必以告新令尹。何如？”子曰：
"忠矣。"曰："仁矣乎？"曰："未知，焉得仁？"

"崔子弑齐君③，陈文子④有马十乘，弃而违之。至于他
邦，则曰：'犹吾大夫崔子也。'违⑤之。之一邦，则又曰：
'犹吾大夫崔子也。'违之。何如？"子曰："清矣。"
曰："仁矣乎？"曰："未知，焉得仁？"

**【注释】**

①令尹子文：令尹，楚国官名，乃上卿执政者。子文，姓
斗，名谷於菟（gǔ wū tú）。

②已：罢免。

③崔子弑齐君：崔子，齐国大夫，崔杼（zhù）。齐君，齐
庄公，名光。弑，地位在下的人杀地位在上的人。

④陈文子：齐国大夫，名须无。

⑤违：离开，去。

**【译文】**

子张问道："楚国的令尹子文三次被任命为令尹，没有喜
色；三次被罢免，也无怨恨之色。并且每次被罢免时，都将自己
知道的政令全部告诉新接任的令尹。令尹子文怎么样呢？"先生
说："称得上忠于职守了。""够得上'仁'吗？"（先生）
说："不知道。这怎么能算是仁呢？"

"崔杼杀了齐庄公，陈文子舍弃了四十匹马，离开了齐国，
到了另外一个国家，所看到的情况与齐国相似。说：'这里与我
们齐国的崔杼是一样的啊！'便又离开了。到了另外一个国家，

又说：'这同我们的崔杼一样啊！'又离开了。这个陈文子怎么样呢？"先生说："称得上清节了。""算得上'仁'吗？"回答说："不知道。这怎么能叫仁呢？"

【导读】

孔子对令尹子文"三仕三已"而告新令尹，给予"忠"的评价；陈文子洁身去乱，给予"清"的评价。一个忠于职守，一个避乱清高，甚为恰当，但是没有称其为"仁"。"仁"是全德，是仁道，是得道并全无私心之人。忠者、清者只是其一目。


## 5.19

季文子①三思而后行。子闻之，曰："再，斯可矣②。"

【注释】

①季文子：鲁国大夫，季孙行父。

②再，斯可矣："季文子之为人，于祸福利害，计较过细。讥其每事不必三思，再思即可，乃言季文子之多思为不足贵。"（钱穆《论语新解》）

【译文】

季文子思考问题很缜密，总是三思而后行，尤其在关乎自己的得失与安危方面。先生听到后说："思考两次就可以了。"

【导读】

季文子心思过重，重利害而轻是非，智而离正，不足效法，故孔子说思考两次就可以了。

## 5.20

子曰："宁武子<sup>①</sup>，邦有道则知<sub>智</sub>，邦无道则愚<sup>②</sup>。其知<sub>智</sub>可及也，其愚不可及也<sup>③</sup>。"

**【注释】**

①宁武子：卫国大夫，宁俞。

②愚：佯愚似实。

③其知可及也，其愚不可及也："文公有道，而武子无事可见，此其知之可及也。成公无道，至于失国，而武子周旋其间，尽心竭力，不避艰险。凡其所处，皆智巧之士所深避而不肯为者，而能卒保其身，以济其君，此其愚之不可及也。"（朱熹《论语集注》）

**【译文】**

先生说："宁武子这个人，在国家政治清明时，很聪明；在国家政治混乱时，大智若愚。他的聪明是可以学得到的，他的大智若愚，是别人很难学得到的。"

**【导读】**

宁武子在邦有道时，则充分发挥智慧才干；邦无道时，则韬光养晦，若明若暗，去智去巧，明哲保身。

## 5.21

子在陈，曰："归与！归与！吾党之小子<sup>①</sup>狂简<sup>②</sup>，斐然成章，不知所以裁之<sup>③</sup>。"

**【注释】**

①吾党之小子：党，乡党。指门人之在鲁者。

②狂简："一说：狂，志达。简，疏略。狂简，有大志而才学尚疏。一说：简，大义。狂简，谓进取有大志。"（钱穆《论语新解》）

③斐然成章，不知所以裁之："文采斐然可观，我不知道怎样去指导他们。"（杨伯峻《论语译注》）

"文采可观，但还不知道怎样剪裁、克制自己。"（曾琦云《每日论语》）

"他们就像一匹匹文采斐然的丝绸，我真不知道该如何把他们剪裁成衣。"（张松辉、周晓露《〈论语〉〈孟子〉疑义研究》）

**【译文】**

先生在陈国时说："回家吧！回家吧！我家乡的年轻人，虽然志向远大，但狂妄粗鲁，文采斐然，我不知该怎样教育他们。"

**【导读】**

这是孔子周游四方，因"道"不能推行天下而发出的感叹。此时也是孔子人生的又一重大转折时期，他将致力于教育下一代，教育有志于变"无道天下"为"有道天下"的后起之秀，并且通过教育来传承中华传统文化。此时，孔子已六十岁。

## 5.22

子曰："伯夷、叔齐①，不念旧恶，怨是用希稀②。"

①伯夷、叔齐：孤竹君的两个儿子，父亲死了，两人互相让位，都逃到周文王那里。周武王起兵讨伐商纣，他们拦住车马劝阻。周朝统一天下，他们以吃周朝的粮食为耻，饿死在首阳山。

②不念旧恶，怨是用希："不记念过去的仇恨，别人对他们的怨恨也就很少。"（杨伯峻《论语译注》）

"不记念外面一切已往的恶事，所以他们心上亦少有怨。"（钱穆《论语新解》）

**【译文】**

先生说："伯夷、叔齐不记旧仇，所以怨恨就很少。"

**【导读】**

不念旧恶甚难，但若设身处地从对方的角度考虑，则可以增加很多理解与同情。从天下百姓的利益看，从天下的可持续发展看，从天人合一、人与我为一的高度看，憎恨别人如同憎恨自身的某一器官、某一部分是一样的可笑。

## 5.23

子曰："孰谓微生高①直？或乞醯②焉，乞诸其邻而与之。"

**【注释】**

①微生高：鲁人，名高。

②醯（xī）：醋。

## 【译文】

先生说："谁说微生高这个人直爽呢？有人向他借醋，他家没有，他不说没有，而到邻居家借醋，然后给向他借醋的人。"

## 【导读】

本章孔子阐述为人应"直"，即坦率，讲真话，不讲假话。家中无醋，就说没有醋，向人表示抱歉就行了。但是微生高此人却不说没有醋，而向他的邻居借醋以示自家有醋。此风若盛，必将流于伪诈，流于巧言令色。

### 5.24

子曰："巧言、令色、足恭①，左丘明耻之，丘亦耻之。匿怨而友其人②，左丘明耻之，丘亦耻之。"

## 【注释】

①足恭："过分恭敬。"（曾琦云《每日论语》）

"从两足行动上悦人。"（钱穆《论语新解》）

②匿怨而友其人：匿，藏义。藏怨于心，诈亲于外。

## 【译文】

先生说："花言不实之语、虚情假意、过分谦恭，左丘明以此为耻，我孔丘也以此为耻。对他人私下怨恨很深，表面上却表现得很友好，左丘明以此为耻，我孔丘也以此为耻。"

## 【导读】

孔子言以"直道"待人，直就是真实，有诚心与真情实意，内不自欺于己，外不欺人，心有好恶、怨恨，就如实地表达，不如此，则虚伪巧诈。

## 5.25

颜渊、季路侍①。子曰："盍②各言尔志。"

子路曰："愿车马、衣轻裘③，与朋友共，敝之而无憾。"

颜渊曰："愿无伐善，无施劳④。"

子路曰："愿闻子之志。"

子曰："老者安之，朋友信之，少者怀之⑤。"

**【注释】**

①侍：服侍，站在旁边陪着尊贵者叫"侍"。若坐而侍，必别以明文著之。

②盍：何不。

③衣轻裘：多认为轻字是后人误加上去的，当作"车马衣裘"。

④无伐善，无施劳：伐，夸张。施，表白。

"不夸耀自己的长处，不表彰自己的功劳。"（李泽厚《论语今读》）

⑤老者安之，朋友信之，少者怀之："老者养之以安，朋友与之以信，少者怀之以恩。"（朱熹《论语集注》）

"老者使他安逸，朋友使他信任我，年轻人使他怀念我。"（杨伯峻《论语译注》）

## 【译文】

　　颜回与子路侍立于先生身旁。先生说："何不说说你们每个人的志向。"

　　子路说："我愿意将自己拥有的车马、衣服，与朋友共同享用，破了也无遗憾。"

　　颜回说："我的志向在不夸耀自己，不把劳苦的事强加给别人。"

　　子路说："想听听先生的志向。"

　　先生回答道："使老年人生活安逸，使朋友之间讲信义，使孩子们得到关怀与良好的教育。"

## 【导读】

　　这是关于孔子与两位弟子交流理想的一次亲切会谈。子路有志于与朋友通财的理想，颜渊则将自己的善行与劳作作为平常事加以对待。孔子则希望老者、少者、朋友皆有所安。

### 5.26

**子曰："已矣乎！吾未见能见其过而内自讼<sup>①</sup>者也。"**

## 【注释】————————————————————————

　　①见其过而内自讼：讼，咎责。"人有过而能自知者鲜矣，知过而能内自讼者为尤鲜。"（朱熹《论语集注》）

## 【译文】

　　先生说："罢了！现在我已见不到能知道自己的过失，并能自觉进行自我批评的人了。"

【导读】

人们对自己的过失往往很难认识到，认识到了又往往对自己很宽容，至于自我反省、改过自新就更难了。孔门弟子中，子路虽然有"闻过则喜"之说，但以子路之"直"又很难承认自己的过失；冉有虽能承认自己的过失，但在改过方面则认为自己"力不足"，即不愿改过；只有颜回"不迁怒，不贰过"，但早已离开人世，所以孔子有此之叹。

5.27

**子曰："十室之邑，必有忠信如丘者焉，不如丘之好学也。"**

【译文】

先生说："即使仅有十户人家的小村落，也一定会有如同我一样忠信的人，但不会有像我一样好学的人。"

【导读】

孔子一说忠信，二说好学。忠信，是人的一种美质。"中以尽心曰'忠'，恒者诸己曰'信'。"忠与信相互作用，我忠于人，但人不信我，我之忠也不能达；别人忠于我，我不信人，人之忠也不能达。所以人与人之间既要忠，还要信。

# 雍也第六

（共28章）

## 6.1

子曰："雍也可使南面①。"

仲弓问子桑伯子②，子曰："可也简。"

仲弓曰："居敬而行简③，以临其民，不亦可乎？居简而行简，无乃大<sub>太</sub>简乎？"子曰："雍之言然。"

**【注释】**

①南面："古代以'坐北朝南'这个方向的位置为最尊贵。无论天子、诸侯、卿大夫，当他作为长官出现的时候，总是南面而坐。"（杨伯峻《论语译注》）

②子桑伯子：鲁人，疑即《庄子》中之子桑户。

③居敬而行简："简，简要，不烦琐。意为'居心恭敬慎重而行事简要。'"（曾琦云《每日论语》）

**【译文】**

先生说："冉雍这个人，有领袖之器。"

冉雍问子桑伯子是一个什么样的人，先生说："是一个不错的人，做事简约不烦琐。"

冉雍说："平常为人态度认真，办事简约，这样对待老百姓，不也可以吗？平常为人随便，态度不认真，行为又简单，岂不是太简单了吗？"先生说："冉雍的话是对的。"

**【导读】**

孔子主张"居敬行简"。"居敬"意在以诚敬心事民；"行简"是方法。行简有大道至简之义，有体任自然、不扰民之义，还有因时、因地、因人而治之义。

"居敬行简"应该是治国者的一条原则。

## 6.2

哀公问："弟子孰为好学？"孔子对曰："有颜回者好学，不迁怒，不贰过①。不幸短命死矣！今也则亡无，未闻好学者也。"

**【注释】**

①不贰过："'贰'是重复、一再的意思。这是说不犯同样的错误。"（曾琦云《每日论语》）

**【译文】**

鲁哀公问："您的弟子谁好学？"孔子答道："颜回好学。他不迁怒于别人，也不会犯两次同样的错误。不幸短命而死！现在我再也没有听到过好学的人了。"

**【导读】**

本章以颜回为例，说明什么是好学。关于"好学"，孔子是有标准的，即其一"食无求饱，居无求安"，颜回正是"一箪食，一瓢饮，在陋巷"；其二"敏于事，慎于言"，颜回则"用之则行，舍之则藏"；其三"就有道而正焉"，颜回则"其心三月不违仁"，还说"夫子循循然善诱人，博我以文，约我以礼"。这三条标准颜回都具备，所以颜回死后，孔子说"未闻好学者也"。

### 6.3

子华①使于齐，冉子为其母请粟。子曰："与之釜②。"

请益。曰："与之庾③。"

冉子与之粟五秉④。

子曰："赤之适齐也，乘肥马，衣轻裘。吾闻之也，君子周⑤急不继⑥富。"

原思⑦为之宰，与之粟九百，辞。子曰："毋！以与尔邻里乡党⑧乎！"

**【注释】**

①子华：孔子学生，姓公西，名赤，字子华。

②釜：容当时的量器六斗四升。

③庾（yǔ）：容当时的量器二斗四升。

④秉，古代量名，一秉合十六斛。五秉则是八十斛。古代以十斗为斛。

⑤周：周济、救济。

⑥继：接济。

⑦原思：孔子弟子原宪，字子思。

⑧邻里乡党："都是古代地方单位的名称，以五家为邻，

二十五家为里，万二千五百家为乡，五百家为党。"（杨伯峻《论语译注》）这里指家乡的百姓。

## 【译文】

公西华出使齐国，冉求请求先生赠送公西华的母亲一些小米。先生说："赠送一釜（六斗四升）。"

冉求请求再增加一些。先生说："再送一庾（二斗四升）。"

冉求却送了五秉（八百斗）。

先生说："公西赤出使齐国，坐着由肥马拉的车，穿着轻暖的皮衣，十分阔绰。我听说君子周济处于困难窘迫、需要帮扶的人，而不救济富足的人。"

原思当地方官，给他九百斗小米，他不接受。先生说："不要这样，可以分给你的邻居和乡人。"

## 【导读】

本章中心在"君子周急不继富"与"与尔邻里乡党乎"，从这两句话来理解"君子周急不继富"，其实包括"君子周急不继富""君子周贫不继富"与"君子周急不避富"。意思有三：其一，贫者与富者都有急困之时，若有急困都可以得到朋友的周济；其二，贫者除了有急困之时，平常因为贫困也应得到各方面的救助；其三，富者若无急困之处境，不应给予接济。

### 6.4

子谓仲弓，曰："犁牛之子骍且角①，虽欲勿用②，山川③其舍诸？"

①犁牛之子骍（xīng）且角：犁牛，耕牛。骍，赤色，还有一读音xīn。角，两只角长得周正。"古代祭祀用的牛不能以耕牛代替，系红毛长角，单独饲养的。"（曾琦云《每日论语》）

"此言父虽不善，不害其子之美，终将见用于世。"（钱穆《论语新解》）

②用：用于祭祀。

③山川：山川之神。

【译文】

先生说仲弓（冉雍）："耕牛生的小牛，长着赤色的毛，而且角也周正，即使不想用它祭祀，山川之神难道会舍弃吗？"

【导读】

孔子在此鼓励仲弓，不要担忧自己的家庭出身，也不要担心自己的父亲品行不端正，只要自己的德行、才学好，儿子是可以弥补父亲的过失的，是可以做大官的。再次表达了"有教无类""任人唯贤"的主张。

## 6.5

子曰："回也，其心三月不违仁，其余则日月至焉而已矣①。"

【注释】_____

①"其心……已矣"："三月，言其久，三月一季，气候

将变，其心偶一违仁，亦可谓心不离仁矣。日月至，谓一日来至，一月来至。所异在尚不能安。"（钱穆《论语新解》）

"（三月、日月）这种词语必须活看，不要被字面所拘束，因此译文用'长久地'译'三月'，用'短时期''偶然'来译'日月'。"（杨伯峻《论语译注》）

**【译文】**

先生说："颜回在长时间内不违背仁爱之心，其他弟子则在短时间内能坚守仁爱之心。"

**【导读】**

孔子赞扬颜回已经具备仁德了，人与人之间本性的同然处已经显露出来了，被私欲蒙蔽的"良知"已经复出，所以才会"其心三月不违仁"。

## 6.6

季康子问："仲由可使从政也与？"子曰："由也果①，于从政乎何有②？"

曰："赐也可使从政也与？"曰："赐也达③，于从政乎何有？"

曰："求也可使从政也与？"曰："求也艺④，于从政乎何有？"

**【注释】**

①果：有决断。

②何有：何难义。

③达：通达。

④艺：多才能。

**【译文】**

季康子问道："仲由（子路）可以让他从政吗？"先生说："仲由做事果断，从政有什么难的呢？"

问道："端木赐可以让他从政吗？"答道："端木赐通达事理，从政有什么难的呢？"

问道："冉求可以让他从政吗？"答道："冉求多才多艺，从政有什么难的呢？"

**【导读】**

孔子对其三个弟子的所长均有了解：子路做事果断，子贡通达事理，冉有多才多艺，都具备从政的条件。如果能扬长避短，三人皆有大用。

## 6.7

**季氏使闵子骞①为费②宰。闵子骞曰："善为③我辞焉。如有复我者，则吾必在汶上④矣。"**

**【注释】** _____

①闵子骞：闵损，字子骞，鲁国人，孔子的学生。

②费（bì）：季氏家邑。季氏不臣于鲁，而其邑宰亦屡叛季氏，故欲使闵子骞为费宰。

③为：替。

④汶上：汶，水名，在齐南鲁北境上。汶上，汶水之北，暗指齐国之地。

## 【译文】

季氏让闵子骞担任费县的县长。闵子骞说："请好好替我推辞掉吧！假如再有邀请我的人来，我一定是在汶河以北了。"

## 【导读】

孔门弟子有愿意为官的人，也有不愿意为官的人，闵子骞就是一个不愿当官的弟子。朱熹《论语集注》中这样点评此事：处乱世、遇恶人当政，"刚则必取祸，柔则必取辱"。闵子骞拒绝当官也在情理之中。

### 6.8

伯牛①有疾，子问之，自牖执其手②，曰："亡之③，命矣夫！斯人也而有斯疾也！斯人也而有斯疾也！"

## 【注释】

①伯牛：孔子弟子，冉耕，字伯牛。

②自牖（yǒu）执其手：古人居室，北墉而南牖，墉为墙，牖为窗。

③亡之："之"只是凑成一个音节，这种用法在古汉语中很常见。

**【译文】**

冉伯牛得了重病，先生去看望，从窗户外握着他的手，说道："活不了了，这是命啊！这种好人竟得了这样的病！这种好人竟得了这样的病！"

**【导读】**

孔子的天命观由此可见一斑。伯牛之贤亚于颜、闵，孔子看其患病将死，悲痛万分。

## 6.9

子曰："贤哉，回也！一箪①食，一瓢饮，在陋巷。人不堪其忧，回也不改其乐。贤哉，回也！"

**【注释】**

①箪：古代盛饭的竹器，圆形。

**【译文】**

先生说："颜回好贤能啊！吃一小筐饭，喝的是一瓢水，住在简陋的小巷中，一般人忍受不了这种贫困的生活，而颜回却很快乐，始终不改变。颜回，贤能啊！"

**【导读】**

宋代大儒周敦颐教授本章时，教他的学生"寻孔颜乐处，所乐何事"，此问题已成为学术界认识孔颜精神境界的核心问题。那么到底所乐何事呢？乐的不是一箪食、一瓢饮、在陋巷的清贫生活，贫与富都不会影响这种快乐的心境。因为君子"素其位而行，不愿乎其外。素富贵，行乎富贵。素贫贱，行乎贫贱。素夷狄，行乎夷狄。素患难，行乎患难。君子无入而不自得焉。”这是《中庸》里的章句，意思是说，君子无时无刻不在当下快乐地生活着，每一种当下的处境都能尽其所当为，没有倾慕当下以外之心，所以活得很实在、很专心、很充实，自然也就乐在其中。

## 6.10

冉求曰："非不说<sub>悦</sub>子之道，力不足也。"子曰："力不足者，中道而废。今女<sub>汝</sub>画<sup>①</sup>。"

**【注释】**

①画：划地以自限也。

**【译文】**

冉求说："不是不喜欢先生的学问，是力量不足以学习。"先生说："力量不足，是你自己半途松懈了。是自己为自己画了一个框子。"

**【导读】**

冉求是一个谨慎、胆小、志向不远大的人。自画其界，不肯努力向上，能为而不肯为。

## 6.11

子谓子夏曰："女<sub>汝</sub>为君子儒，无为小人儒。"

先生对子夏说："你要成为一个君子一样的儒家之人，而不要成为一个小人一般的儒家之人。"

【导读】

君子儒的本质是君子，小人儒的本质是小人。两者的距离就是君子与小人的距离。两者相同之处仅在于表相，即所读之书、所行之差使等。但是内在的精神境界与志向见识则有天壤之别，君子以"义"为本，小人以"利"为先；君子谋道不谋食，小人谋食不谋道；君子和而不同，小人同而不和；君子求诸己，小人求诸人。

## 6.12

子游为武城①宰。子曰："女汝得人焉尔乎？"曰："有澹台灭明②者，行不由径③，非公事，未尝至于偃④之室也。"

【注释】_____

①武城：鲁国邑名。

②澹（tán）台灭明：孔子弟子，澹台氏，字子羽。

③径：小路，可以捷至者。

④偃：子游自称。

【译文】

子游担任武城的总管。先生说："你有贤者推荐吗？"回答道：“有位名叫澹台灭明的人，走路从不走小路，不是公事从不到我的办公室来。”

**【导读】**

本章有两层含义，一者孔子之问，实际上是在教导弟子为政以"得人"为先；二者识别人的方法，子游讲了两条：坚持正道，不走捷径；无公事不接近领导，和领导一直保持正常的关系，不阿谀奉承，正直光明。

## 6.13

子曰："孟之反①不伐②，奔而殿③，将入门，策其马，曰：'非敢后也，马不进也。'"

**【注释】**

①孟之反：鲁大夫，名侧。

②不伐：伐，夸义。

③奔而殿："军败而奔，在后曰'殿'。军败殿后者有功。"（钱穆《论语新解》）

**【译文】**

先生说："孟之反不自吹自擂，军队在撤退时，他留在最后，将要进城时，他用鞭子打马，说：'不是我要留在后面，是马不肯往前跑啊！'"

**【导读】**

孟之反的过人之处在于谦虚，为而不恃，不伐善，不施劳，并且在别人赞扬他时，他还拒绝接受这种美名，将这种"奔而殿"的大勇大义说成是马不前进的缘故。

## 6.14

**子曰："不有祝鮀之佞，而有宋朝之美，难乎免于今之世矣<sup>①</sup>！"**

【注释】

①"不有……世矣"："没有祝鮀那样的口才，也没有宋朝那样的美丽，在今天的社会恐怕难免灾祸。"（李泽厚《论语今读》）

"一个人，若没有祝鮀般能说，反有了宋朝般美色，定难免害于如今之世。"（钱穆《论语新解》）

祝鮀（tuó）：祝，宗庙官名。祝鮀，字子鱼，卫国大夫，有口才。

宋朝：宋国的公子朝，美男子。

【译文】

先生说："如果没有祝鮀善辩能言之才，仅有宋朝的美色，在当今之世，恐怕难以避免灾祸了！"

【导读】

这是孔子对无道的世风日下发出的感叹。在此之世如果不善言辞，缺乏美色是很难避免灾祸的。祝鮀以能言善辩、阿谀奉承得到卫灵公的宠信。宋朝以其貌美得到南子的欢心。

## 6.15

子曰："谁能出不由户？何莫由斯道①也？"

**【注释】**

①何莫由斯道：为什么没有人从这条道路走呢？

**【译文】**

先生说："谁能外出不由门户走呢？为什么没有人从这一条仁义之路走呢？"

**【导读】**

本章有两层意思：一者人之出必由户，而不知行必由道，非道远人，人自远尔；二者人之出必由近而远，一步一步地走，而非先远后近，所以儒家有"入则孝，出则弟，谨而信，泛爱众而亲仁"之说，还有"近者悦，远者来"之说，言下之意是从平常处着手，从容易的事做起，从当下开始，求仁由孝始。

## 6.16

子曰："质胜文①则野②，文胜质则史③。文质彬彬④，然后君子。"

**【注释】**

①质胜文：质，朴实、自然、无修饰的天性。文，文采，经过修饰的人文文化。

②野：粗鲁、鄙野。

③史：官府掌文书者，这里指虚浮的意思。

④彬彬：指文与质配合得很恰当。

**【译文】**

先生说："朴实如果超过了礼乐等人文素养，就未免粗野了一点，文采如果超越了内在固有的德行，又未免有虚伪的感受。文与质恰当配合，才能称之为君子。"

**【导读】**

本章在讲质与文的统一。孔门之教：文、行、忠、信。"忠、信"属质，"文、行"属文。只有将两者恰当地融合在一起，才称得上是文质彬彬。

## 6.17

子曰："人之生也直，罔①之生也幸而免②。"

**【注释】**

①罔：诬罔不直的人。

②幸而免：侥幸地免于灾祸。

**【译文】**

先生说："人的正直品行，是能立于世的常规，不正直有时也能幸存下来，但那是侥幸。"

**【导读】**

本章重在言人的生存与发展是由于正直；不正直的、走邪路的人能幸存是一种侥幸。也就是说由于正直而生存者是大概率事件，由于不正直而生存者是小概率事件。走邪路的人即使侥幸免于祸患，内心还是忐忑不安，其实心灵已经在受惩罚了。

## 6.18

子曰："知之者不如好之者，好之者不如乐之者<sup>①</sup>。"

**【注释】**

① "知之者……乐之者"："知之者，知有此道也。好之者，好而未得也。乐之者，有所得而乐之也。"（朱熹《论语集注》）

"（对于任何学问和事业）懂得它的人不如喜爱它的人，喜爱它的人又不如以它为乐的人。"（杨伯峻《论语译注》）

**【译文】**

先生说："知道某一事物的人，不如对它喜爱的人，对它喜爱的人，不如以它为乐的人。"

**【导读】**

知之、好之、乐之，是言做事、做学问、做人的三种境界。知之者处于浅层，知之不深，行之也不深，体会也还在浅层；好之者则进一步，知与行都进一步，体会也深了一些；乐之者则全然忘怀，已有废寝忘食的感觉，就如同孔子说自己对所从事的事业，已到了"发愤忘食，乐以忘忧，不知老之将至"的境界。

## 6.19

子曰："中人①以上，可以语上②也；中人以下，不可以语上也。"

**【注释】**

①中人：中等水平的人。

②语上：语，告诉。上，即高深（的内容）。

**【译文】**

先生说："对于中等水平的人，可以告诉他高深的学问；对于中等水平以下的人，不可以告诉他高深的学问。"

**【导读】**

这是孔子因材施教原则的体现。

## 6.20

樊迟问知<sub>智</sub>。子曰："务民之义①，敬鬼神而远之，可谓知<sub>智</sub>矣。"

问仁。曰："仁者先难而后获②，可谓仁矣。"

**【注释】**

①务民之义："致力于让老百姓走到正义的道路上。"（曾琦云《每日论语》）

"尽力做对人民适宜合理的事情。"（李泽厚《论语今读》）

②先难而后获："困苦艰难在先，酬报果实在后。"（李

泽厚《论语今读》）

　　"难事做在人前，获报退居人后。"（钱穆《论语新解》）

## 【译文】

　　樊迟向先生请教什么是"智"，先生说："全心全意做对人民有益的事，敬畏鬼神，但是又要远离鬼神，这样就是'智'了。"

　　樊迟又问"仁"是什么，先生说："仁者不怕困难，不计得失，不怕困难、不计得失可以说就是'仁'了。"

## 【导读】

　　智者应把"安人"的工作放在首位。不信鬼神则无敬畏之心与长远之心，但迷信鬼神则舍近求远，都是不智的行为。仁者重在心安，不计较利害得失，可谓但求耕耘，莫问收获，但是收获自然会随之而来。

## 6.21

　　子曰："知智者乐水，仁者乐山；知智者动，仁者静；知智者乐，仁者寿①。"

## 【注释】

　　①"知者……者寿"："知者达于事理而周流无滞，有似于水，故乐水。仁者安于义理而厚重不迁，有似于山，故乐山。动静以体言，乐寿以效言也。动而不括故乐，静而有常故寿。"（朱熹《论语集注》）

"智者乐运其才智以治世，如水流而不知已。仁者乐如山之安固，自然不动，而万物生焉。"（李学勤《论语注疏》）

## 【译文】

先生说："智慧的人喜爱水，仁爱的人喜爱山；智慧的人好动，仁爱的人好静；智慧的人快乐，仁爱的人长寿。"

## 【导读】

仁与智的区别正好可以用山与水的区别来说明：山静，水动；山往高处走，水往低处流；山高仰止，水低卑谦；山厚重久远，水常新长流、变化无形。孔子尚仁，老子尚智。仁者安于仁，智者因利而行仁。

## 6.22

**子曰："齐一变，至于鲁；鲁一变，至于道。"**

## 【译文】

先生说："齐国变一下，就接近鲁国了；鲁国再改变一下就与大道不远了。"

## 【导读】

齐国以商立国，鲁则以农耕立国。农耕生产方式接近自然，崇尚勤劳，崇尚自然，相信天人合一的道理。工商生产方式则倾向于征服自然，常常使自然与人处于对立的地位，信仰天人二分。所以孔子说"齐一变，至于鲁；鲁一变，至于道"。

## 6.23

子曰："觚<sup>①</sup>不觚，觚哉！觚哉！"

**【注释】** _____

①觚（gū）："古代盛酒的器具，上圆下方，有棱，容量约有二升。后来觚（形状）被改变了，所以孔子认为觚不像觚，名不副实。"（曾琦云《每日论语》）

"觚者，礼器，所以盛酒。二升曰'觚'。言觚者，用之当以礼，若用之失礼，则不成为觚也，故孔子叹之。"（李学勤《论语注疏》）

**【译文】**

先生说："说是觚又比原来的觚大，这是觚吗？这是觚吗？"

**【导读】**

本章重在说明觚是一种酒器，也是一件礼器。礼器一定有"礼"的精神内含在其中，如果随便改变觚的形状、大小而背离其"礼"的精神，这种觚还能是觚吗？中国礼文化精神可见一斑。

## 6.24

宰我问曰："仁者，虽告之曰：'井有仁焉<sup>①</sup>。'其从之也？"子曰："何为其然也？君子可逝也，不可陷也；可欺也，不可罔也<sup>②</sup>。"

**【注释】**

①井有仁焉："仁即'仁人'的意思。"（杨伯峻《论语译注》）

"仁者志在救人，今有一救人机会在井中，即井有仁也。"（钱穆《论语新解》）

"'仁'指仁德。"（张松辉、周晓露《〈论语〉〈孟子〉疑义研究》）

②"君子……罔也"：逝，往。这里是到井边去看。罔，诬罔。这里指被无理陷害。"君子可以叫他远远走开不再回来，却不可以陷害他；可以欺骗他，却不可以愚弄他。"（杨伯峻《论语译注》）

"可以诱骗仁者去看，但不能陷害他入井。他可被骗，但不会因骗而糊涂。"（钱穆《论语新解》）

**【译文】**

宰我问先生："一位仁者，告诉他'井里掉进去了一个人'，他会跳下去救人吗？"先生说："为什么要这样呢？君子可以去井边救人，但不能自己也陷进去；可以被人欺骗，但绝不会被无理愚弄。"

**【导读】**

本章重在阐明仁者可以被欺骗，但很难被欺骗成功，也可以被陷害，但也不容陷害得逞。正如本章所言，说井里有人需救助，仁者会到井边察看，若真有，他会尽力去救助；但是如果没有人，他也会明白的。因为仁者常常也是智者、勇者。孔子说仁、智、勇三者合一，才能称其为"仁"。

在《论语》还有类似的章句，如"不逆诈，不亿不信，抑亦先觉者，是贤乎"，意思是说君子事先并不猜疑别人是否在存心欺骗自己，但当有人真要欺骗自己时，也会先有觉察的，这种人就是贤者。

贤者较之孔子之仁者，还要逊色一些，所以仁者智慧会更高一些。贤者能觉察到的事情，仁者更应有所准备而不会上当受骗。

## 6.25

子曰："君子博学于文，约之以礼①，亦可以弗畔<sub>叛</sub>矣夫②！"

**【注释】**

①博学于文，约之以礼："君子学欲其博，故于文无不考；守欲其要，故其动必以礼。"（朱熹《论语集注》）

"文，诗书礼乐，典章制度，著作义理，皆属文。礼，犹体。躬行实践，凡修身、齐家、从政、求学一切实务皆是。博学之，当约使归己，归于实践，见之行事。"（钱穆《论语新解》）

"君子广泛学习文献，再用礼节加以约束。"（杨伯峻《论语译注》）

②弗畔矣夫：畔同"叛"，弗畔，即不违道。矣夫，语气词，表示较强烈的感叹。

**【译文】**

先生说："君子广泛学古代文献，同时以礼约束自己，这样就可以不背离正道了吧！"

**【导读】**

本章有两层意思：一者在学问方面要博而反约，博学不能反约则不能近道；二者在做人方面，过分强调文采与博学而不知恭行以礼，很容易背离正道。

## 6.26

子见南子①，子路不说悦。夫子矢②之曰："予所否者，天厌之③！天厌之！"

**【注释】**

①南子：卫灵公夫人，把持当时卫国的政治，而且有不正当的行为，名声不好。

②矢：誓义。

③予所否者，天厌之："我如果不对的话，天厌弃我吧！"（杨伯峻《论语译注》）

**【译文】**

先生会见了南子，子路不高兴。先生发誓说："假如我做了什么不好的事，上天将厌弃我！上天将厌弃我！"

**【导读】**

孔子仁爱天下，从不放弃任何对天下有利的机会，也不拒绝对人有益的教化。

《荀子·法行》中有这样的记载：南郭惠子问于子贡曰："夫子之门，何其杂也？"子贡曰："君子正身以俟，欲来者不拒，欲去者不止。且夫良医之门多病人，檃（yǐn）栝（kuò）之侧多枉木，是以杂也。"南郭惠子问为什么孔门弟子如此混杂不齐，子贡回答得好，说这正如良医门前病人多，君子内心端正，对来学习的人不拒绝，对想走的人也不阻止。

由此可见孔子之仁爱，就是博爱，视天下所有人为自己要度化的对象。所以孔子见南子，也在情理之中。见南子会对南子产生一些积极的影响，总会对社会有益处吧！子路跟随孔子多年，对老师仍有猜疑之心，逼着夫子向天发誓自己没有做非礼之事，从中也可感受到师徒之间关系的融洽、朴实与童真。

## 6.27

子曰："中庸①之为德也，其至矣乎！民②鲜久矣。"

【注释】_____

①中庸："中者，无过无不及之名也。庸，平常也。"（朱熹《论语集注》）

②民：" '民'不完全指老百姓，所以可译为'大家'。"（杨伯峻《论语译注》）

"一般民众。"（钱穆《论语新解》）

【译文】

先生说："中庸作为一种道德，应该是最高的了！人民缺少这种道德已经很久了。"

【导读】

《论语》中首次提出中庸思想，中庸是孔子思想中最高的一个理念，也是一种方法。其基本要义是：宇宙万物是一个整体，万事万物大致可以分为此与彼，但此与彼不能截然分开，此中有彼，彼中还有此；此与彼之间此消彼长，到一定程度时，相互转化；有一个超越此又超越彼的东西存在，即是中；执中，待物待人则会恰到好处。

## 6.28

子贡曰："如有博施于民而能济众，何如？可谓仁乎？"子曰："何事于仁，必也圣乎！尧、舜其犹病①诸！夫仁者，己欲立而立人，己欲达而达人。能近取譬，可谓仁之方②也已。"

【注释】

①病：担心、忧虑。

②能近取譬，可谓仁之方："从近处做起，可以说是实行仁的方法。"（李泽厚《论语今读》）

譬，比喻。"能近取譬"即是由己及人、由人及物、由近及远之义。

【译文】

子贡说："如果有人能广泛给予人民很多利益，又能周济众人，怎么样啊？称得上是仁者吗？"先生说："何止是仁者，简直是圣人了！尧舜恐怕都难以做到。仁者就是自己能立得住，同时也让他人与自己一样能立得住；自己通达了，也能让他人与自己一样通达。能从近处比喻远处，将心比心，可以说就是实行'仁'的方法了。"

## 【导读】

本章其实谈两个层面的问题：一是推仁心；一是行仁政。推仁心即己欲立而立人，己欲达而达人；行仁政则"博施于民而能济众"。

# 述而第七

（共37章）

## 7.1

子曰：“述而不作①，信而好古，窃比于我老彭②。”

**【注释】**

①述而不作：阐述而不创作。

②老彭：人名。说法不一，或说是老子和彭祖两个人。或说是彭祖一人。彭祖，商代的贤大夫，好述古事。

**【译文】**

先生说：“对于古代的文化要阐述但不可创作（为什么呢？因为古代文化是起源，而且是‘性之者’而来，具有天下性、道德性、可持续性与社会性），我非常相信并喜欢古代的文化，我私下将自己比作老彭。”

**【导读】**

本章重在述而不作。为什么述而不作？因为信而好古。为什么信而好古？因为古老的文化是文化的起源，是文化根本之所在，之后的文化皆由此而来。信而好古，就容易找到文化的根本。对此根本的东西，“述而不作”就不容易歪曲它，篡改它。

## 7.2

子曰："默而识①之，学而不厌，诲人不倦，何有于我哉②？"

**【注释】**

①识（zhì）：记住。

②何有于我哉："这些事我做到了哪些呢？"（杨伯峻《论语译注》）

"何有，犹言有何难，这三事在我有何难呀？"（钱穆《论语新解》）

**【译文】**

先生说："对于所见所闻要默默地记在心里，努力学习但不能满足，教诲别人而不知疲倦，这几点我做到了哪些呢？"

**【导读】**

本章孔子在叙述自己所能做到的事，即默默记住所学的东西，学习从不厌烦，育人不知道疲倦。

## 7.3

子曰："德之不修，学之不讲①，闻义不能徙②，不善不能改，是吾忧也。"

**【注释】**

①讲：讲习。

②徙：迁移，改变。

**【译文】**

先生说："道德没有修养好，学问不能讲授好，听到正确的观点而不能按其去改进，对于自己的过失不能改正，这四点是我最忧虑的。"

**【导读】**

本章孔子自述其四忧，即不能修养道行，不能讲习学问，听到应该做的事却不去做，自己有缺点却不能改正。

## 7.4

**子之燕<sub>宴</sub>居①，申申如也，夭夭如也②。**

**【注释】**

①燕居：燕，通"宴"，安逸，闲适。"燕居，闲居义。"（钱穆《论语新解》）

②申申如也，夭夭如也："申申，其容舒也。夭夭，其色愉也。"（朱熹《论语集注》）

"申申，整敕之貌。夭夭，和舒之貌。"（杨伯峻《论语译注》）

**【译文】**

先生在家居住，衣冠整齐，安详快乐。

**【导读】**

本章言孔子日常生活的气象，即衣冠整齐，悠闲自在。《乡党》中还有"居不容"一说，大概应是"居不客"，意思是在家

里不以客礼而居，与"夭夭如也"所述的优游自适、从容不迫气
象相同。

## 7.5

子曰："甚矣吾衰也！久矣吾不复梦见周公①。"

**【注释】**

①周公：姬旦，周文王的儿子，周武王的弟弟，鲁国的开
创者，是西周典章制度的制定者。

**【译文】**

先生说："老了吧，我很久没有梦见周公了！"

**【导读】**

本章引用程子之说，曰："孔子盛时，寤寐常存行周公之
道；及其老也，则志虑衰而不可以有为矣。"存道之心没有老少
之异；而行道之身，老则衰也。

## 7.6

子曰："志于道，据于德，依于仁，游于艺①。"

**【注释】**

①"志于……于艺"："目标在'道'，根据在'德'，
依靠在'仁'，而游憩于礼、乐、射、御、书、数六艺之中。"
（杨伯峻《论语译注》）

"立志在道上，据守在德上，依倚在仁上，游泳在艺上。"

"志者，心之所之之谓。道，则人伦日用之间所当行者是也。""德者，得也，得其道于心而不失之谓也。""依者，不违之谓。仁，则私欲尽去而心德之全也。""游者，玩物适情之谓。艺，则礼乐之文，射、御、书、数之法，皆至理之所寓，而日用之不可缺者也。"（朱熹《论语集注》）

**【译文】**

先生说："立志做一圣人（圣人与道同在），凭借在于修德（德不高如何能得道呢？），修德的根本在于仁孝，同时还要精通六艺。"

**【导读】**

本章言人之为学的四个阶段。按照朱子的解释，志于道，则心存于正而不他；据于德，则道得于心而不失；依于仁，则德行常用而物欲不行；游于艺，则小物不遗而动息有养。

## 7.7

子曰："自行束脩①以上，吾未尝无诲焉。"

**【注释】**

①束脩："脩是干脯，十脡为束。古人相见，必执贽为礼，束脩乃贽之薄者。"（钱穆《论语新解》）

**【译文】**

先生说："凡能立志修德，向我束身行礼的人，没有我不接受他成为我弟子的。"

【导读】

本章言拜师之礼或者称其为上学的学费，即自愿送十条以上干肉。十条干肉在古代是很轻的礼。

## 7.8

子曰："不愤不启①，不悱不发②，举一隅③不以三隅反，则不复④也。"

**【注释】**

①不愤不启："愤者，心求通而未得之意。""启，谓开其意。"（朱熹《论语集注》）

②不悱不发："悱者，口欲言而未能之貌。""发，谓达其辞。"（朱熹《论语集注》）

③隅："物之有四隅，举一可知其三。"（朱熹《论语集注》）

④不复：不再教之。

**【译文】**

先生说："教育学生不到他苦思冥想也弄不明白时，不去开导他；不到他想说而又说不出来时，不去启发他。告诉他一个方向，他却推不出其他三个方向，就不再教他了。"

**【导读】**

这是孔子在讲述自己启发学生的一种教学方法，这种方法可以充分调动学生的主动性、积极性，培养学生独立思考的能力，是学与教、学与思充分结合的一种方法。程子说："愤悱，诚意之见于色辞者也。待其诚至而后告之。既告之，又必待其自得，乃复告尔。"

## 7.9

**子食于有丧者之侧，未尝饱也。**

**子于是日哭，则不歌。**

### 【译文】

先生在办理丧事的人旁边吃饭，不曾吃饱过。

先生在这一天哭泣过，就不再唱歌。

### 【导读】

本章言孔子哀不甘食，余哀未忘，自不能歌的悲哀情感。

## 7.10

**子谓颜渊曰："用之则行，舍之则藏<sup>①</sup>，唯我与尔有是夫！"**

**子路曰："子行三军，则谁与？"**

**子曰："暴虎冯河<sup>②</sup>，死而无悔者，吾不与也。必也临事而惧，好谋而成者也。"**

### 【注释】

①用之则行，舍之则藏："有用我者，则行此道于世。没

有用我者，则藏此道在身。"（钱穆《论语新解》）

②暴虎冯河："暴虎，空拳赤手与老虎搏斗。冯河，无船而徒步过河。"（曾琦云《每日论语》）

**【译文】**

先生对颜回说："用我就入朝为君分忧，不用我就隐于民间为民服务，大概只有你和我能这样吧！"

子路说："先生若统率三军，那和谁共事呢？"

先生说："徒手与老虎搏斗，无船只却涉水过河，这样做，死了都不后悔的人，我是不与他共事的。要我与他一起共事的，必须是遇事认真谨慎，好好谋划而能成功的人。"

**【导读】**

孔子在赞扬颜渊与自己一样可以"用舍"自如时，子路不大服气（不像子贡深知自己与颜渊有巨大的差距，即"回也闻一以知十，赐也闻一以知二"），而自视勇敢。孔子批评了他，并告诫子路要临事而惧，有勇有谋，才能成就事业。

## 7.11

子曰："富而可求也，虽执鞭之士①，吾亦为之。如不可求，从吾所好。"

**【注释】**

①执鞭之士："根据《周礼》，有两种人拿着皮鞭，一种是古代天子及诸侯出入之时，有二至八人拿着皮鞭使行人开路。

一种是市场的守门人，手执皮鞭来维持秩序。"（杨伯峻《论语译注》）

《周礼·地官司徒第二·司市》云："凡市入，则胥执鞭度守门。"郑玄注曰："凡市入，谓三时之市（即指一日三市）。市者，入也。胥，守门，察伪诈也，必执鞭度，以威正人众也。"以此推论"执鞭之士"应是古代看守门的"胥"，即维持与监督市场秩序的公职人员。这样解释就与孔子的言下之意吻合了。也就是，即使是做监督市场的公职人员，只要符合取之以道，可以得到财富，也是可行的。此处孔子意在强调义与利的统一。

**【译文】**

先生说："财富如果可以求得的话（若义在其中，则求；义不在其中，则求不得），即使当一个拿皮鞭的差役，我也愿意。如果不能求，还是干我喜欢的工作吧！"

**【导读】**

本章有以下意思：圣人、君子无意于求富，但也无意于不求富，顺手可得，不刻意为之，且义在其中便可以求之；圣人、君子首要还在"志于道"，变"天下无道"为"天下有道"；求富之事不在为自己而在为富民，所以说"因民之所利而利之"，富民而后教之。

## 7.12

**子之所慎：齐[斋]①，战，疾。**

**【注释】**

①齐（zhāi）："通'斋'。古人在祭祀之前，必先做一番身心的整洁工作，这一工作便叫作'斋'或'斋戒'。"（杨伯峻《论语译注》）

**【译文】**

先生所慎重之事有：斋戒，战争，疾病。

**【导读】**

国之大事，祭祀与戎。在古代，对国家而言，重要的事情不外乎祭祀与战争；对个人而言，还要加一条疾病。斋就是在祭祀之前要进行斋戒，不能喝酒、不吃荤、不与妻妾同房、沐浴净身，以达到身心的全面整洁。古人认为这样才能以至诚之心与神明相通，神明才会享用祭品，祐护百姓。战争更是要慎之又慎，百姓之生死、国家之存亡全系于此，不可不慎也。至于疾病，又是自身生死存亡之大事，更不可大意。一人之存亡、生死，牵扯到一家一族一国之存亡，岂有不慎之理？这些就是孔子所谨慎的三件事情。

## 7.13

子在齐闻《韶》①，三月不知肉味。曰："不图②为乐之至于斯也！"

**【注释】**

①《韶》：舜时古乐曲名。

②图：预先想到。

## 【译文】

先生在齐国听到《韶》乐，很长时间尝不出肉味。说："想不到《韶》乐竟然这么好，达到了让我三月尝不出肉味的境界。"

## 【导读】

孔子认为《韶》乐尽善又尽美，到了无以复加的最高境界，所以有"三月不知肉味"的感叹。

### 7.14

冉有曰："夫子为卫君①乎？"子贡曰："诺。吾将问之。"

入，曰："伯夷、叔齐何人也？"曰："古之贤人也。"曰："怨乎？"曰："求仁而得仁，又何怨？"

出，曰："夫子不为也。"

## 【注释】

①为卫君："为，帮助。卫君，指卫出公辄（zhé），卫灵公之孙，太子蒯聩之子。太子蒯聩逃在晋国。灵公死，立辄为君。晋国把蒯聩送回，借以侵略卫国，卫国抵御晋国，拒绝了蒯聩回国。从两人关系上看，似乎是父子两人争夺卫君的位置。与伯夷、叔齐相互推让、抛弃君位相比，恰恰成一对照。"（杨伯峻《论语译注》）

冉有问道："先生赞成卫国国君拒绝他的父亲蒯聩回国吗？"子贡说："好！我去问问先生。"

子贡到了孔子的房间，说："伯夷、叔齐是怎么样的人？"先生说："古代的圣贤。"说："他们有怨恨吗？"先生说："追求仁而得到了仁，又有什么怨恨呢？"

子贡出来，对冉求说："先生不支持卫君。"

【导读】

夫子之义在于倡导礼让为国，言下之意是让卫君与其父蒯聩学习伯夷、叔齐相互让位。果真若能如此，卫国不但不会有乱，还会福泽百姓。

## 7.15

子曰："饭疏食①，饮水②，曲肱③而枕之，乐亦在其中矣。不义而富且贵，于我如浮云。"

【注释】

①疏食："疏食，粗粮或糙米。"（杨伯峻《论语译注》）

②水："水，古代常以'汤'和'水'对言，汤指热水，水指冷水。"（杨伯峻《论语译注》）

③肱：胳膊。

【译文】

先生说："吃粗糙的饭食，喝冷水，弯起胳膊肘当枕头，其乐无穷啊！用不合道义的手段取得的财富与地位，于我如浮云一般。"

## 【导读】

本章属于寻"孔颜乐处"的内容。程子说："非乐疏食饮水也，虽疏食饮水，不能改其乐也。不义之富贵，视之轻如浮云然。"

### 7.16

子曰："加①我数年，五十以学《易》②，可以无大过矣。"

## 【注释】

①加：朱熹《论语集注》中作"假"。

③五十以学《易》："五十岁的时候去学习《易经》。"（杨伯峻《论语译注》）

《鲁论》中，"易"写作"亦"。"让我学到五十岁，庶可以无大过矣。"（钱穆《论语新解》）

"年五十而知天命，以知天命之年读至命之书，故可以无大过。"（李学勤《论语注疏》）

## 【译文】

先生说："我若能多活几年，到了五十岁时学习《易》，就可以不犯大的过错了！"

本章重在说明学《易》的重要性。学《易》确实有助于明白吉凶消长、进退存亡的道理，对人生具有指导意义。

## 7.17

**子所雅言①，《诗》、《书》、执礼②，皆雅言也。**

【注释】_____

①雅言："雅言，当时中国所通行的语言。"（杨伯峻《论语译注》）

周王朝在今陕西地区，以陕西语音为标准音的周王朝的官话，当时被称为"雅言"。孔子平时用鲁国的方言，但在诵读《诗》《书》和赞礼时，则用当时的陕西话。

"雅，常也。""《诗》以理性情，《书》以道政事，礼以谨节文，皆切于日用之实，故常言之。"（朱熹《论语集注》）

"古西周人语称雅，故雅言又称正言，犹今称国语，或标准语。"（钱穆《论语新解》）

②执礼：执，执掌义。执礼，即执行礼事。

【译文】

先生平日讲官话（指文言文），在读《诗》《书》、主持礼仪时，都用官话。

【导读】

本章重在说明中国文字与语言的统一性对民族文化的统一

大有裨益。通过本章可以看出，远在周朝时国家就已经重视标准语音的问题了，这种意识对推进中国的大一统发挥了不可磨灭的作用。

## 7.18

叶公①问孔子于子路，子路不对②。子曰："女汝奚③不曰，其为人也，发愤忘食，乐以忘忧④，不知老之将至云尔⑤。"

【注释】_____

①叶公：本名沈诸梁，芈姓，字子高，春秋末期楚国政治家。

②不对：不回答。

③奚：何，为什么。

④发愤忘食，乐以忘忧："发愤工作以至于忘记了吃饭，从中得到的快乐使他忘记了一切忧愁。"（张松辉、周晓露《〈论语〉〈孟子〉疑义研究》）

⑤云尔：罢了，如此。尔同"耳"。

【译文】

叶公向子路询问孔子是一个什么样的人，子路答不上来。先生说："你为什么不说，他为人发愤时能忘记吃饭，快乐时能忘记忧愁，不觉得衰老会到来。"

本章重在孔子自述自己学不厌、教不诲，乐在其中的性情。

## 7.19

**子曰："我非生而知之者，好古，敏以求之者也。"**

【译文】

先生说："我不是生下来就有学问的人，而是爱好古代文化，勤奋刻苦学习而得来的。"

【导读】

孔子虽然说人分四等，即"生而知之者，学而知之者，困而学之，困而不学"。但是孔子却认为自己属于"学而知之者"一类，以此告诫人们好学、不厌学、乐学。同时，孔子还告诉人们爱好古代典籍以及勤奋刻苦在人生道路上的重大价值。

## 7.20

**子不语怪、力、乱、神①。**

【注释】

①怪、力、乱、神："圣人语常而不语怪，语德而不语力，语治而不语乱，语人而不语神。"（朱熹《论语集注》）

"怪异、勇力、叛乱、鬼神。"（杨伯峻《论语译注》）

【译文】

先生不谈论怪异、暴力、乱象、鬼神一类的事情。

【导读】

"子不语"就是孔子要摒弃的，也是中华传统文化精神所摒弃的，比如猎奇、猎怪、猎新。在今天却唯恐不新、不奇、不怪。再如孔子"语德不语力"，所以中国传统文化精神具有"尚德不尚力"的传统，而在今天却推崇尚力。孔子虽然没有否定鬼神的存在，但是他对鬼神的态度是"敬而远之"，一切以民生为本，因此中国传统文化中"以人为本"的精神是主要的。注重现实生活、现世人生的精神。

## 7.21

子曰："三人行，必有我师焉。择其善者而从之，其不善者而改之。"

【译文】

先生说："三个人在一起，一定有可以当我老师的人。他们可取的地方，我要努力学习；他们不可取的地方，我一定要引以为戒并改过。"

【导读】

本章重在劝人谦虚好学，三人中必有可以作为我老师的人，即使是在一个很小的方面，甚至一字之教，都不要放弃这种学习的机会。其善者可以为教，其不善者也可以作反面的借鉴，正如"见贤思齐，见不贤而内自省也"。

## 7.22

子曰："天生德于予，桓魋<sup>①</sup>其如予何？"

**【注释】**

①桓魋（tuí）："宋国的司马向魋，宋桓公之后，又称桓魋。《史记》：'孔子过宋，与弟子习礼大树下，桓魋伐其树，孔子去。弟子曰：可速矣。'孔子作此章语。"（钱穆《论语新解》）

**【译文】**

先生说："上天给予了我这种品德，司马桓魋能把我怎么样呢？"

**【导读】**

"大德者，必受命。"孔子是信奉天命的人，经常在迫于危难之际，尽自己最大努力无以挽回时，将自己交给上天，由上天裁决，这就是"尽人事，听天命"的思想与信念。人生平常事事若能如此，便也到了"君子无入而不自得"之境界。不计事情之成败、不计事情对自己产生的任何影响、不计得失、不计好恶、不计生活的变化，一切尽心尽力，顺天命而行，也许"孔颜之乐"处即在此。

## 7.23

子曰："二三子以我为隐乎<sup>①</sup>？吾无隐乎尔。吾无行<sup>②</sup>而不与<sup>③</sup>二三子者，是丘也。"

**【注释】** _____

①二三子以我为隐乎：二三子，指诸弟子。隐，隐瞒，隐匿。

"诸位认为我对你们有所隐瞒吗？"（钱穆《论语新解》）

②无行：无，无论。行，名词，行为，做事。

③与：告知，犹示也。

**【译文】**

先生说："你们这些小子以为我对你们有隐瞒？我从来不曾隐瞒过。我从来都是将我所知、所学、所做告知你们的，这就是我孔丘。"

**【导读】**

孔子之道，高深不可及，所以有人猜疑其有所隐瞒，而不知圣人所行所为、所语所止都是在启发弟子。况且弟子才情不同、有先后之异，还有生而知之者、学而知之者、困而学者、困而不学者之差距。而孔子也有因材施教、启发诱导等方法的不同，学生有这种猜疑也在情理之中。但是"圣人体道无隐，与天象昭然，莫非至教。常以示人，而人自不察"。

## 7.24

**子以四教：文、行、忠、信。**

**【译文】**

先生以四方面的内容教授学生，即文献、实践、忠诚与信实的品德。

程子说："教人以学文修行存忠信也。"钱穆先生说："文者文学，博学于文也；行者躬行，约之以礼也；而要归于忠信。"

## 7.25

子曰："圣人，吾不得而见之矣；得见君子者，斯可矣。"

子曰："善人，吾不得而见之矣；得见有恒①者，斯可矣。亡无而为有，虚而为盈，约而为泰②，难乎有恒矣。"

**【注释】**

①恒：恒心，保持好的品德。

②"亡而……为泰"："没有装作有，空虚装作满足，困约装作安泰。"（钱穆《论语新解》）

"把无当有，以空虚作实在，以贫困充豪华。"（李泽厚《论语今读》）

**【译文】**

先生说："圣人，我见不到了，能见到君子就可以了。"

先生说："善人，我见不到了，能见有恒德的人（有操守的人），也就可以了。本来没有，却装作有；本来穷困，却装作富贵，这些人是难以有恒德的了。"

　　孔子在感叹世风日下，连"有恒者"都很少见了。在此，孔子将人分为四类：圣人、君子、善人与有恒者。圣人、君子以才德论，善人与有恒者以内在的心性论。善人凭良心做事，但学问道德尚欠一些；有恒者虽然不能一心向善，但有操守、不虚伪、不变心，具有定力。四类人虽然高下悬殊，但是未有不从有恒者而能至于圣人境界的。

## 7.26

### 子钓而不纲[①]，弋不射宿[②]。

【注释】

　　①钓而不纲："钓，一杆一钩。纲，大索，悬挂多钩，横绝于流，可以一举获多鱼。"（钱穆《论语新解》）

　　②弋不射宿：古人以生丝系矢而射为弋。宿，止义。宿鸟，栖止于巢中之鸟。"不射栖止在巢中之鸟。"（钱穆《论语新解》）

【译文】

　　先生钓鱼，不用大绳横断流水来大面积地捞鱼；用带生丝的箭射鸟，不射已经归巢的鸟。

【导读】

　　圣人仁爱之心可见，恻隐之心可见。待物如此，待人可知；小者如此，大者可知。这种精神在今天可以作为生态伦理的核心价值。与孟子的"斧斤以时入山林，材木不可胜用也"具有同等的价值。

## 7.27

子曰："盖有不知而作之者，我无是也。多闻，择其善者而从之，多见而识之，知之次也①。"

**【注释】**

①知之次也："这样的知，是仅次于'生而知之'的。"（杨伯峻《论语译注》）

"多闻多见，择善默识，此皆世人所已有，人所已知，非有新创，然亦知之次。"（钱穆《论语新解》）

"这就是知的次序，过程。"（李泽厚《论语今读》）

**【译文】**

先生说："大概有不懂古代文化而妄加创作的人，我不是这样的人。多听，选择好的跟着学习；多看，把该记的记下。这样，就可以经过学习而得到学问，也就是'知之次'了。"

**【导读】**

本章有两层意思：一者，"不知而作"，是"述而不作"的反面；二者，所谓知之次，也就是指"学而知之者"，次于"生而知之者"，如何学而知之？孔子说，多听，选择其中好的来学习；多看，然后记在心里。

# 7.28

互乡<sup>①</sup>难与言，童子见，门人惑。子曰："与其进也<sup>②</sup>，不与其退也，唯何甚<sup>③</sup>！人洁己以进，与其洁也，不保其往也。"

**【注释】**_____

①互乡：地名，现在已无可考。其乡风俗恶，难以言善。

②与其进也：与，赞成。

③唯何甚：甚，过分义。"这有什么过分呢？"（钱穆《论语新解》）

"何必做得太过？"（杨伯峻《论语译注》）

**【译文】**

互乡这个地方的人，难于交往沟通。一位儿童被先生接见，弟子们疑惑不解。先生说："赞许他进步向善，不赞许他退步，何必这么过分呢！人家严格要求自己，改过从善，我是赞许人改过从善的，而不计较人以往的行为。"

**【导读】**

本章重在阐述为师者对人不应有成见，对任何人首先应与之为善，不要拒绝别人的善行，更不要放弃帮助别人向善的点滴希望。教育工作如此，待人也应如此。不要对人死抱着成见，要善于发现别人的闪光点，看到别人的优点与长处，发现别人在积极要求进步。

## 7.29

子曰："仁远乎哉？我欲仁，斯仁至矣。"

**【译文】**

先生说："仁离我们远吗？我想追求仁，仁即来了。"

**【导读】**

人有恻隐之心，恻隐之心即是仁之本，这种仁心就在我身上，我欲求之，何远之有！

## 7.30

陈司败①问："昭公②知礼乎？"孔子曰："知礼。"

孔子退，揖巫马期③而进之，曰："吾闻君子不党④，君子亦党乎？君取娶于吴为同姓⑤，谓之吴孟子⑥。君而知礼，孰不知礼？"

巫马期以告。子曰："丘也幸，苟有过，人必知之。"

**【注释】**

①陈司败：陈，国名。司败，官名，即司寇。

②昭公：鲁昭公，名稠。

③巫马期：孔子弟子，巫马施，字子期。

④党：偏私义。

⑤为同姓："周朝礼法，'同姓不婚'。鲁为周公之后，姬姓；吴为太伯之后，也是姬姓。"（杨伯峻《论语译注》）

⑥吴孟子："鲁昭公夫人。国君夫人的称号，一般是她出

生的国名加上她的姓，但因她姓姬，故称为吴孟子，而不称吴姬，以掩饰过错。"（杨伯峻《论语译注》）

**【译文】**

陈司败问道："鲁昭公懂得礼吗？"孔子说："懂得。"

孔子退出去后，陈司败向巫马期行拱手礼，走近后说："我听说君子不结朋党，难道君子也结朋党吗？鲁昭公从吴国娶了一夫人，此夫人与昭公是同姓，称她为'吴孟子'。如果鲁昭公懂礼，谁还不懂礼呢？"

巫马期将此话转告先生。先生说："我真幸运，一旦有过错，人家必会告诉我。"

**【导读】**

本章有四层义：一是同姓不可结婚，即礼的要求，又是人类繁衍后代的原则。今天看来古人有家谱，不仅是香火传承的需要，还有从制度上保证同姓不婚的作用。二是为了国家的政治利益，有时国与国之间的婚约实属不得已，鲁国娶吴国之女，结亲于吴，有利于鲁国的安全。三是当时有几个遵循的原则，即"为尊者讳，为贤者讳，为亲者讳"，孔子在言昭公"知礼"时，就有此考虑。四是圣人闻过则喜、知错能改的胸襟，值得我们学习。

## 7.31

子与人歌而善，必使反①之，而后和之。

①必使反：反，复义。（遇人歌善）必请他再歌。

**【译文】**

先生与人一起唱歌，若别人唱得好，就一定请别人再唱一遍，然后跟着唱。

**【导读】**

从本章我们可以感受到孔子非常重视音乐，也很喜欢音乐并精通音乐。唱歌在当时人们的生活中已成为一种风尚。此外圣人的那种从容气象，诚朴、谦逊、不掩人善的品质跃然纸上。

7.32

子曰："文，莫吾犹人也①。躬行君子，则吾未之有得。"

**【注释】**_____

①文，莫吾犹人也：或说莫接下文。意为也许、大概、差不多。"书本上的学问，大约我同别人差不多。"（杨伯峻《论语译注》）

或说莫接上文。"莫，努力义。意为'努力我是能及人的'。"（钱穆《论语新解》）

**【译文】**

先生说："书本上的学问，大概我与别人差不多，然而还未达到身体力行的君子的标准。"

本章讲对圣人之言，要重在躬行。

## 7.33

子曰："若圣与仁，则吾岂敢？抑<sup>①</sup>为之不厌，诲人不倦，则可谓云尔<sup>②</sup>已矣。"公西华曰："正唯<sup>③</sup>弟子不能学也。"

**【注释】**

①抑：连词，不过，然则。在这里表示转折；还表示选择，相当于"或""还是"。比如："夫子至于是邦也，必闻其政，求之与？抑与之与？"

②云尔："云尔，犹云如此说，即指上文不厌不倦言。"（钱穆《论语新解》）

③正唯：犹言正在这方面，亦指不厌不倦。

**【译文】**

先生说："若说我是圣人与仁人，我岂敢当呢！只是在向圣人看齐，不懈努力方面，在教诲别人不知疲倦方面，还可以说说而已。"公西华说："这正是弟子学不到的。"

**【导读】**

夫子推辞"仁圣"之名，然而学之不厌、诲人不倦，却是自己一直努力的方向。在《孟子·公孙丑》中，子贡有言："学不厌，智也；教不倦，仁也。仁且智，夫子既圣矣。"由此可见孔子在他的弟子心目中早已是圣人了。

7.34

子疾病<sup>①</sup>，子路请祷。子曰："有诸？"子路对曰："有之。《诔》<sup>②</sup>曰：'祷尔于上下神祇<sup>③</sup>。'"子曰："丘之祷久矣。"

**【注释】**

①疾病："疾病"连言，是重病。

②《诔（lěi）》：祈祷文。"诔本作讄。讄，施于生者，累其功德以求福。诔，施于死者，哀其死，述行以谥之。"（钱穆《论语新解》）

③神祇（qí）：古代称天神为神，地神为祇。

**【译文】**

先生得了重病，子路请求为先生祈祷。先生说："有用吗？"子路说："有用。《诔》文上说：'为您向上下的神灵祈祷。'"先生说："我孔丘向上天祈祷已很久了。"

**【导读】**

本章有两层意思：第一，平常积德行善是根本；第二，在医学没有办法时，祈祷会有一些作用。孔子既相信生死由命，富贵在天，又相信鬼神是存在的，但是主张"敬鬼神而远之""不事人，焉事鬼"，德行全在平时下功夫，如果积孽深重，则"获罪于天，无所祷也"。

## 7.35

子曰："奢则不孙逊，俭则固①。与其不孙逊也，宁固。"

**【注释】**

①固：固陋，寒酸。

**【译文】**

先生说："奢侈会使人骄傲，节俭会使人固陋而谦卑。与其骄傲，不如谦卑。"

**【导读】**

奢与俭、不逊与寒酸皆是两端，但相比之下，奢与不逊危害更大，所以孔子宁可选择俭与固。

## 7.36

子曰："君子坦荡荡①，小人长戚戚②。"

**【注释】**

①坦荡荡：坦率，心胸宽广，开阔，容忍。
②长戚戚：经常忧愁、恐惧、烦恼的样子。

**【译文】**

先生说："君子心胸坦诚宽广，小人总是局促不安。"

**【导读】**

本章与寻"孔颜乐处"仍然有关。君子坦荡荡，自然快乐。君子坦荡在何处？坦荡的理由何在？因为君子只求仁义为本，光明磊落，不为名牵，不为利役，不计得失，不计成败，并且深信天命在我，只求尽我之心，尽我之性。诚敬安然无入而不自得也，所以坦荡荡。而小人则不同，时刻计较得失，计较名利，不知得失也未必是真得失，名利也未必是真名利，患得患失，能不戚戚然吗？

## 7.37

**子温而厉，威而不猛，恭而安**<sup>①</sup>。

**【注释】**_____

①"温而……而安"："温和而严厉，有威仪而不凶猛，庄严而安详。"（杨伯峻《论语译注》）

"温和而处事严正，威仪庄重而性情平易，外貌敬肃而心境舒泰。"（毛子水《论语》）

**【译文】**

先生温和而严肃，有威严但不暴躁，恭敬而安详。

**【导读】**

本章是对孔子中和之气象的描述。孔子不在温和厉两端，而在其中，即温而厉。也不在威与不猛两端，而在其中，即威而不猛。同样，也不在外表恭敬与安详之两端，而在其中，即恭而安，内外统一。

# 泰伯第八

（共21章）

## 8.1

子曰："泰伯<sup>①</sup>，其可谓至德也已矣！三以天下让，民无得而称焉<sup>②</sup>。"

**【注释】**_____

①泰伯："古公有三子，泰伯，仲雍，季历。季历的儿子是姬昌，有圣德，古公想把君位传给季历，从而传给姬昌。泰伯为实现父亲的意愿，和仲雍一起逃亡，古公终于把君位传给了季历和姬昌。姬昌，即是周文王。"（杨伯峻《论语译注》）

②民无得而称焉："但人民拿不到实迹来称道他。"（钱穆《论语新解》）

"人民简直找不到恰当的语言来称道他。"（杨伯峻《论语译注》）

"得，了解。百姓不知道这回事就没有人称赞他了。"（曾琦云《每日论语》）

**【译文】**

先生说："泰伯可以称得上是品德最高尚的人了。三次以天下相让，老百姓不知道用什么言语称赞他了。"

## 【导读】

本章重在倡导礼让为国的精神。泰伯三让，一让是指古公亶父（dǎn）父之时，商朝日益衰微，周日益强大，季历又生子姬昌，姬昌有圣德，古公亶父有翦商之志，泰伯不从，于是亶父遂有立季历以传位姬昌的想法。泰伯知道后，就与二弟仲雍以去衡山采药为名，逃到江南，泰伯后来即是周代吴国的始祖。二让是指泰伯知道父亲去世的消息，故意不回国，以避免回国后被推上王位。三让是指发丧之后，群臣议立新君，泰伯索性断发文身，永远留在荆蛮之地，这样季历只好继承王位，死后传位姬昌，即周文王。

## 8.2

子曰："恭而无礼则劳①，慎而无礼则葸②，勇而无礼则乱，直而无礼则绞③。君子笃④于亲，则民兴于仁；故旧不遗，则民不偷⑤。"

### 【注释】

①劳：徒劳、无功。

②葸（xǐ）：胆怯，害怕。

③绞：刺，尖刻，急切，出口伤人。

④笃：厚待，诚实，厚道。

⑤偷：淡薄，这里指人与人的感情言。

### 【译文】

先生说："恭敬而不知道以礼相待，就会徒劳而无功；谨慎而不知道以礼对待，就会畏首畏尾；只知勇猛而不以礼节制，就会作乱；仅有直率而不以礼要求自己，就会刻薄尖酸。君子厚待宗亲，人民就会归于仁德；故人旧友不相遗弃，人民就不会冷淡无情义。"

## 【导读】

本章有两段。第一段讲恭、慎、勇、直四德必须以礼来节制，这样才不至于偏颇；第二段实际上在讲仁，君子厚待自己的亲族，老百姓就会相互仁爱；君子不遗弃故旧之臣，老百姓就不会刻薄寡恩。"仁"是礼的精神，礼若没有了"仁"，礼就会成为束缚人的枷锁，甚至成为吃人的礼教。综合这两段，恭、慎、勇、直一方面应以礼节制，更重要的还要将仁爱之心作为其内核。

8.3

**曾子有疾，召门弟子曰："启予足！启予手<sup>①</sup>！《诗》云：'战战兢兢，如临深渊，如履薄冰。'而今而后，吾知免夫！小子！"**

## 【注释】

①启予足！启予手："启字有两解。一说：启，开义。曾子使弟子开衾视其手足。一说：启，同'视'。使弟子视其手足。当从后解。"（钱穆《论语新解》）

## 【译文】

曾子病了，把弟子召集起来说："拿起我的脚！拿起我的手！《诗》说：'战战兢兢，如同面临深渊，如同脚踩薄冰。'今天以后，我知道我不会毁伤我的身体发肤了。弟子们！"

## 【导读】

据《孝经》记载，孔子曾对曾参说过："身体发肤，受之父母，不敢毁伤，孝之始也。"曾子谨遵老师的教导，在临终前，叫弟子们看一看自己的手足是完好无损的，以此说明自己是尽孝了。

### 8.4

曾子有疾，孟敬子①问②之。曾子言曰："鸟之将死，其鸣也哀；人之将死，其言也善。君子所贵乎道者三：动容貌，斯远暴慢矣；正颜色，斯近信矣；出辞气，斯远鄙倍③矣。笾豆之事④，则有司⑤存。"

## 【注释】

①孟敬子：鲁国大夫仲孙捷。

②问：看望，探视。

③"动容……倍矣"："严肃自己的容貌，就可以避免别人的粗暴和怠慢；端正自己的脸色，就容易使人相信；说话的时候，多考虑言辞和声调，就可以避免鄙陋、粗野和错误。"（杨伯峻《论语译注》）

"能常注意动容貌，便可远离暴慢。能常注意正颜色，便可日近于诚信。能常注意吐言出声清整爽朗，便可远离鄙倍。"（钱穆《论语新解》）

④笾（biān）豆之事："笾和豆都是古代祭祀和典礼中的

用具。这里指代表礼仪中的一切具体细节。"（杨伯峻《论语译注》）

⑤有司：主管某一方面的官吏，这里指主管祭祀、礼仪事务的官吏。

**【译文】**

曾子病了，孟敬子前来问候他。曾子说："鸟快死了，它的鸣叫是悲哀的；人快死了，言辞是善良的。君子在待人接物方面有三条是非常重要的，一定要遵守：容貌要与人相应感动（不能静而无感，似乎有不理人之态），这样就可以远离粗暴与傲慢；颜色要端正，这样就接近信实；言辞之气要慢条斯理地说出，这样就可远离粗俗与错误。至于礼仪的形式，自有主管的官吏把关。"

**【导读】**

本章有两层意思。一是从"人之将死，其言也善"，进一步说明人性本善的道理。二是君子所贵乎道者三：使自己容貌庄重，可以避免粗暴放肆；使自己的脸色正派端庄，可以接近诚实守信；说话注意言辞、口气，可以避免粗野。曾子讲这三条应该是有针对性的。

### 8.5

曾子曰："以能问于不能，以多问于寡；有若无，实若虚，犯而不校①，昔者吾友②尝从事于斯矣。"

①犯而不校：校，计较。"别人无理犯我，我能不计较。"（钱穆《论语新解》）

②吾友：或说指的是颜回。

**【译文】**

曾子说："贤者去请教不贤者，学问多者向学问少者请教。有学问像没有学问一样，富有而像贫困者一样（有实力而像没有实力一样）；别人冒犯他，他也不计较。以前，我的一位朋友就是这样做的。"

**【导读】**

本章其实在怀念颜回。"以能问于不能，以多问于寡"，意在不耻下问，谦虚好学。"有若无，实若虚"，意在不炫耀，颜回有志"愿无伐善，无施劳"正合此意。"犯而不校"意在宽厚别人冒犯他，不予计较，颜回具有"不迁怒，不贰过"的优点。以上三条，除了颜回，还有谁能做到呢？

## 8.6

**曾子曰："可以托六尺之孤<sup>①</sup>，可以寄百里之命<sup>②</sup>，临大节而不可夺<sup>③</sup>也，君子人与？君子人也。"**

**【注释】**

①托六尺之孤：孤，死去父亲的小孩。六尺，指十五岁以下的人。以七尺为成人。托孤，谓受前君嘱托辅佐幼主。

②寄百里之命：寄，寄托、委托。"此是指摄国政。百里，大国也。"（钱穆《论语新解》）

③临大节而不可夺："面临安危存亡的紧要关头，却不动摇屈服。"（杨伯峻《论语译注》）

**【译文】**

曾子说："可以托付幼主给他，可以把国家的命运寄托给他，遇到生死安危能坚守节操，这种人是君子吗？是真正的君子啊！"

**【导读】**

本章是对君子的又一论述。才能可以辅幼主，摄理国政；节操可以在安危存亡的紧要关头，不动摇不屈服。

## 8.7

**曾子曰："士不可以不弘毅**[①]**，任重而道远。仁以为己任，不亦重乎？死而后已，不亦远乎？"**

**【注释】**

①弘毅："弘，宏大。毅，强毅。"（钱穆《论语新解》）

"强毅。刚强而有毅力。"（杨伯峻《论语译注》）

**【译文】**

曾子说："作为一个士君子，心胸不可不宽，而且要坚毅，任务重大，道路遥远。以求仁作为己任，不能说不重大吧？一直要奋斗到死，不能说不遥远吧？"

志向不宏大不足以任重，性格不强毅无以致其远。何为任重？以仁为己任，就是任重。何为道远？奋斗终生，死而后已，就是道远。

## 8.8

子曰："兴于《诗》，立于礼，成于乐①。"

【注释】_____

①"兴于……于乐"："诗篇使我振奋，礼使我能在社会上站得住，音乐使我的所学得以完成。"（杨伯峻《论语译注》）

"诗篇使人启发，礼制使人成立，音乐使人完成。"（李泽厚《论语今读》）

【译文】

先生说："《诗》使人振奋，礼使人立于社会，乐使人心灵得以陶冶。"

【导读】

《诗》本于性情，孔子总结为"《诗》三百，一言以蔽之，曰思无邪"。语言又容易被人接受，在吟咏之间，抑扬反复，就可振奋人的好善恶恶之心。礼则以恭敬辞让为本，待人接物，均有节度。因此，礼可以使我们在社会上站得住。乐有五声十二律，其声可以养耳，歌咏可以养性情，舞蹈可以养血脉，还可以荡涤邪秽，消融残渣，所以"成于乐"。

## 8.9

子曰："民可使由之，不可使知之<sup>①</sup>。"

**【注释】**_____

①"民可……知之"："老百姓，可以使他们照着我们的道路走，不可以使他们知道那是为什么。"（杨伯峻《论语译注》）

"有时只可使民众由我所指导而行，不可使民众尽知我所指导之用意所在。"（钱穆《论语新解》）

**【译文】**

先生说："百姓服从安排，就领着他们做；不服从安排，就要告知他们这样安排的理由。"

**【导读】**

本章孔子的意思是可以顺应人民的性情而引导他们，不可以用智巧愚弄他们。对圣人之言的理解应遵循其核心价值，从其精神出发，才好把握。在湖北荆门郭店出土的楚简中，在第21、第22简的《尊德义》篇中有："民可使导之，而不可使智（知）之。民可道也，而不可强也。"与此基本接近。实际上就是说老百姓只可以疏导，不可以愚弄、强求。

## 8.10

子曰："好勇疾贫，乱也。人而不仁，疾之已甚，乱也①。"

**【注释】**

①"好勇……乱也"：疾：恨。"若其民好勇，又恶贫，就易于兴乱。若恶不仁之人太甚，也易于兴乱。"（钱穆《论语新解》）

"言好勇之人患疾己贫者，必将为逆乱也。人若本性不仁，则当以礼逊接，不可深疾之。若疾恶太甚，亦使为乱也。"（李学勤《论语注疏》）

**【译文】**

先生说："以勇敢自喜而憎恨贫困的人，容易作乱。对于不仁者，过分谴责批评，也会激出乱子。"

**【导读】**

社会之乱源于好勇而疾贫，不仁。前者在于解决民生的基本问题，后者在于急病缓治。

## 8.11

子曰："如有周公之才①之美②，使骄且吝③，其余不足观也已。"

**【注释】**

①之才：指其才能之大。

②之美：指其地位之高。

③吝：有多义。一，吝啬、小气；二，恨惜、悔过、反省之义。

## 【译文】

先生说："即使有周公一样的才华与地位，但是做人骄傲、小气且不知反省，这个人是不值得一看的。"

## 【导读】

本章重在以周公为例，来说明谦虚的重要意义。周公曾经对伯禽说："我是文王的儿子，武王的弟弟，成王的叔父，可以说不算卑贱吧！然而我拿礼物去拜见的尊长有十人，还礼相见的平辈有三十人，以礼貌接待的士人有一百多个，有意见要提的，我请他把话说完的人有一千多人。在这些人当中，我只得到三个贤士。我靠他们来端正我的身心，使天下安定。"最后告诫伯禽不能因拥有鲁国而骄傲地对待别人，这是很危险的。因此，孔子以周公为例，告诫人们要谦虚谨慎，不可傲慢。

## 8.12

子曰："三年学，不至于谷①，不易得也。"

## 【注释】

①三年学，不至于谷（gǔ）：谷，禄也。"当时士皆以学求仕，三年之期已久，而其向学之心不转到官禄上，为难能。"（钱穆《论语新解》）

"读书三年并不存做官的念头，这是难得的。"（杨伯峻《论语译注》）

**【译文】**

先生说："学习了三年，还没有要吃俸禄的想法，难得啊！"

**【导读】**

孔子旨在教导学生，学习要以"志于道"为理想，而不可以功名利禄为目的。蔡元培先生在其就任北京大学校长时演讲过："大学者，研究高深学问者也。外人每指摘本校之腐败，以求学于此者，皆有做官发财思想，故毕业预科者，皆入法科，入文科者甚少，入理科者尤少，盖以法科为干禄之终南捷径也。"蔡先生重在强调学习目的要正大高远，绝对不可以以发财、当官为上大学的目的。

## 8.13

子曰："笃信好学，守死善道①。危邦不入，乱邦不居。天下有道则见，无道则隐。邦有道，贫且贱焉，耻也；邦无道，富且贵焉，耻也。"

**【注释】** _____

①守死善道："重视死亡，履行正道。"（李泽厚《论语今读》）

"坚执固守以至于死，以求善其道。"（钱穆《论语新解》）

"我们的道，誓死保全它。"（杨伯峻《论语译注》）

**【译文】**

先生说："坚定信念，至死都能守住大道。有危险的国家不去，有祸乱的国家不居住。天下清明有秩序，就出来为官；天下不清明，就隐于民间。国家政治清明，如果贫困而且低贱，是耻辱的；国家混乱无秩序，如果富裕而且高贵，同样是耻辱的。"

**【导读】**

本章重在守死善道。意思是说至死也要守住为人之根本，这个根本在孔子就是仁道，在老子就是道德，在孟子就是仁义礼智。为此，不惜避世隐居、安守贫贱。

## 8.14

子曰："不在其位，不谋其政。"

**【译文】**

先生说："不在那个官位上，就不要操心那个官位的事。"

**【导读】**

本章重在强调遵守礼制，不可僭越，更不可越俎代庖，不然就会出现"天下无道，则礼乐征伐自诸侯出"的局面。

## 8.15

子曰："师挚之始<sup>①</sup>，《关雎》之乱<sup>②</sup>，洋洋<sup>③</sup>乎盈耳哉。"

①师挚之始："'始'是乐曲的开端，一般由太师演奏。师挚是鲁国的太师，名挚，由他演奏，所以说'师挚之始'。"（杨伯峻《论语译注》）

②乱："'乱'是乐曲的结束。'乱'是合奏乐。此时奏《关雎》乐章，所以叫'《关雎》之乱'。"（曾琦云《每日论语》）

③洋洋：美盛，洋溢的。

【译文】

先生说："从乐师挚演奏开始，到结尾合奏《关雎》，满耳朵都充满了好听的音乐。"

【导读】

本章讲述孔子对美乐的赞叹与感受。

## 8.16

子曰："狂而不直，侗而不愿，悾悾而不信，吾不知之矣①。"

【注释】

①"狂而……之矣"：侗，通"僮"，童蒙无知。愿，是"原"与"心"构成，原是指本心没有受到污染，因此，引申为老实、善良等意。悾（kōng），同"空"，悾悾，诚恳的样子。"侗，无知貌。愿，谨厚也。悾悾，无能貌。吾不知之者，

甚绝之之辞，亦不屑之教诲也。"（朱熹《论语集注》）

"粗狂而不爽直，颟顸（mān hān，糊涂）而不忠厚，愚悫（què）而不可信靠，这样的人我真不晓得他了。"（钱穆《论语新解》）

【译文】

先生说："现在的人狂妄而不直率，幼稚而不厚道，没有本事还不老实，我不知道这些人会怎样活在这个世界！"

【导读】

本章重在言"直"，即内心之真情与外在之诚貌相合之意。而狂者应该有直情，侗者也应有儿童一样的童贞，悾悾者更应诚恳有加，但是却恰恰相反，由此孔子叹息人间的伪邪。在孔子的思想中，"直"是仅次于"仁"的品德，并且认为"直"是"仁"的基础。

## 8.17

子曰："学如不及，犹恐失之。"

【译文】

先生说："学习总怕赶不上，赶上了又担心忘记了。"

【导读】

学习要有迫切的心情，学习总有一种学不到家的感觉，学到了又恐怕忘掉。

## 8.18

子曰："巍巍乎！舜、禹之有天下也，而不与焉①。"

**【注释】**

①而不与焉："与，参与，关联。这里含着'私有''享受'的意思。可译为'一点也不为自己'。"（杨伯峻《论语译注》）

"不与，犹言不相关，言其不以位为乐也。"（朱熹《论语集注》）

"舜和禹的得到天下，自己并没有去追求。"（李泽厚《论语今读》）

"此指任贤使能为无为而治之本。意为'（舜禹虽有天下，但是他们任用贤才）自己却不与治天下。'"（毛子水《论语》）

**【译文】**

先生说："多么崇高伟大啊！舜、禹二帝拥有天下却不为自己享用。"

**【导读】**

赞扬舜、禹的崇高伟大，不以天下为私有，重在说明无为而治的真义。一则不以天下为己有，天下是天下人的天下；二则无为而治重在发挥天下人的才干，使天下人各得其所，而不是越俎代庖。

## 8.19

子曰："大哉尧之为君也！巍巍乎！唯天为大，唯尧则之①。荡荡乎！民无能名②焉。巍巍乎！其有成功也；焕乎，其有文章③！"

**【注释】**

①唯尧则之："则，准则义。只有尧可以与天相似，同一准则。"（钱穆《论语新解》）

"只有尧能够学习天。"（杨伯峻《论语译注》）

②名：形容、称说、称赞。

③焕乎，其有文章："焕，光明之貌。文章，礼乐法度也。"（朱熹《论语集注》）

**【译文】**

先生说："伟大啊！尧为天下的共主。崇高啊！以天为大，遵循天的规则。广大无边啊！人民不知用什么言语称赞他。崇高啊！他的丰功伟绩；光明照耀啊，他制定的典章礼乐！"

**【导读】**

本章重在言尧效法天地，无为而治。尧所取得的丰功伟绩，其大不可名状。

## 8.20

舜有臣五人而天下治。武王曰："予有乱臣①十人。"孔子曰："才难，不其然乎？唐、虞之际，于斯为盛②。有妇人焉③，九人而已。三分天下有其二，以服事殷。周之德，其可谓至德也已矣。"

## 【注释】

①乱臣：治国之臣。乱，古义是指有血缘关系的人。

②唐、虞之际，于斯为盛：尧在位的时代叫唐，舜在位的时代叫虞。"际，边际义，即以后、以下义。斯，指代周武王时期。可译为'（人才）自唐、虞以下，及周初为盛'。"（钱穆《论语新解》）

③有妇人焉：武王的十位人才中还有一个女人。

## 【译文】

舜得五位贤臣，天下大治。武王说："我有治乱贤臣十人。"孔子说："得贤才不易，难道不是吗？唐尧、虞舜之间，以及周初人才最盛。武王有十位贤才，其中一位是女性（武王夫人邑姜管内务），实际上是九位贤才。天下三分，周武王有其二，但仍对纣王称臣子。周之厚德，可谓至高无上了！"

## 【导读】

本章重在说明人才之重要，舜有禹、稷、契（xiè）、皋陶（gāo yáo）、伯益五人而天下大治。武王有周公旦、召公奭（shì）、太公望、毕公、荣公、太颠、闳（hóng）天、散宜生、南宫适，还有武王夫人邑姜。此外，周"三分天下有其二"，仍然臣服殷商，孔子称周有五德，原因何在？周顺天应人，遵从天命，充分考虑以政治的方式解决，少用暴力，尽可能减少无辜生命的牺牲，不到商土崩瓦解之时，绝不以暴力摧毁它，以彰显天之好生之德。

## 8.21

子曰："禹，吾无间①然矣。菲②饮食，而致孝乎鬼神；恶衣服，而致美乎黻冕③；卑宫室，而尽力乎沟洫④。禹，吾无间然矣。"

**【注释】**

①间："空隙的意思。此处用作动词，即没有缺失、漏洞可非议。"（曾琦云《每日论语》）

②菲：菲薄，不丰厚。

③黻（fú）冕：祭祀时穿的礼服叫黻，祭祀时戴的帽子叫冕。

④沟洫：就是沟渠，这里指农田水利而言。

**【译文】**

先生说："对于大禹，我是没有话可说的。他的饮食很粗淡，却尽量用丰美的食物祭祀鬼神；衣着简朴，而祭祀的礼服却很华美；住的宫室低矮狭小，却把财力用在农田水利建设上。对于禹，我是无话可批评的了！"

**【导读】**

孔子盛赞禹全心全意为天下苍生谋福利，不惜自己穿恶衣、吃恶食、住卑矮的宫室，全力置身于祭祀、兴修水利等关乎天下人利益的大事中。真是"巍巍乎！舜、禹之有天下也，而不与焉"！

# 子罕第九

（共30章）

## 9.1

**子罕言利，与命与仁①。**

**【注释】** _____

①"子罕……与仁"："罕，稀少。与，赞与义。先生平日少言利，只赞成命与仁。"（钱穆《论语新解》）

"孔子很少（主动）谈到功利、命运和仁德。"（杨伯峻《论语译注》）

与有两说，一说等同；一说连词，和。

**【译文】**

先生很少谈财利，赞许天命，赞许仁。

**【导读】**

弟子们记载孔子很少谈到利益，却赞成天命与仁德。命即天命，是天的安排。仁即仁德，人与人之同然处，也就是性。此性不仅是人与人之同然处，也是天与人之同然处。这种同然之性就是天人合一之性，在天为天性，在人为人性，此性即是"仁"。在王阳明看来即是良知。

## 9.2

达巷党人<sup>①</sup>曰：“大哉孔子！博学而无所成名<sup>②</sup>。”子闻之，谓门弟子曰：“吾何执<sup>③</sup>？执御<sup>④</sup>乎？执射<sup>⑤</sup>乎？吾执御矣。”

**【注释】**

①达巷党人：古代五百家为一党，达巷是党名。这里是说达巷党这地方的人。

②博学而无所成名：“学问广博，可惜没有足以树立名声的专长。”（杨伯峻《论语译注》）

“博学无所不能，乃至没有一项可给他成名了。”（钱穆《论语新解》）

③执：专执。

④御：御车。

⑤射：射箭。

**【译文】**

达巷那个地方的人说：“孔子真伟大啊！学问广大博通，真说不出他专于哪些方面。”先生听到后，对弟子们说：“我专于什么呢？驾车呢？还是射箭呢？我驾车好了。”

**【导读】**

“博学而无所成名”如同“君子不器”。孔子之“圣之时也”已如老子之不可道之道，不可名之名。也就是说从任何一方面赞扬孔子都会有缺憾之处，都不能全面描述孔子的博学。然而孔子听到这些话后，却不以为然，说自己在射箭与赶车方面以赶车见长。在射箭与赶车之间，射箭要高贵一些，而赶车有为他人服务之卑之嫌，而孔子却要以此见长，由此可见圣人之谦虚之幽默。


## 9.3

子曰："麻冕①，礼也；今也纯②，俭。吾从众。拜下③，礼也；今拜乎上，泰也。虽违众，吾从下。"

**【注释】**

①麻冕：古制绩麻为冕，其工细，故贵。

②纯：黑丝。以黑丝为冕，较用麻为俭。

③拜下："指臣子对君主的行礼，先在堂下磕头，然后升堂再磕头。后臣子渐骄泰，即在堂上拜，不先拜于堂下，即拜乎上。"（杨伯峻《论语译注》）

**【译文】**

先生说："用麻布做礼帽，是古礼；今天用丝绸做，节俭。我同意大家的做法。臣向君行礼，先在堂下跪拜，符合古礼；今天只在升堂后行跪拜礼，有些傲慢。虽然违逆众人的现行做法，我还是赞同先在堂下行跪拜礼。"

**【导读】**

此章程子说得好："君子处世，事之无害于义者，从俗可也；害于义，则不可从也。"言下之意是说孔子重礼，但并不死守礼制，有的可以从新，有的不可从新，依据在于义理。义之所在可以改变，义之不在不可以改变。礼帽从原来贵重的麻布变成俭朴的丝绸，这符合"礼，与其奢也，宁俭"之义，孔子赞同改变。臣见君，先在堂下拜，君打招呼后才到堂上拜，现在却变成直接在堂上拜，有傲慢之心，孔子不赞同，仍坚持在堂下拜，因为礼重在诚敬礼让。

## 9.4

**子绝四：毋意，毋必，毋固，毋我①。**

**【注释】**

①毋意，毋必，毋固，毋我："意，私意也。必，期必也。固，执滞也。我，私己也。"（朱熹《论语集注》）

"不悬空揣测，不绝对肯定，不拘泥固执，不唯我独是。"（杨伯峻《论语译注》）

"不瞎猜，不独断，不固执，不自以为是。"（李泽厚《论语今读》）

**【译文】**

先生杜绝四种错误：不凭空猜测，不轻易下绝对的结论，不死搬硬套（不教条），不自我（无我）。

**【导读】**

本章言孔子的认识论。"毋意"，意思是不要被自己固有的爱好、憎恶所蒙蔽，甚至被知识所蒙蔽。比如荀子说："墨子蔽于用而不知文，宋子蔽于欲而不知得，慎子蔽于法而不知贤，申子蔽于势而不知智，惠子蔽于辞而不知实，庄子蔽于天而不知人。""毋必"，宇宙万物必然之理甚少，凡可言之物，都具有阴阳两面，既会相互转化，又可能阴中有阳，阳中有阴，不存在必然之阳，必然之阴。因此不要太绝对。至于"毋固，毋我"，是在强调凡事一定要超越"我"的私意，站在一个更高的立场上看待我与他，如此就不会固执己见，唯我独是。认识事物只有依靠虚心、诚心、静心、无我之心、天人合一之心。虚心则毋意，毋必；诚心、静心、无我之心、天人合一则毋固，毋我。

## 9.5

子畏于匡①。曰："文王既没，文不在兹②乎？天之将丧斯文也，后死者③不得与④于斯文也；天之未丧斯文也，匡人其如予何？"

**【注释】**

①畏于匡：畏，拘囚的意思。匡，地名。相传鲁国阳虎曾掠夺和残杀匡人，孔子的相貌与阳虎相像，匡人误以为孔子是阳虎，将他围困。

②兹：这里。指孔子自己。

③后死者：孔子自指。或说，是指孔子之后的人。

④与：掌握。

**【译文】**

先生被囚禁于匡地，说："文王既然已经不在世了，文化薪火传人不就是我吗？上天如果要毁灭这种文化，那我就不可能继承这些文化；上天如果不想毁灭这些文化，匡人又能把我怎么样呢？"

**【导读】**

孔子自信自己承受天的使命，这种使命就是传承周朝的文化精神。既然天命在身，匡人又能奈我何！由此可见，天之伟大，顺应天命将无往而不胜。

## 9.6

大<sub>太</sub>宰<sup>①</sup>问于子贡曰："夫子圣者与？何其多能也？"子贡曰："固天纵之将圣<sup>②</sup>，又多能也。"

子闻之，曰："大<sub>太</sub>宰知我乎！吾少也贱，故多能鄙事。君子多乎哉？不多也。"

牢<sup>③</sup>曰："子云：'吾不试<sup>④</sup>，故艺。'"

**【注释】** _____

①大宰：官名，掌管国君宫廷事务。

②纵之将圣：纵，让，使，不加限量。"上天让他成为一个圣人。"（曾琦云《每日论语》）

③牢："或说是孔子的学生。但在《史记·仲尼弟子列传》中未见此人。或说即子琴张。"（钱穆《论语新解》）

④试：用，被任用。

**【译文】**

太宰问子贡："您的先生是圣人吧？怎么懂得这么多才

艺？"子贡回答说："上天让先生成为圣人，又使他有这么多才艺的。"

先生听说后，说："太宰大概知道我吧。我年少时家庭贫困，所以学会了很多技艺。真正的君子需要懂得这么多技艺吗？是不需要懂得的。"

一位名叫牢的弟子说："先生说：'我不曾为国家所用，所以掌握了很多的技艺。'"

## 【导读】

本章重在言圣人之所以为圣，在于"通"，与天相通、与人相通、与地相通，通在道、通在心、通在德。然而孔子既通于人，又通于天地，还具有多种才能。这多种才能在孔子看来，正是自己出身卑微，为谋生而得来的。然而孔子能"下学上达"，从卑微的生活琐事中悟出人生的大道，由此可见，道无所不在。圣人无所不能而成其为圣，所以要"不怨天，不尤人"，处处安心，时时努力，圣人之道在于日常生活中。

### 9.7

子曰："吾有知乎哉？无知也。有鄙夫①问于我，空空如也②。我叩其两端而竭③焉。"

## 【注释】_____

①鄙夫："乡下人、社会下层的人或者没有知识的人。"（曾琦云《每日论语》）

②空空如也："我一点也不知道。"（李泽厚《论语

今读》）

"他（鄙夫）心空空，一无所知。"（钱穆《论语新解》）

③叩其两端而竭："就一个问题的正反、头尾、本末两端考察，终于知道结果。"（李泽厚《论语今读》）

## 【译文】

先生说："我有学问吗？没有。有位乡下人问我问题，我脑子里空空的。但是我从问题的两个方面去盘问，就有了问题的答案。"

## 【导读】

本章实际在解释中庸之道。"空空如也"言要虚其心、诚其意。"叩其两端"言不要为一端所蔽，只看到开始就会被"开始"所蒙蔽，只看到"终了"也会被终了所蒙蔽。必须兼顾始与终、超越始与终，才会不偏不倚。只了解古代就会蒙蔽于古代，只知道现在也会被现在所蒙蔽，必须超越古与今，兼顾古与今，才会对历史有一个整体的把握。如果用阴阳代表两端，就是要超越阴阳，站在一个更高的角度、更全面的角度看待事物，这样才会正确地认识事物。


## 9.8

子曰："凤鸟不至，河不出图①，吾已矣夫！"

## 【注释】

①凤鸟不至，河不出图：河，指黄河。凤鸟至，河出图，古人谓"乃圣人受命而王之兆"。

**【译文】**

先生说："凤凰不飞出来，黄河也无河图洛书一类的吉兆，大概我这一生也该结束了吧！"

**【导读】**

这是天人合一思想的又一种表现。大道之行也，天必有征兆；大道不行也，天亦有征兆。

9.9

**子见齐衰<sup>①</sup>者、冕衣裳者<sup>②</sup>与瞽<sup>③</sup>者，见之，虽少必作<sup>④</sup>；过之，必趋<sup>⑤</sup>。**

**【注释】**

①齐衰（cuī）：丧服，古时用麻布制成。

②冕衣裳者："即衣冠整齐的贵族。衣是上衣，裳是下衣，相当现代的裙。古代男子上穿衣，下穿裙。"（杨伯峻《论语译注》）

③瞽（gǔ）：盲人。

④作：站起来。

⑤趋：快步走过去，不妨碍他们。与前文的作都是表达敬意。

**【译文】**

先生见穿丧服的人，戴礼帽、穿礼服的人以及盲人，与他们相见时，即使他们年少，也一定要站起身来；从他们面前过，一定要快走。

本章重在言孔子对礼制之崇敬之心，无时无处不遵守。

## 9.10

颜渊喟然叹曰："仰之弥高，钻之弥坚；瞻之在前，忽焉在后。夫子循循①然善诱人，博我以文，约我以礼，欲罢不能。既竭吾才，如有所立卓尔，虽欲从之，末由也已②。"

### 【注释】

①循循：有次序地。

②"既竭……也已"：末，无、没有。由，途径、路径。"但我才智已尽，像见它（孔子的道）在前面矗立着，高峻卓绝，我想再向前追从，但感到无路可由了。"（钱穆《论语新解》）

"充分发掘我的才能，好像能够高高地站立起来了。但想要继续跟着前进，又感到不知如何走了。"（李泽厚《论语今读》）

### 【译文】

颜回感叹地说："越抬头看先生的学问越看不到顶，越钻研越觉得深不可测。乍一看觉得在前面，但等到接近时，又在后面。先生循序渐进，很善于诱导启发我们，用很多文献资料丰富我们的学问，又以礼节制我们做人，使我们想停止学习都不可能。已经使我们才力既尽，但仍有高大的东西竖立在我们的面前，想攀登上去，却不知从何处着手。"

这是颜回赞扬孔子的话，首先，说孔子高不可攀，抬头仰望，越望越觉得高；越努力钻研越觉得深。看着好像在前面，忽然又像在后面，让人难以捉摸。其次，说孔子很会教育人，善于一步一步地诱导人，用各种典籍丰富弟子的知识，又用各种礼节约束弟子，使其由博而约，想停下来也不可能。好像有一个十分高大的东西立在前面，虽然想攀登上去，却没有办法。犹如子贡对孔子的描述："天之不可阶而升也。"

## 9.11

**子疾病，子路使门人为臣**①**。病间**②**，曰："久矣哉！由之行诈也，无臣而为有臣。吾谁欺？欺天乎？且予与其死于臣之手也，无宁死于二三子之手乎！且予纵不得大葬**③**，予死于道路乎？"**

【注释】

①为臣："为家臣。大夫之丧，由家臣治其礼。孔子曾为大夫，有家臣。今已去位，若病不起，不得仍以大夫礼葬。"（钱穆《论语新解》）

②病间：病情减轻。间，间隙。

③大葬：指大夫的葬礼。

【译文】

先生病危，子路派同门弟子作为臣属照顾料理。后病情好转，先生说："很久了吧！仲由欺骗人，我本无臣属，却装作有臣。我欺骗谁啊？欺骗上天啊？我与其死时由臣属料理后事，还不如由你们这些弟子料理后事。况且，我即使不能以大夫之丧礼安葬，难道还能死于道路上吗？"

**【导读】**

本章有两层意思。一者言孔子尚直而重礼。子路在孔子病重期间想用家臣为孔子准备丧事，但不知无家臣而变为有家臣近于行诈，是在欺天，既不符合礼，又违背直道。二者言孔子宁肯在自己学生的侍候下死去，也不希望在家臣的侍候下死去。由此可见孔子之直，以及对自己作为教师的自豪。

## 9.12

子贡曰："有美玉于斯，韫椟<sup>①</sup>而藏诸？求善贾而沽<sup>②</sup>诸？"子曰："沽之哉！沽之哉！我待贾者也。"

**【注释】**

①韫椟：收藏物件的柜子。

②善贾而沽：善贾，识货的商人。沽，卖出去。

**【译文】**

子贡说："假如这里有一块美玉，是把它藏在柜子里呢？还是找一商家卖掉变现呢？"先生说："卖掉变现！卖掉变现！我正在等识货的商家哩！"

**【导读】**

子贡在这里以"美玉"比孔子之"道"，孔子答语甚急，流露出"得君行道"的迫切心情，此处也可以窥见孔门师徒对"货殖"或市场采取了一种中立的态度，没有贬低之意。

## 9.13

**子欲居九夷①。或曰："陋②，如之何？"子曰："君子居之，何陋之有？"**

**【注释】**

①九夷：中国古代对东方少数民族的通称。

②陋：简陋，鄙野，文化闭塞，不开化。

**【译文】**

先生想居住在九夷。有人说："那个地方很简陋，很落后，怎么能住呢？"先生说："有君子去居住，怎么会简陋落后呢？"

**【导读】**

本章有几层意思：一者，本章"子欲居九夷"与"道不行，乘桴浮于海"意同，是对大道不行而抒发的感叹。二者，有"士志于道，而不耻恶衣恶食"的生活态度，九夷的简陋生活又有什么关系呢！三者，君子居于斯，就应有改造、教化斯地斯人的使命。

## 9.14

**子曰："吾自卫反返鲁，然后乐正①，《雅》《颂》各得**

其所。"

**【注释】**

①乐正："此有两解：一是正其乐章，一是正其乐音。两义可兼采。"（钱穆《论语新解》）

**【译文】**

先生说："我从卫国返回鲁国，对乐曲进行整理订正，对《诗》中的《雅》《颂》进行重新分类，使它们各归到它们应该的位置。"

**【导读】**

本章言孔子自卫国返回鲁国，对《诗经》的乐章进行整理。《雅》诗、《颂》诗各配什么乐曲，在什么场合使用都进行修正、整理安排，这就是"乐正"与"各得其所"。由此可见，诗乐是在一起的。

## 9.15

子曰："出则事公卿，入则事父兄，丧事不敢不勉，不为酒困，何有于我哉①？"

**【注释】**

①何有于我哉：参见《述而第七》7.2。

**【译文】**

先生说："在外就服侍公卿，在家就侍奉父母兄长，办丧事不敢不努力，不敢把酒喝过量而受困扰，这些我做到了哪些呢？"

【导读】

孔子之修身事项：在外以忠信侍奉国君与大臣，在家孝悌父兄，遇有丧事不敢不努力按照周礼去办理，喝酒不被酒所困扰。

9.16

**子在川上，曰："逝者如斯夫<sup>①</sup>，不舍<sup>②</sup>昼夜。"**

【注释】

①夫：语气词。

②舍：止，停留。

【译文】

先生站在河边说："时间如同这流水一般，白天黑夜都在不停地流逝。"

【导读】

程子说得好："天运而不已，日往则月来，寒往则暑来，水流而不息，物生而不穷，皆与道为体，运乎昼夜，未尝已也。是以君子法之，自强不息。"

9.17

**子曰："吾未见好德如好色者也。"**

## 【译文】

先生说："我没有见过爱好德行如爱好美色一样的人。"

## 【导读】

据《史记》记载，此言是针对卫灵公重用他的夫人南子而说的。

### 9.18

子曰："譬如为山，未成一篑①，止，吾止也；譬如平地，虽覆②一篑，进，吾往也。"

## 【注释】

①篑（kuì）：土筐。

②覆：底朝上翻过来倾倒。

## 【译文】

先生说："比如堆土成山，仅差一筐土便成山，停止了，是我自己停止了的呀；比如在平地上填土，虽然才倒下了一筐土，但继续向前堆，那是我自己在向前堆的呀。"

## 【导读】

朱子说得好："言山成而但少一篑，其止者，吾自止耳。平地而方覆一篑，其进者，吾自往耳。盖学者自强不息，则积少成多。中道而止，则前功尽弃。其止其往，皆在我而不在人也。"

## 9.19

子曰：“语之而不惰①者，其②回也与③！”

**【注释】**

①惰：懈怠。

②其：副词，表示揣测、大概、也许。

③与：同“欤”，语气词。

**【译文】**

先生说：“听我讲话而不懈怠的，大概只有颜回吧！”

**【导读】**

孔子在赞扬颜回勤奋好学并且尊师重道。

## 9.20

子谓颜渊，曰：“惜乎！吾见其进也，未见其止也。”

**【译文】**

先生谈到颜回，说道：“真可惜啊！我只看到他在努力向前，从未看到他停止不前。”

**【导读】**

朱子这句话说得非常好：“颜子既死而孔子惜之，言其方进而未已也。”

## 9.21

子曰："苗而不秀者有矣夫！秀而不实<sup>①</sup>者有矣夫！"

**【注释】** _____

①苗、秀、实："谷始生曰苗，成穗为秀，成谷曰实。"
（钱穆《论语新解》）

**【译文】**

先生说："有禾苗但不开花的，有过的罢！开花了，却不结果实的，有过的罢！"

**【导读】**

本章以庄稼的生长比喻一个人从求学到为圣的过程。叹息颜回好学并且闻一而知十，但不幸命短，没有在学问方面获得应有的收获。如此，以"秀而不实"为喻。

## 9.22

子曰："后生<sup>①</sup>可畏，焉知来者之不如今也？四十、五十而无闻<sup>②</sup>焉，斯亦不足畏也已。"

**【注释】** _____

①后生：指年少者。
②四十、五十而无闻："一个人到了四五十岁还不明白道理。"（李泽厚《论语今读》）

"一个人到了四五十岁还没有什么名望。"（杨伯峻《论语译注》）

## 【译文】

先生说："年轻人是不能小看的，怎么能断定他们的将来不如今天的大人呢？当然如果到了四五十岁还是默默无闻，那么也就不值得高看了。"

## 【导读】

本章似乎与上章有联系，"后生可畏"大概是指"苗而秀者"；"四十、五十而无闻"大概是指"苗而不秀者"。言下之意是说"苗而秀者"一定具有超越前人的可能性，而如果到了四五十岁仍然没有过人之处的人，则没有什么可以敬畏的了。孔子还有言，说人到四十岁如果还被人厌恶，这样的人一生也就完了。由此可见人生的机会、时间是有限的。一定要珍惜时间，人生的好年华不是永远存在的。

### 9.23

子曰："法语之言①，能无从乎？改之为贵。巽<sup>逊</sup>与之言②，能无说<sup>悦</sup>乎？绎之为贵③。说<sup>悦</sup>而不绎，从而不改，吾末④如之何也已矣。"

## 【注释】

①法语之言："法，法则义。语，告诫义。谓人以法则告诫之辞正言相劝。"（钱穆《论语新解》）

②巽与之言：巽通"逊"。"巽，恭顺义。与，许与义。谓人以恭顺、许与之辞婉言相劝。"（钱穆《论语新解》）

③绎之为贵：绎本指抽丝，这里引申为分析鉴别。"绎，

寻绎义。我虽悦其言，贵能寻绎其言之微意所在。"（钱穆《论语新解》）

④末：没有。

**【译文】**

先生说："符合礼法的话，能不听从吗？改正了才是可贵的。恭顺赞扬的话，听了能不高兴吗？能辨别真假才是可贵的。只是听了高兴而不加以辨别，只听从而不改正，我实在不知怎样对待这样的人啊！"

**【导读】**

本章重在说明两种错误：一者听从而改，如同"见贤思齐"，但没有行动；二者听到好听的而不加分析。不绎不改，全是顽皮心性，圣人如何着手？言辞严肃也不行，言辞婉转鼓励也不行，所以连孔子都说这种人他也没有办法。

## 9.24

子曰："主忠信，毋友不如己者，过则勿惮改。"

**【注释】**

此章重出，见《学而第一》1.8。

## 9.25

子曰："三军可夺帅也，匹夫不可夺志也。"

【译文】

先生说：“三军的统帅是可以被夺走的，而一个真正的男子汉的意志是不可以被改变的。”

【导读】

这与孟子讲的大丈夫“贫贱不能移，威武不能屈，富贵不能淫”之志相类。

## 9.26

子曰：“衣敝缊袍①，与衣狐貉者立，而不耻者，其由也与？‘不忮不求，何用不臧②？’”子路终身诵之。子曰：“是道也，何足以臧③？”

【注释】

①衣敝缊（yùn）袍：敝，坏。缊，旧的丝绵絮，又说是乱麻。这里指破旧的棉袄。

②不忮（zhì）不求，何用不臧：“此《诗经·邶风·雄雉》之诗。忮，害义。嫉人之有而欲加以害伤之心也。求，贪义。耻己之无而欲求取于人。臧，善义。若能不忮不求，则何为而不善？”（钱穆《论语新解》）

③是道也，何足以臧：“只做到这样，怎么能说很好了呢？”（曾琦云《每日论语》）

【译文】

先生说：“穿着破旧的丝棉袍子，与穿着狐貉皮衣的人在一起，并无卑微耻辱的感觉，仲由就是这样的人吧？《诗经》上说：'不妒贤嫉能，无过分贪欲，什么事情做不好呢？'"子路经常背诵这句诗，牢记终生。先生说："仅仅这个样子，还不是足够好的吧？"

**【导读】**

本章有两层意思。一者赞扬子路志于道，不耻恶衣恶食的精神；二者批评子路仅仅不嫉妒、不贪求是不够的，应该更加积极地进德修业。

<br>

### 9.27

**子曰："岁寒，然后知松柏之后凋也。"**

**【译文】**

先生说："到了最寒冷的季节，才知道松树、柏树是最后凋零的。"

**【导读】**

本章重在说明在利害关头方能辨别君子与小人，即所谓"士穷见节义，世乱显忠臣"。

<br>

### 9.28

**子曰："知智者不惑，仁者不忧，勇者不惧。"**

**【译文】**

先生说："智慧的人无疑惑，仁爱的人无忧愁，勇敢的人无恐惧。"

智、仁、勇，是天下之达德。智者明理通达，是非分明，所以不惑；仁者无私欲，不考虑个人得失，所以坦荡无忧；勇者坚持大义，有羞恶之心，所以不惧。

## 9.29

子曰："可与共学，未可与适道；可与适道，未可与立；可与立，未可与权①。"

【注释】————————————————————

①"可与共……与权"："可与共学，知所以求之也。可与适道，知所往也。可与立者，笃志固执而不变也。权，秤锤也，所以称物而知轻重者也。可与权，谓能权轻重，使合义也。"（朱熹《论语集注》）

"可以在一起学习，未必可以走一条路；可以同走一条路，未必可以坚持同样的原则性；可以坚持同样的原则性，未必能有同样的灵活性。"（李泽厚《论语今读》）

适：往、达到。

【译文】

先生说："可以在一起学习，但未必能悟'道'；可以悟'道'，但未必能坚守；可以坚守，但未必懂得灵活运用。"

本章阐述学习的三种境界，即学习者未必能学到"道"；学到"道"者，未必能坚守"道"；能坚守"道"者，未必能权变。

## 9.30

"唐棣之华花，偏其反而。岂不尔思？室是远而①。"子曰："未之思也，夫何远之有？"

**【注释】**

① "唐棣（dì）……远而"："唐棣树的花，翩翩地摇摆。难道我不想念你？因为家住得太远了。"（杨伯峻《论语译注》）

唐棣：一种植物。另，唐棣是一种果树。一般树木开花都是先合后开，唐棣开花却是先开后合，违反常规。

偏，同"翩"。

**【译文】**

"唐棣树上的花，随风翩翩起舞。此时此景我难道不思念你吗？只是你住得太远了。"先生说："那不是真正的思念，若真正思念，还有什么遥远的呢？"

**【导读】**

本章用唐棣之花先开后合来比喻离道之远。孔子意在"仁远乎哉？我欲仁，斯仁至矣"。正如花开花合的关键在于真的思念、真的有恒心。

# 乡党第十

（共18章）

## 10.1

**孔子于乡党<sup>①</sup>，恂恂<sup>②</sup>如也，似不能言者。其在宗庙朝廷，便便言<sup>③</sup>，唯谨尔。**

**【注释】**

①乡党："孔子生陬邑之昌平乡，后迁曲阜之阙里，亦称阙党。此称乡党，应兼指两地。"（钱穆《论语新解》）

"乡党，父兄宗族之所在，故孔子居之，其容貌辞气如此。"（毛子水《论语》）

②恂（xún）恂：温恭谦逊貌。

③便便言：讲话雄辩。

**【译文】**

孔子对于乡里族人非常温和恭顺，似乎不会讲话一般。但在宗庙祭祀和在朝堂议事时，极其善于言语辩论，只是很谨慎罢了。

**【导读】**

重在言孔子在家与在宗庙朝廷的不同，何以如此不同呢？在家乡重在孝悌，作为小辈理应敬老爱幼；在朝廷则应尽为臣之道。

## 10.2

朝，与下大夫言，侃侃①如也；与上大夫言，訚訚②如也。君在，踧踖③如也，与与④如也。

【注释】

①侃侃：温和而快乐的样子（和乐貌）。

②訚（yín）訚：正直而恭敬的样子（中正有诤貌）。

③踧踖（cù jí）：恭敬而心中不安的样子（恭敬貌）。

④与与：行步安详、谨慎小心的样子（威仪中适之貌）。

【译文】

上朝时，同下大夫说话，温和而从容；同上大夫（卿）说话，和颜悦色而恭敬。国君在，恭敬而有不安之态，行走时慢步而小心谨慎。

【导读】

本章记孔子在朝廷事上接下的不同情形。

## 10.3

君召使摈傧①，色勃如②也，足躩如③也。揖所与立，左右手④。衣前后，襜如也⑤。趋进，翼如⑥也。宾退，必复命曰："宾不顾矣。"

【注释】

①摈（bìn）：通"傧"。迎接宾客。

②勃如：面色矜持庄重（庄矜貌）。

③躩（jué）如："脚步快起来。"（杨伯峻《论语译注》）

"行路如脚下有戒惧般。"（钱穆《论语新解》）

④所与立，左右手：谓同为傧者。左右手，向左或向右拱手。

⑤衣前后，襜（chān）如也：衣服随人前后转摆。襜如，整貌。即衣服摆动而不乱。

⑥趋进，翼如：趋进，快步向前。翼如，如鸟儿展翅一样。

## 【译文】

国君下令使孔子接待外宾，孔子神色矜持庄重，走路也加快了。向两旁的宾客拱手作揖，衣服随人前后摆动，但整齐划一。快步离开时，像鸟儿舒展翅膀一样。宾客走了以后，一定要向国君报告说："宾客已不回头了。"

## 【导读】

本章记孔子作为傧相的礼仪容貌。

### 10.4

入公门，鞠躬如也，如不容①。

立不中门，行不履阈②。

过位③，色勃如也，足躩如也，其言似不足者。

摄齐升堂④，鞠躬如也，屏气似不息者。

出，降一等，逞颜色，怡怡⑤如也。

没阶⑥趋进，翼如也。复其位，踧踖如也。

**【注释】** _____

①鞠躬如也，如不容：鞠躬如也，害怕而谨慎的样子。如不容，好像不容他直着身子走进去。

②立不中门，行不履阈：站，不站在门的中间；走，不踩门槛。阈：门槛。

③过位：经过人君的座位（其时，人君并不在）。

④摄齐（zī）升堂：齐，裳下之缝。摄，提起。将升堂，两手提起衣服使离地一尺。

⑤逞颜色，怡怡：逞，面色舒展放松。怡怡，和悦。

⑥没阶：走完台阶。

**【译文】**

孔子走进朝廷大门，低头躬身似作鞠躬礼，好像大门容不下他。

不在门的中间站立，行走不踩门坎。

经过国君座位时，神色庄重恭敬，脚步加快，说话声音很低，好像力气不足一般。

上朝堂时，要提起官服的下摆，低头躬身，屏住呼吸。

出来时，走下一个台阶，神色舒缓，开始轻松起来。

走完最后一个台阶，快步向前，像鸟儿舒展翅膀一样。回到自己的位置上，恭敬而内心不安的样子。

**【导读】**

本章记孔子在朝之容。

## 10.5

执圭<sup>①</sup>，鞠躬如也，如不胜<sup>②</sup>。上如揖，下如授<sup>③</sup>。勃如战色<sup>④</sup>，足蹜蹜，如有循<sup>⑤</sup>。

享礼，有容色<sup>⑥</sup>。

私觌，愉愉如也<sup>⑦</sup>。

**【注释】**

①圭：玉器。"聘问邻国，执君之圭以为信。"（钱穆《汉语新解》）

②如不胜：好像举不起来的样子。

③上如揖，下如授："向上举好像在作揖，向下拿好像在交给别人。"（杨伯峻《论语译注》）

"执圭在上，像和人作揖般；在下，像授物与人般。"（钱穆《论语新解》）

④勃如战色：脸色庄重得像战栗的样子。

⑤足蹜（sù）蹜，如有循：足蹜蹜，小步走路。循，沿。如有循，好像沿着一条直线向前走一样。

⑥享礼，有容色："享礼，享献礼，使臣把所带来的各种礼物罗列满座。有容色，满脸和气。"（杨伯峻《论语译注》）

⑦私觌（dí），愉愉如也：觌，相见。私人相见时，轻松愉快。

**【译文】**

孔子出使外国时，拿着圭，低头躬身，好像圭很重。向上举如同作揖，向下拿好像要交给人东西一般。神色庄重，战战兢兢。步子迈得小但走得快，像沿着一条线一样往前走。

到了外国，献礼时，和颜悦色而庄重。

以私人身份与外国君臣相见时，是很愉快轻松的样子。

## 【导读】

记孔子为君出使邻国之礼仪。

### 10.6

君子不以绀緅饰①。红紫不以为亵服②。

当暑，袗絺绤③，必表而出之④。

缁衣羔裘，素衣麑裘，黄衣狐裘⑤。

亵裘长，短右袂⑥。

必有寝衣，长一身有又半⑦。

狐貉之厚以居⑧。

去丧，无所不佩⑨。

非帷裳，必杀之⑩。

羔裘玄冠不以吊⑪。

吉月，必朝服而朝⑫。

## 【注释】

①不以绀（gàn）緅（zōu）饰："绀和緅都是表示颜色的名称。颜色都近于黑色，古代黑色是正式礼服的颜色，所以不用来镶边。饰，是滚边，镶边，缘边。"（杨伯峻《论语译注》）

②亵（xiè）服：便服，亵服不用红色或紫色的布料。

③袗（zhěn）絺（chī）绤（xì）：袗，单衣，此处用作动

词。绤，细麻布。绤，粗麻布。

④必表而出之：把麻布单衣穿在外面，里面还要衬有内衣。

⑤"缁衣……狐裘"：缁衣，黑色的罩衣。羔裘，羔羊皮袍（黑色）。素衣，白色的罩衣。麑（ní）裘，小鹿皮袍（白色）。黄衣，黄色的罩衣。狐裘，狐皮袍（黄色）。这三句表示衣服里外的颜色应该相称。黑衣配黑羊皮裘，白衣配白鹿皮裘，黄衣配黄色的狐皮裘。

⑥短右袂：右袖较短，为做事方便。

⑦寝衣，长一身有半："即被。古代大被叫'衾'，小被叫'被'。长度合本人身长的一又二分之一。"（杨伯峻《论语译注》）

"夜睡必有寝衣，其长过身一半，下及两膝。"（钱穆《论语新解》）

⑧狐貉（hé）之厚以居：用厚毛的狐貉皮做坐垫。居，坐。

⑨去丧，无所不佩：去，除去。"丧服满之后，什么东西都可以佩戴。"（杨伯峻《论语译注》）

或说，佩是指佩玉而言。

⑩非帷裳，必杀之：帷裳，礼服，上朝和祭祀时穿，用整幅布做，不加剪裁，多余的折叠起来缝上。"杀，减少，裁去。必杀之，指裁去多余的布。"（杨伯峻《论语译注》）

"杀，缝。必杀之，指（其余所穿裳）总是开剪斜幅缝制的。"（钱穆《论语新解》）

⑪羔裘玄冠不以吊：不要穿黑羊皮袍戴黑色礼帽去吊丧。"羔裘玄冠"都是黑色的。玄冠，黑色礼帽。

⑫吉月，必朝服而朝：每月初一，或说每年的大年初一。必朝服而朝，一定穿着上朝的礼服去朝贺。

## 【译文】

君子不用近于黑色的、深青中透红的颜色与黑中透红的颜色镶边。不用红色与紫色的布做便服。

暑天，穿粗麻布与细麻布做的单衣，但要套在外面。

冬天，穿黑色外衣，配紫色皮袍；白色外衣，配白鹿皮袍；黄色外衣，配狐狸皮袍。

平常在家穿的便皮袍，身子要长，右边袖子要短。

睡觉时要有小被子，长要一身半。

用毛绸的狐貉皮做坐垫。

服丧满，脱掉衣服，什么都可以佩戴。

非礼服，多余的布必须裁掉。

不能穿黑羊羔皮袍，不戴黑色帽子去吊丧。

每月初一，要穿上朝服去朝贺。

## 【导读】

本章记录穿衣服的礼仪。一般而言，白衣吊丧，黑色是正式礼服的颜色，不能随便使用。红色、紫色是十分尊贵的颜色，不能随便使用。

### 10.7

齐斋①，必有明衣②，布。齐斋，必变食③，居必迁坐④。

①齐：同"斋"，斋戒。

②明衣：浴衣，用布做的。

③变食：改变平常的饮食，改吃荤为吃素。

④迁坐：改变日常的居处。

**【译文】**

斋戒时，洗澡后要有换穿的干净衣服，是用苎麻布做的。斋戒时一定要改变饮食，住处一定要迁出卧室。

**【导读】**

记孔子斋戒之事。斋戒所以与神通，关键在于心诚，心诚则灵。

## 10.8

食不厌精，脍不厌细①。

食饐而餲，鱼馁而肉败②，不食。色恶，不食。臭恶，不食。失饪③，不食。不时④，不食。割不正⑤，不食。不得其酱⑥，不食。

肉虽多，不使胜食气⑦。

唯酒无量，不及乱。

沽酒市脯⑧不食。

不撤姜食⑨。不多食。

祭于公，不宿肉⑩。祭肉不出三日。出三日，不食之矣。

食不语，寝不言。

**虽疏食菜羹，瓜祭，必齐<sub>斋</sub>如也<sup>⑪</sup>。**

【注释】_____

①食不厌精，脍不厌细：食，饭，粮食。脍，牛羊鱼肉细切曰脍。"不厌，不饱食也。不因食脍之精细而特饱食。"（钱穆《论语新解》）

"饭食不嫌精，鱼肉不嫌切得细。"（李泽厚《论语今读》）

②食饐（yì）而餲（ài），鱼馁而肉败：饐，陈旧。餲，变味。馁，鱼腐烂了。败，肉腐烂。

③饪：烹调。

④时：应季应时。

⑤割不正："'割'，指宰杀猪牛羊时肢体的分解。古人有一定的分解方法，不按那方法分解的，便叫作'割不正'。"（杨伯峻《论语译注》）

⑥不得其酱：作料放得不适当。

⑦不使胜食气：肉不得超过主食的量。气，同"饩"，粮食。

⑧沽酒市脯："买来的酒和肉干。"（杨伯峻《论语译注》）

"只做得一夜的酒，和外面买的肉脯。"（钱穆《论语新解》）

"过夜的酒和街上卖的肉。"（李泽厚《论语今读》）

⑨不撤姜食：每餐必须有姜。

⑩祭于公，不宿肉：古代大夫、士有助君祭祀之礼。凡助祭皆得赐肉，祭祀用的肉，在颁下来前，至少已经放了一两天了，所以不能再存放了。

⑪"虽疏……如也"："即使是粗饭、菜汤、瓜类，临食前也必祭，而且必其貌肃恭，有敬意。"（钱穆《论语新解》）

**【译文】**

饭食越精致越好，肉切得越细越好。

食物长期存放腐烂了，味道变了，不能吃。鱼不新鲜了，肉变质了，不能吃。饭食颜色变坏了，不能吃。饭食气味变了，不能吃。烹调不得其法，不能吃。不符合季节的食物，不能吃。刀工不正，不能吃。调味品放得不合适，不能吃。

肉过多，要与主食搭配得当。

酒可以随意喝，但不可超过自己的酒量，乱了方寸。

酿造时间不长的酒，到市场上买的肉干，不能吃。

每顿饭都要用姜，但不要过多。

参加国君祭祀典礼时分到的肉，不能留到第二天。祭祀用过的肉不超过三天，超过三天，就不能吃了。

吃饭时不交流，睡觉时也不聊天。

即使吃粗米饭、蔬菜汤、瓜果，也要先祭一祭，与斋戒时一样恭恭敬敬。

**【导读】**

本章记孔子饮食之礼仪。孔子有"八不食"的饮食规定。

10.9

**席不正①，不坐。**

①席不正：古代没有椅和凳，坐在席子上。"席不正"是席不合礼制之意。

**【译文】**

席子摆放不端正，不坐。

**【导读】**

本章重在言坐礼，即跪坐礼。古人在生活点滴方面都有一个基本的思想：端正。正者，政也。培养正人君子须从小事上做起。

## 10.10

**乡人饮酒，杖者**①**出，斯出矣。乡人傩**②**，朝服而立于阼阶**③**。**

**【注释】**

①杖者：老人。古制，五十杖于家，六十杖于乡。

②傩（nuó）：古人驱逐疫鬼，而祭之于道上。

③阼（zuò）阶：东面的台阶，主人所立之地。

**【译文】**

乡里举行饮酒礼，年老者出去后，自己才出去。

乡里举行迎神驱鬼的仪式时，孔子就穿着朝服站在东面的台阶上，以示尊重。

【导读】

本章记孔子居乡之事。主要介绍了乡饮酒礼与古人在腊月举行迎神驱鬼的一种礼仪。乡饮酒礼重在"明长幼之序"。

"民知尊长养老，而后乃能入孝悌。民，入孝悌；出，尊长养老，而后成教；成教而后国可安也。"（《礼记·乡饮酒礼》）

## 10.11

**问人于他邦，再拜而送之<sup>①</sup>。**

**康子馈药，拜而受之。曰："丘未达<sup>②</sup>，不敢尝。"**

**【注释】**

①"问人……送之"：托人给在外国的朋友问好（古问人必以物），向受托者拜两次送行。

②未达：未达药性，即对药性不了解。

**【译文】**

拜托别人给外国的朋友送礼物表示问候，送走时要拜两次。

季康子送来药物，先生拜谢后收下，说："我对这药物不了解，不敢吃。"

**【导读】**

本章记录了孔子与人交往的真诚之意。

## 10.12

**厩焚。子退朝，曰："伤人乎？"不问马。**

**【译文】**

马棚失火了。先生退朝回来，先问道："人受伤了吗？"但没有问马是否受伤了。

**【导读】**

本章重在言孔子重人不重财的思想。

## 10.13

君赐食，必正席①先尝之；君赐腥②，必熟而荐③之；君赐生，必畜④之。

侍食于君，君祭，先饭⑤。

疾，君视之，东首⑥，加朝服，拖绅⑦。

君命召，不俟驾⑧行矣。

**【注释】**

①正席：摆正座席。

②腥：生肉。

③荐：荐奉给祖先。

④畜：畜养。

⑤先饭：国君平常吃饭，厨师先尝食；有臣陪国君吃饭时，由臣尝食。

⑥东首：古制，室中尊西，君入室，背西面东，病者首在东卧，正面于君。

⑦加朝服，拖绅：卧病在床，不能穿衣服，只能盖在身上，又配大带于上。绅，束在腰间的大带。

⑧俟驾：等车马驾好。不俟驾，就是不等车马驾好就先步行走了。

**【译文】**

国君赐给食物，先生一定摆正座席，先尝一尝。国君赐给生肉，先要煮熟了，上供给祖先。国君赐给活物，一定要养起来。

陪同国君吃饭，当国君行祭礼时，自己先尝食。

先生患病了，国君来看望先生，先生头转向东面，把朝服披在身上，还未来得及束好腰间的带子，带子拖在了地上。

国君下令召见，不等车辆驾好，就先步行走了。

**【导读】**

记孔子事君之礼。

## 10.14

**入太庙，每事问。**

**【注释】**

此章重出，见《八佾第三》3.15。

## 10.15

**朋友死，无所归，曰："于我殡①。"**

**朋友之馈，虽车马，非祭肉，不拜②。**

**【注释】**

①于我殡：丧葬由我来料理。

②非祭肉，不拜："朋友有通财之义，故虽车马之重不拜，祭肉而拜者，敬其祖考，同于己亲也。"（朱熹《论语集注》）

【译文】

朋友去世了，没有人料理后事，先生说："我来埋葬他吧！"朋友赠送的物品，如果不是祭肉，就不用行鞠躬拜礼。

【导读】

本章重在言孔子交友之义。孔子对友谊之至情不限于此。伯牛有疾，孔子执其手而叹："斯人也而有斯疾也"；颜渊死，子哭之恸；子路死，哭于中庭，而遂覆醢（hǎi）。

### 10.16

寝不尸，居不容<sup>①</sup>。

见齐衰<sub>缞</sub>者<sup>②</sup>，虽狎<sup>③</sup>，必变。见冕者<sup>④</sup>与瞽者，虽亵<sup>⑤</sup>，必以貌。

凶服者式<sub>轼</sub>之，式<sub>轼</sub>负版者<sup>⑥</sup>。

有盛馔<sup>⑦</sup>，必变色而作<sup>⑧</sup>。

迅雷风烈，必变<sup>⑨</sup>。

【注释】_____

①寝不尸，居不容："容"字在某些版本中为"客"。睡觉时，不像死尸一样（直躺着）；居家时，不像做客或接待客人时那样庄重。

②齐衰（cuī）者：穿孝服的人。

③狎：亲近。

④冕者：戴礼帽者。

⑤亵（xiè）：亲近、常见、随便。

⑥凶服者式之，式负版者：凶服，丧服。式，通"轼"，古代车辆前的横木。这里作动词用，身子向前微俯，伏在横木上，以表示尊敬或同情，叫轼。这是一种礼节。"负版，疑作'负贩'。路遇凶服的人，虽负贩之贱，也必凭轼表敬意。"（钱穆《论语新解》）

"在车中遇着拿了送死人衣物的人，便把身体微微往前一俯，手扶车前横木。遇见背负国家图籍的人，也手扶车前横木。"（杨伯峻《论语译注》）

⑦盛馔（zhuàn）：馔，饮食。盛馔，盛大的筵席。

⑧必变色而作：作，站起来。对主人盛馔重礼表示敬意。

⑨必变：变色表不安（敬天意之非常）。

**【译文】**

睡觉时，不直躺着。在家若无客人时，也不会像有客人时一样矜持。

看见穿孝服的人，虽然亲近，但是神色必然有变化。看见戴礼帽与眼睛有残疾者，虽然亲近，但必须以礼相待。

坐在车上看见穿丧服者在进行丧事活动，必须伏在车前的横木上，表示致意。看见背着文献资料等图籍的人，同样要伏在车前的横木上，表示致意。

遇到丰盛的筵席，态度一定要庄重，还要站起来。

遇到打雷、闪电与刮大风，神色必然改变。

**【导读】**

本章记孔子容貌之变。

10.17

**升车，必正立执绥<sup>①</sup>。**

**车中不内顾，不疾言，不亲指<sup>②</sup>。**

**【注释】** _____

①绥：挽以升车之索。

②不内顾，不疾言，不亲指：内顾，回视。疾言，高声说话（或说，很快地说话）。亲指，两手指指点点。

**【译文】**

登车，必须端正站立，拉着扶手的带子。

在车里不向后看，不大声说话，不指手画脚。

**【导读】**

孔子乘车的举止符合礼制，十分有修养，又很自然。在车上指指点点，既不雅，又容易被人误解，所以要"不亲指"。"正立执绥"则安全且有风度。

10.18

**色<sup>①</sup>斯举<sup>②</sup>矣，翔而后集<sup>③</sup>。曰："山梁雌雉，时哉！时哉！"子路共<sub>拱</sub><sup>④</sup>之，三嗅而作<sup>⑤</sup>。**

①色：脸色。

②举：鸟飞起来。

③集：鸟群停在树上。

④共：同"拱"。

⑤三嗅而作：嗅，唐代石经《论语》中作"戛"（jiá）。戛，鸟长叫声。作，飞起。三嗅而作，长叫几声飞走了。

## 【译文】

先生在山谷中行走，看见几只野鸡。孔子的脸色一动，野鸡便飞向天空，飞翔了一会儿，又停了下来，自由自在，一张一弛。先生说："山上的野鸡，飞飞停停，自在自然，恰到好处啊！"子路向它们拱拱手，野鸡展翅又飞了。

## 【导读】

本章写孔子看到山谷里的野鸡还能自由飞翔，发出"得其时"的赞叹之声。"时"是孔子中庸思想的核心，即"时中"，这是孔子的理想境界，也是孟子对孔子的最高评价："圣之时也。"

钱穆先生对本章的译文，对理解本章很有帮助，现摘录如下："只见人们有少许颜色不善，便一举身飞了。在空中回翔再四，瞻视详审，才再飞下安集。先生说：'不见山梁上那雌雉吗！它也懂得时宜呀！懂得时宜呀！'子路听了，起敬拱手，那雌雉转睛三惊视，张翅飞去了。"

# 论语精读

著 雷原

［下册］

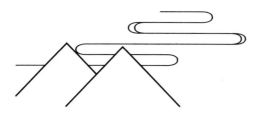

台海出版社

# 先进第十一

（共25章）

## 11.1

子曰："先进于礼乐，野人也；后进于礼乐，君子也<sup>①</sup>。如用之，则吾从先进。"

**【注释】**

①"先进……君子也"："先进、后进，犹言前辈后辈，皆指孔子弟子。先进之于礼乐，文质得宜，犹存淳素之风。较之后辈，转若朴野。后进讲明礼乐愈细密，文胜于质，不是孔子心中的君子。"（钱穆《论语新解》）

"先学习礼乐而后做官的是未曾有过爵禄的一般人，先有了官位而后学习礼乐的是卿大夫的子弟。"（杨伯峻《论语译注》）

"先施行礼乐制度的是居于城外的殷民族，后来采用礼乐制度的，是今日住在城中的君子们。"（李泽厚《论语今读》）

**【译文】**

先生说："先学习礼乐文化，后被选拔做官的人，是普通平民；先做官，而后学习礼乐文化，具有世袭特权的人，是君子。如果让我选拔人才，我会选拔先学习后做官的人。"

## 【导读】

孔子之时，尤其是孔子之前，人事制度是世袭制。所谓的君子就是具有世袭特权的子弟，即使不学习礼乐，也可以世袭为官。为官之后，由于工作的需要才学习礼乐文化，所以孔子称其为后进于礼乐者。周朝末期礼崩乐坏，诸侯割据之势已成，诸侯之间的相互竞争日益激烈。此时，各诸侯国甚至豪门大族对人才开始越来越重视，举贤才，不问出身的用人制度逐渐在各诸侯国推行。郑国子产就是当时最有影响的一个改革家，他提出"学而后入政"的用人方针。于是，没有世袭特权的子弟纷纷学习礼乐，孔子称其为野人。野人即是"学而后入政"的人。

### 11.2

子曰："从我于陈、蔡者，皆不及门也①。德行：颜渊、闵子骞、冉伯牛、仲弓，言语：宰我、子贡，政事：冉有、季路，文学：子游、子夏。"

## 【注释】_____

①"从我……门也"："孔子尝厄于陈、蔡之间，弟子多从之者，此时皆不在门。故孔子思之，盖不忘其相从于患难之中也。"（朱熹《论语集注》）

## 【译文】

先生说："跟随我一起在陈国、蔡国吃苦受难的弟子，如今都不在我身边了！"

德行高的是：颜回、闵子骞、冉伯牛、仲弓；善于言辞外交的是：宰我、子贡；在政治管理方面有特长的是：冉有、季路；在文献资料方面有专长的是：子游、子夏。

## 【导读】

本章重点在以下几个方面：

第一，说明孔子之学分四科：即德行科，重在义理、德行；言语科，重在辞令、外交、礼仪等方面；政事科，重在整理、治国、为官等方面；文学科，重在文献典籍，兼有现在通俗所讲的历史、考据、文学、哲学四者合一。

第二，四科体现的教育精神如下：因材施教，即按照弟子的材具、才情不同有所区别施教。知行合一，德行科即是将学习与个人日常生活中的修炼结合起来，其代表人物颜回。"一箪食，一瓢饮，在陋巷，人不堪其忧，回也不改其乐"，这是对颜回人生修炼的写照。颜回在好学方面，孔子说："惜乎！吾见其进也，未见其止也。"关于知行合一，政事科、言语科、文学科都有体现。在教育思想方面的体现还有博约结合、学思兼顾等。

第三，孔门弟子因科而分成四类，各有千秋。颜回特点在于好学；闵子骞在于孝行与不食污君之禄；仲弓具有南面之才，与孔子都被列入"圣人之不得势者"之列；子贡则擅长经商，"亿则屡中"，孔子称他有"瑚琏"之器；冉有多才多艺，善于从政，孔子责其曰"中道而废，今之女画"与颜回之"语而不倦"者差异甚远；子路则"好勇过我"，"行行如也"，孔子告诫他"临事而惧，好谋而成"；子夏与子张一个过，一个不及，等等。孔门弟子的形象逼真，在读《论语》时，充分了解孔门弟子以及他们之间的关系，对理解《论语》大有裨益。

## 11.3

子曰："回也非助我者也，于吾言无所不说<sub>悦</sub>。"

**【译文】**

先生说："颜回是不能有益于我的学问的，他对于我讲的话从来不批评，也不问问题，心悦诚服。"

**【导读】**

朱子说得好："颜子于圣人之言，默识心通，无所疑问。故夫子云然，其辞若有憾焉，其实乃深喜之。"

## 11.4

子曰："孝哉闵子骞！人不间于其父母昆弟之言<sup>①</sup>。"

**【注释】** _____

①"人不……之言"：间，非议义。"他的父母兄弟都说他孝，别人听了，也从没有什么非议。"（钱穆《论语新解》）

"言子骞上事父母，下顺兄弟，动静尽善，故人不得有非间之言。"（李泽厚《论语今读》）

**【译文】**

先生说："闵子骞是位大孝子啊！谁也不会在他与他父亲、兄弟之间说长道短的！"

本章重在说闵子骞之孝行。据说闵子骞的继母开始对他很不好。一次父亲外出，闵子骞赶车。天冷，闵子骞冻得拿不住缰绳，父亲认为他在偷懒，就用鞭子抽打他，结果棉袄被抽破，露出芦花，父亲才知道后妻虐待他，于是决定休掉后妻。闵子骞跪在地上为继母求情说："母在一子寒，母去三子单。"继母与两位同父异母的弟弟都深受感动，从此继母像对待亲儿子一样对待闵子骞。

## 11.5

**南容三复白圭①，孔子以其兄之子妻之。**

**【注释】**

①三复白圭：三复，常诵义。"《诗经·大雅·抑》之篇曰：'白圭之玷，尚可磨也；斯言之玷，不可为也。'意思是说白圭的污点还可以磨掉，言语中的污点便没有办法去掉。"（杨伯峻《论语译注》）

**【译文】**

南容经常诵读《诗经》里关于"白圭"的诗句，孔子将他的侄女嫁给了他。

**【导读】**

《论语》有三处提到南容。一次说他："邦有道，不废；邦无道，免于刑戮。"还有一次他跟孔子说："羿善射，奡荡舟，俱不得其死然。"由此可见，此人深通孔子之学，重道德、会权变。本章又赞扬他慎言语，以"白圭之玷，尚可磨也；斯言之玷，不可为也"为座右铭，时常提醒自己，不妄言、谦虚谨慎。南容之才德深得孔子的赏识，孔子把侄女嫁给了他。

## 11.6

季康子问："弟子孰为好学？"孔子对曰："有颜回者好学，不幸短命死矣！今也则亡<sub>无</sub>。"

**【译文】**

季康子问道："在先生的弟子当中，谁好学？"孔子回答说："颜回好学，不幸他死了，如今没有能够称得上好学的人了。"

**【导读】**

本章又一次重复孔子对颜回好学的赞赏与短命的遗憾惋惜。

## 11.7

颜渊死，颜路①请子之车以为之椁②。子曰："才不才，亦各言其子也。鲤也死③，有棺而无椁，吾不徒行以为之椁。以吾从大夫之后④，不可徒行也。"

**【注释】**

①颜路：颜渊的父亲，也是孔子弟子，名无繇（yáo）。

②椁（guǒ）："古代大官棺木至少用两重，里面的一重叫

棺，外面又一重大的叫椁，平常我们说'内棺外椁'就是这个意思。"（杨伯峻《论语译注》）

③鲤也死：鲤，字伯鱼，孔子的儿子。年五十死，先颜渊而卒，那时孔子年七十。

④从大夫之后：孔子在鲁国曾做过大司寇，是大夫之位，不过此时孔子已经去位多年。然尚从大夫之列，礼不可出门步行。

## 【译文】

颜回死的时候，颜路请求先生将他的车改成颜回的椁。先生说："无论才能之大小，颜回与孔鲤都是儿子。孔鲤死的时候，有棺无椁，我不能不要车子而步行，为他将车子改成椁吧！我曾经做过大夫，不能没有车子坐，这是礼仪的要求啊！"

## 【导读】

孔子拒绝颜回的父亲用自己的车为颜回做椁，理由如下：第一，我儿子伯鱼死了，有棺而无椁，如果给了颜回，于伯鱼不公平；第二，本来我把颜回看成儿子一样，葬礼与伯鱼一样就可以，可是颜回葬礼之厚超过了伯鱼（这在后面章节中有此记载）；第三，我虽说已去位多年，但仍在大夫之列，不能没有车坐，想给也给不了。

## 11.8

**颜渊死。子曰："噫！天丧予！天丧予！"**

**【译文】**

颜回死了，先生感叹道："上天要我的命啊！上天要我的命啊！"

**【导读】**

颜渊之死，孔子心情之悲之哀到了极点。《史记》中记载，孔子哭颜回之恸，说："自吾有回，门人益亲。"可见颜回对发扬孔子之学的贡献之大。

## 11.9

**颜渊死，子哭之恸①。从者曰："子恸矣。"曰："有恸乎？非夫人之为恸而谁为！"**

**【注释】**_____

①恸：哭，哀伤过度。

**【译文】**

颜回死了，先生悲哀到了极点。跟随先生的人说："先生很伤心啊！"先生说："是太伤心了吗？不为这样的人伤心，为谁伤心呢？"

**【导读】**

本章继续叙述孔子对颜回之死的哀伤到了无以复加的地步。

# 11.10

颜渊死，门人欲厚葬①之。子曰："不可。"

门人厚葬之。子曰："回也视予犹父也，予不得视犹子也。非我也，夫二三子也。"

**【注释】**

①厚葬："丧具称家之有无，贫而厚葬，不循理也，故夫子止之。"（朱熹《论语集注》）

**【译文】**

颜回死的时候，弟子们要进行厚葬。先生说："不能这样。"

弟子们厚葬了颜回，先生说："颜回把我看成他的父亲，但我不能待他像儿子一样。这不是我的缘故，是你们几位弟子的缘故啊！"

**【导读】**

本章重在说明厚葬颜回不合情理。一者孔子希望颜回与伯鱼的葬礼是一样的，不可厚葬，以体现颜回与孔子之间情如父子的关系，待颜回犹待伯鱼。二者颜回家贫，并且和孔子一样主张节俭，颜回活着"一箪食，一瓢饮"，过着清贫而快乐的生活，死后却被厚葬，与平时贫而乐的生活相差太远。师徒情深，心心相印，孔子之心犹颜回之心，颜回之心犹孔子之心。然而门人弟子却不能理解，孔子也不固执，最后厚葬了颜回。

## 11.11

季路问事鬼神。子曰："未能事人，焉能事鬼？"

曰："敢问死。"曰："未知生，焉知死？"

**【译文】**

子路问侍奉鬼神的事情。先生说："没有侍奉好人，怎么能侍奉好鬼神呢？"

又问道："我大胆地问死是怎么回事？"先生说："连活人的事情尚不清楚，又如何知道死是怎样的呢？"

**【导读】**

本章阐述孔子对鬼神与人事关系的基本观点。孔子回答子贡关于鬼神是否存在的问题时，这样说："我如果告诉你鬼神不存在，就会导致不肖子孙不能对其父母尽丧礼、祭礼，还会导致很多人只关心自己活着的几十年，不去关爱死后的世界，人类就会透支消费、损害未来。但是，我如果告诉你人死后有鬼神，又会导致人们孝敬死去父母的礼节比孝敬活着父母的礼节更重，还有很多达官贵人，不去救济周围苍生而去祭拜鬼神。"所以孔子在回答子路事鬼神的问题时，直接告诫子路，从侍奉活人开始，由近及远。

## 11.12

闵子侍侧，訚訚如也；子路，行行①如也；冉有、子贡，侃侃如也。子乐。"若由也，不得其死然②。"

①行行：刚强的样子。

②不得其死然："谓不得以寿终。此处'然'字乃未定之辞。"（钱穆《论语新解》）

【译文】

闵子骞立在先生身旁，和悦端正；子路则是勇敢的样子；冉有、子贡是温和而从容的样子。先生很喜悦，说："像仲由这样，以后大概不能善终吧！"

【导读】

四个弟子在孔子身边侍候，神态表情各不相同。闵子骞和悦温顺；冉有、子贡理直气壮、从容不迫；而子路却刚强有加。孔子很高兴，但又叹息道："仲由啊！只怕不得寿终！"最后果然如孔子所担心的那样，子路慷慨就义。

## 11.13

鲁人为长府①。闵子骞曰："仍旧贯②，如之何？何必改作？"子曰："夫人不言，言必有中③。"

【注释】

①鲁人为长府：鲁人，应是季氏，鲁国的执政者。为，改建。长府，鲁国一个国库的名字。藏货财之所曰府。

②仍旧贯：仍，沿袭。贯，事。仍旧贯，沿袭老样子。

③中：正中要害。

鲁国官员要重建国库长府，闵子骞说："仍旧按照原来的规制，若需要维修的，修补一下即可；若全不能用了，依照以前的样子重建即可，怎么样？何必重新设计呢？"先生说："这个人平常不讲话，一讲话就讲得很中肯。"

【导读】

闵子骞之意：不必要的改作，尽可能去掉，不要劳民伤财，不要扰民。此外，闵子骞对制度的修改也要求尽可能地照旧，不要为改制而改制，不到非改之时，不要轻易去改。

## 11.14

子曰："由之瑟，奚为于丘之门①？"门人不敬子路。子曰："由也升堂矣，未入于室也②。"

【注释】_____

①"由之……之门"："这里孔子不是不高兴子路弹瑟，而是不高兴他所弹的音调。意为'子路的瑟为什么到我这里来弹'。"（杨伯峻《论语译注》）

②升堂矣，入于室也："这是比喻句。'堂'是正厅，'室'是内室，先入门，次升堂，最后入室，表示学问的几个阶段。"（杨伯峻《论语译注》）

【译文】

先生说："仲由弹瑟水平不高啊！为什么是我孔丘的弟子

呢！"弟子们开始不敬重子路。先生说："仲由已'入门'，又'升堂'了，只是还没有进内室罢了。"

**【导读】**

孔子不喜欢子路弹瑟，大概是子路选择的音乐不同《雅》《颂》一类的古乐。但是弟子们误以为子路弹瑟水平低，还没有入门，因此不尊敬子路。孔子便说："子路弹瑟已经升堂入门了，只是没有入室罢了。"

## 11.15

**子贡问："师与商也孰贤？"子曰："师也过，商也不及。"曰："然则师愈与？"子曰："过犹不及。"**

**【注释】**

"子张才高意广，而好为苟难，故常过中。子夏笃信谨守，而规模狭隘，故常不及……中庸之为德也，其至矣乎！夫过与不及，均也。差之毫厘，谬以千里。故圣人之教，抑其过，引其不及，归于中道而已。"（朱熹《论语集注》）

**【译文】**

子贡问："子张与子夏谁更贤明一些？"先生说："子张做人孟浪了一点，子夏小心了一点。"又问："这样是不是子张好一点呢？"先生说："孟浪与小心是一样的缺点。"

**【导读】**

中庸之道义在超越两端，两端即是过与不及。过与不及就是两端，如同阴与阳，独阴、独阳都不好，必须阴阳兼顾才是。

## 11.16

**季氏富于周公，而求也为之聚敛而附益之①。子曰："非吾徒也。小子鸣鼓而攻之，可也。"**

【注释】

①"季氏……益之"："据《左传》：季氏要用田赋制度，增加赋税，使冉求征求孔子的意见，孔子主张'敛从其薄'。结果冉求仍旧听从季氏，实行田赋制度。"（杨伯峻《论语译注》）

【译文】

季氏比周天子的近臣周公黑肩都要富裕，尽管这样，冉求还在为季氏搜刮民财而增加季氏的财富。先生说："冉求已经不是我的弟子了，你们众弟子可以大张旗鼓地声讨他了。"

【导读】

季氏之富超过周朝的公侯，按周礼已经过了，而冉求继续为季氏增加财富，搜刮民财。孔子很愤怒，责骂冉求，让大家讨伐冉求。从本章文字我们可以看出孔子有以下的思想：一者藏富于民，不要搜刮民财；二者诸侯不宜增加财富，尤其是鲁国大夫更不宜有太多财富。这样既不利于中央集权，也不利于鲁国王室，如此下去就会尾大不掉，天下四分五裂。

## 11.17

**柴也愚，参也鲁，师也辟，由也喭[①]。**

**【注释】**

①"柴也……也喭"：柴：高柴，字子羔，孔子学生。

"愚，愚直。鲁，鲁钝。辟，偏辟。喭，刚猛。"（钱穆《论语新解》）

"愚笨、迟钝、偏激、鲁莽。"（杨伯峻《论语译注》）

**【译文】**

高柴愚笨，曾参迟钝，子张偏激，子路莽撞。

**【导读】**

本章是孔子对其四弟子的描述，各有千秋，性格不同，特点明显，同时希望他们互相学习、互为补充，向中庸之德靠近，即愚而智、鲁而明、辟而和、喭而柔。

## 11.18

**子曰："回也其庶[①]乎，屡空[②]。赐不受命[③]，而货殖[④]焉，亿臆[⑤]则屡中。"**

**【注释】**

①庶：庶，庶几，差不多，一般用在称赞的场合。

②空："'贫'和'穷'在古代有时有些区别，财货的缺少叫贫；生活无着落，前途无出路叫穷。'空'字却兼有这两方面的意思。"（杨伯峻《论语译注》）

③不受命："不安本分。"（杨伯峻《论语译注》）

"（古代商贾由公家主持）没有受公家之命而经营货殖。"（钱穆《论语新解》）

④货殖：做买卖。

⑤亿：通"臆"。预料，揣度。

**【译文】**

先生说："颜回的道德学问水平已经很高了，差不多到顶了！然而家中贫困，四壁空空。端木赐却不接受命运的安排，做起了生意，常常不失手，每每盈利丰厚。"

**【导读】**

孔子在比较颜回与子贡。颜回好学近道，但是贫困；而子贡没有接受公家之命，反而去经营货殖，获利很大。由此可见，人之材具不同，命运也相异，人生的理想就是尽性达命。

## 11.19

**子张问善人之道①。子曰："不践迹，亦不入于室②。"**

**【注释】** _____

①善人之道："如何使人变好。"（李泽厚《论语今读》）

"善人的行为。"（钱穆《论语新解》）

②"不践……于室"："善人质美，行事一本天性，故能不践迹，即不依成法。此言其未经学问，虽亦能善，而不到深奥处。"（钱穆《论语新解》）

"善人不踩着别人的脚印，学问道德也难以到家。"（杨伯峻《论语译注》）

## 【译文】

子张向先生求教于学习善人的方法。先生说："不沿着善人的脚步向前走，就不能够学到精微处。"

## 【导读】

本章是关于子张问孔子做善人的道理。孔子对子张讲要循途守辙，循序渐进，否则入不了圣人之门。子张在孔门弟子中，开拓精神强，有向外扩张意识，独为阔步，往往有过度、过分违礼之嫌，所以说"师也辟，师也过"，师就是子张。孔子回答子张的问题，既针对问题本身，还有因材施教的考虑。

## 11.20

子曰："论笃是与①，君子者乎？色庄②者乎？"

## 【注释】

①论笃是与：与，许与义。"这是'与论笃'的倒装形式，'是'是帮助倒装之用的词。"（杨伯峻《论语译注》）

"但听他议论笃实，就赞许他。"（钱穆《论语新解》）

②色庄："犹言色厉，外容庄严，而心其实不然。"（钱穆《论语新解》）

## 【译文】

先生说："言论诚恳实在就可以赞扬吗？是真正的君子呢？

还是伪装出来的庄严君子呢？"

## 【导读】

本章的准确意思应该是：仅以一个人的言语笃实就赞许他，是不行的。是不是君子以言语、外表来判断是不够的。因为很多君子是伪装出来的，诸如"巧言令色，足恭"者，"色厉而内荏"者，"狂而不直"者，"侗而不愿"者，"悾悾而不信"者，比比皆是，很容易看错人。如果我们从本章继续深入进去，一方面孔子在尊立仁义礼乐等，但是另一方面孔子又担心这些立起来的东西被虚伪化，背离了仁义礼乐的真情真义。老庄反对儒家正是在此，而孔子担心也在此。

11.21

子路问："闻斯行①诸？"子曰："有父兄在，如之何其闻斯行之？"

冉有问："闻斯行诸？"子曰："闻斯行之。"

公西华曰："由也问闻斯行诸，子曰'有父兄在'；求也问闻斯行诸，子曰'闻斯行之'。赤也惑，敢问。"子曰："求也退，故进之；由也兼人②，故退之。"

## 【注释】_____

①闻斯行：谓闻义即当勇为。（或说：此专指赈穷救乏之事）可译为"听到了就去做"。

②兼人：或说"胜人"，或说"勇为"，或说"一人可兼两人事"。

**【译文】**

子路问："听到了就做吗？"先生说："有父亲、兄长在，怎么能不问问他们就行动呢？"

冉有问："听到了就做吗？"先生说："听到了就做。"

公西华问："仲由问'听到了就做吗'，先生说'有父亲与兄长在，岂能不问问他们呢！'冉求也问'听到了就做吗'，先生说'听到了就做'。弟子很疑惑，相同的问题，回答却不同，所以斗胆问先生。"先生说："冉求谨慎有余，所以要鼓励；仲由莽撞有余，所以要往回拉。"

**【导读】**

本章是孔子因材施教的典范。对子路这样好勇过人、欠缺缜密思考的人，要去请示一下自己的父兄，正好在请示当中得以纠正；对自言自己"力不足者"的冉有，则予以鼓励，听到了就去实行它。可以说因材施教正是中庸思想在教育方面的体现。

## 11.22

子畏于匡，颜渊后。子曰："吾以女汝为死矣。"曰："子在，回何敢死①？"

**【注释】** _____

①子在，回何敢死："《论语正义》《曲礼》云：'父母在，不许友以死。'颜子事夫子犹父。"（李泽厚《论语今读》）

**【译文】**

先生在匡地受到围困，颜回最后逃出来。先生说："我以为你死了！"颜回说："先生在，颜回岂敢先死呢？"

**【导读】**

我们可以从他们师徒的对话中，体会孔门弟子之间关系的真诚、坦荡、直率，还有他们对于经受灾难、危险的乐观通达。

## 11.23

季子然<sup>①</sup>问："仲由、冉求可谓大臣与？"子曰："吾以子为异之问<sup>②</sup>，曾<sup>③</sup>由与求之问。所谓大臣者，以道事君，不可则止。今由与求也，可谓具臣<sup>④</sup>矣。"

曰："然则从之者与<sup>⑤</sup>？"子曰："弑父与君，亦不从也。"

**【注释】** _____

①季子然：季氏子弟，姓季孙，名平子，字子然。

②吾以子为异之问：异，异事。我以为你会问别的事情。

③曾：乃，原来是。

④具臣："备位充数之臣。"（钱穆《论语新解》）

"具备了相当才能的臣属。"（杨伯峻《论语译注》）

⑤从之者与："那么他们是肯听话的人吧？"（钱穆《论语新解》）

**【译文】**

季子然问："仲由、冉求能当大臣吗？"先生说："我以为你问的是别人，原来是问仲由、冉求呢！大臣是以忠义侍奉国君，若不能以忠义侍奉就挂冠而离去的人。现在仲由与冉求正是具有这种德才的臣子。"

又问："那么他们是一切都顺从的人吗？"先生说："杀害父亲与国君的事，他们是不会服从的。"

**【导读】**

本章重点在以道事君，不可则止。所谓以道事君，实际就是用道来要求君，君所为者符合道则全力以赴，不符合道则挂冠而去，绝不助纣为虐。

### 11.24

子路使子羔为费宰。子曰："贼①夫人之子。"

子路曰："有民人焉，有社稷②焉，何必读书，然后为学？"

子曰："是故恶夫佞者。"

**【注释】**

①贼：害义。"学未成熟，使之从政，适以害之。"（钱穆《论语新解》）

②社稷：社，土神。稷，谷神。二者共祀于一坛。

【译文】

子路任命子羔担任费地的管理者。先生说："伤害人家的孩子。"

子路说："那里有人民，有土地与五谷，何必一定要读书，才算是学习呢？"

先生说："所以我讨厌那些巧言善辩的人！"

【导读】

子路犯了两个错误：一者不考虑费地为官之险恶，也不考虑子羔的实际情况，即年轻、学业未成、尚不具备在费地为官的能力，所以孔子反对。二者谓治民事神都是学习，不只是读书才是学习，强词夺理，以在为政中学习为由辩驳，所以孔子恶其佞也。佞就是狡辩的意思。

## 11.25

子路、曾皙①、冉有、公西华侍坐。

子曰："以吾一日长乎尔，毋吾以也②。居③则曰：'不吾知也！'如或知尔，则何以哉？"

子路率④尔而对曰："千乘之国，摄乎大国之间，加之以师旅，因之以饥馑，由也为之，比及⑤三年，可使有勇，且知方也。"

夫子哂之。

"求！尔何如？"

对曰："方六七十，如五六十⑥，求也为之，比及三年，可使足民。如其礼乐⑦，以俟君子。"

"赤！尔何如？"

对曰："非曰能之，愿学焉。宗庙之事，如会同⑧，端章甫，愿为小相⑨焉。"

"点！尔何如？"

鼓瑟希<sub>稀</sub>，铿尔⑩，舍瑟而作⑪，对曰："异乎三子者之撰。"

子曰："何伤⑫乎？亦各言其志也。"

曰："莫<sub>暮</sub>春者，春服既成，冠者五六人，童子六七人，浴乎沂⑬，风乎舞雩⑭，咏而归。"

夫子喟然叹曰："吾与⑮点也！"

三子者出，曾皙后。曾皙曰："夫三子者之言何如？"

子曰："亦各言其志也已矣。"

曰："夫子何哂由也？"

曰："为国以礼，其言不让，是故哂之。"

"唯求则非邦也与？"

"安见方六七十如五六十而非邦也者？"

"唯赤则非邦也与？"

"宗庙会同，非诸侯而何？赤也为之小，孰能为之大？"

【注释】_____

①曾皙（xī）：曾参的父亲，名点，也是孔子的学生。

②"以吾……以也"：孔子说，我虽年长于尔辈，然勿以我长而难言。毋，又同"勿"。以，同"已"，停止。

③居：平常，平时。

④率：轻率义。或说，急猝义。

⑤比及：比，等到的意思。

⑥如五六十：如，或者。言方六七十里与方五六十里之间的小国。

⑦如其礼乐：如，至于。言至于礼乐方面，需要等待君子来治理。

⑧会同：指与诸侯相会见。两诸侯见叫"会"，许多诸侯一起见，叫"同"。

⑨端章甫，愿为小相：端，古代礼服之名。章甫，古代礼帽之名。相，相礼者，也称傧相。

⑩鼓瑟希，铿（kēng）尔：希，瑟声稀落。以手推瑟而起，其声铿然。

⑪作：站起来。

⑫伤：妨害，妨碍。

⑬沂：水名。

⑭风乎舞雩（yú）：风，动词，吹风，乘凉。舞雩，祭天祷雨之处，其处有坛有树，祈雨时有乐舞，所以称舞雩。

⑮与：赞同。

**【译文】**

子路、曾点、冉有与公西华围着先生坐在一起。

先生说："因为我比你们年长一点，不要因此而拘束。平时总是说：'没有人知道我的才干！'假如有人知道你们的才干，你们将怎么样做？"

子路不加思索地说："一个拥有一千辆战车的国家，被夹在大国中间，如果外部遭受侵略，国内又遇到饥馑，不到三年，我一定会使人民勇敢，而且遵守礼义。"

先生笑了。

先生问："冉求，你怎么样？"

答道："方圆六七十里，或者五六十里大小的国家，不到三年，我可以使民众丰衣足食。至于能否知礼乐，有待于君子。"

"赤，你呢？"

答道："不敢说能做些什么，愿意学习祭祀、会盟之类的事，戴着礼帽，做一傧相罢了。"

"点，你怎么样呢？"

曾点弹奏的声音变小，铿的一声，放下琴瑟，站了起来，回答说："我和他们三人讲的不一样。"

先生说："无妨，各自说自己的志向罢了。"

"暮春时节，天气暖和了，夹衣已经可以穿了。与成年男子五六人，还有六七个儿童，到沂水河洗澡，去舞雩台上吹风乘凉，然后唱着歌，缓步回家。"

先生听后，长叹一声，说："我赞同曾点的志向。"

子路、冉有、公西华先离开，曾点后离开。曾点问道："他们三人的理想怎么样呢？"

先生说："每个人谈谈自己的志向罢了。"

问道："先生为何笑仲由呢？"

先生说："治理国家要礼让，他言语不谦让，所以笑他。"

"难道冉求不是治国吗？"

"怎么能说方圆六七十里与五六十里的地方不是国家呢？"

"难道赤不是治国吗？"

"祭祀、会盟，不是诸侯是什么呢？赤如果仅做一小相，谁还能做大相呢？"

## 【导读】

本章弟子四人各谈其理想，实际在谈用礼乐治国，但是层次不同。子路说用三年时间，可使国家不受侵略，并且可使人民勇敢，遵守礼义。当然也只有使人民遵守礼义，国家才会富足独立。但是子路不知礼义之精神在于礼让，所以孔子哂之。

冉求说用三年时间可以使一个小国的人民生活富足，至于用礼乐教化还得等待君子。冉求的治国思想符合孔子富而后教的教导。其实，富而后教不是说人富裕以后才行教化，教化寓于人民生活之中。所谓后教，只是说生活问题、生产问题放在中心地位，但是生产、生活本身与礼乐教化是融于一体的，"入则孝，出则弟，谨而信"是须臾不可分离的。在古代，人们也常常将生活与生产礼乐化，比如有打夯歌、上梁歌，就是一种说明。

公西华更是希望以礼乐作为自己的理想，用礼乐完成国与国之间的合盟，用礼乐构建人与人之间、人与神之间、人与天地之间的和谐关系。

曾点较之上面三弟子相同处仍在倡导礼乐，比如"风乎舞雩，咏而归"，所不同处，曾点已经将礼乐与自身的生活、内心融于一体了。而上面三弟子只是在用礼乐教化百姓，而把自己仍放在礼乐之外，尚没有使自己的心融于其中罢了。所以孔子说："吾与点也。"

# 颜渊第十二

（共24章）

## 12.1

颜渊问仁。子曰："克己复礼①为仁。一日克己复礼，天下归仁②焉。为仁由己，而由人乎哉？"

颜渊曰："请问其目③。"子曰："非礼勿视，非礼勿听，非礼勿言，非礼勿动。"

颜渊曰："回虽不敏，请事斯语矣。"

【注释】_____

①克己复礼："约束自己来践行礼。"（钱穆《论语新解》）

②一日克己复礼，天下归仁："有一天都这么做，那中国就都回到'仁'。"（李泽厚《论语今读》）

"只要一天能这样，便见天下归入我心之仁了。"（钱穆《论语新解》）

"一旦这样做到了，天下的人都会称许你是仁人。"（杨伯峻《论语译注》）

③目：具体的条目。目与纲相对。

【译文】

颜回问怎么样才是仁。先生说："克制自己的私欲，使言行合乎礼义，就是仁。能一日克制自己的私欲，一日合乎礼义，天下就称许你是仁人了。成为仁人，在于自己的努力，难道在于别人吗？"

颜回问："请问具体的方法是什么？"先生说："不合乎礼义者不看，不合乎礼义者不听，不合乎礼义者不说，不合乎礼义者不做。"

颜回说："我虽然不聪敏，让我努力照着您的话去做吧！"

## 【导读】

本章有三层思想。一者仁与礼之统一关系。仁是礼的精神，礼是仁的具体条目，仁与礼是统一的。二者克己方能复礼为仁。己者是己之私心、己之私欲，复礼为仁，就必须考虑自己以外的人，将自己以外的人的共同心、共同愿望找出来，这便是仁心，即是我与人之同然心，但是此心常常被私欲、私心所蒙蔽，所以克掉私心、私欲，才能回到此仁心上。三者克服此私心、私欲，找回仁心的具体方法，就是用礼的具体条目要求自己，非礼勿视，非礼勿听，非礼勿言，非礼勿动。将一切行为都纳入礼的轨道，日子久了，私心、私欲便没有了，仁心便恢复了。

## 12.2

**仲弓问仁。子曰："出门如见大宾，使民如承大祭。己所不欲，勿施于人。在邦无怨，在家无怨①。"**

**仲弓曰："雍虽不敏，请事斯语矣。"**

①在邦无怨，在家无怨："在家，谓仕卿大夫。在邦国中，在家族中，皆无所怨。"（钱穆《论语新解》）

"在工作岗位上不对工作有怨恨，就是不在工作岗位上也没有怨恨。"（杨伯峻《论语译注》）

"邦，指诸侯的国家；家，指卿大夫的家。这两句是说到处与人和平相处。意为'无论在什么地方，都不要使人怨恨'。"（毛子水《论语》）

**【译文】**

仲弓问怎么样才是仁。先生说："出门办事如同要见贵客，劳役人民如同进行祭祀一样诚敬。自己不愿意做的，不要强加给别人。为国服务没有怨言；没有机会为国家做事，在家里也无怨言。"

仲弓说："我虽不聪敏，愿意遵守此语去行动。"

**【导读】**

本章关于实行仁的方法有三层意思。第一，以敬待民，以敬使用民力。第二，奉行恕道，即己所不欲勿施于人。第三，无怨无悔，不迁怒，不贰过。不迁怒不贰过即无悔。这是使自己无怨，还要使周围人无怨，对自己无怨，敬别人，爱别人，谦卑待人就会无怨。上述三条综合言之无非是主敬行恕。程子将"克己复礼为仁"归于乾道，意在主动积极且外在；将主敬行恕归于坤道，意在消极而内在。

## 12.3

司马牛①问仁。子曰："仁者，其言也讱②。"

曰："其言也讱，斯谓之仁已乎？"子曰："为之难，言之得无讱乎③？"

**【注释】**

①司马牛："《史记·仲尼弟子列传》云：'司马耕，字子牛。牛多言而躁。'根据司马迁的这一说法，孔子的答语是针对问者'多言而躁'的缺点而说的。"（杨伯峻《论语译注》）

②讱：迟钝，话难说出口，慎重。

③为之难，言之得无讱乎："做起来不容易，说话能够不迟钝吗？"（杨伯峻《论语译注》）

**【译文】**

司马牛问怎样才是仁。先生说："仁人，说话很谨慎而且木讷。"

问道："说话木讷，就称之为仁人吗？"先生说："做起来很难，说话不木讷行吗？"

**【导读】**

本章孔子关于仁的回答有很强的针对性，孔子针对牛"多言而躁"的缺点，要求司马牛先行后言，即"讱"。讱不是仁的全部，只是仁的开始，是学习仁的门径。司马牛首先要改掉躁而多言的毛病，这是学习仁的第一步，如果这一步都不能做到，学习仁是不可能的，知道再多的关于仁的理论也是枉费。

## 12.4

**司马牛问君子。子曰："君子不忧不惧。"**

**曰："不忧不惧，斯谓之君子已乎？"曰："内省不疚，夫何忧何惧？"**

## 【译文】

司马牛问怎么样才是君子。先生说："君子不忧愁，也不惧怕什么。"

问道："不忧愁、不惧怕什么，就是君子吗？"先生说："内省无悔，有何忧愁有何惧怕的呢？"

## 【导读】

本章是司马牛问君子。孔子仍然不告诉他什么是君子，只告诉他君子有一个特点就是不忧不惧。孔子曾经说过"君子坦荡荡，小人长戚戚"，所以如果能做到不忧不惧也就离君子的要求近了一些。从上章中我们知道司马牛多言而躁，一般而言多言而躁者往往忧惧多，所以孔子因材施教，告诉司马牛只有内省不疚，才会不忧不惧。如何内省不疚呢？首先是应不妄言，做到"讱"，就不会为自己的言语而内疚。其次是不做亏心事，就不会为自己的行为内疚。每天都这样要求自己，就不忧不惧了。当然如果还能树立"尽人事，听天命"的理念，凡事只要尽心尽力，从善心出发，不计较得失，不顾忌后果，只求问心无愧，就会"君子无入而不自得也"。

## 12.5

司马牛忧曰："人皆有兄弟，我独亡<sub>无</sub>。"子夏曰："商闻之矣：死生有命，富贵在天。君子敬而无失<sup>①</sup>，与人恭而有礼。四海之内皆兄弟也。君子何患乎无兄弟也?"

**【注释】**

①敬而无失：做事能敬，没有差失。

**【译文】**

司马牛忧愁地说："别人都有兄弟，唯我没有。"子夏说："我听说：'生死有定数，富贵在于上天，不是人自己能改变的。'君子待人诚敬，而且无缺憾，与人谦恭而有礼貌，四海之内都是兄弟呀! 君子不用担心没有兄弟的。"

**【导读】**

从上两章中我们知道司马牛躁而多言，忧惧心重。从本章中我们还得知司马牛心胸窄，对兄弟的看法狭隘。所以子夏开导他说"死生有命，富贵在天"，有没有兄弟不在于血缘关系，只要我们敬爱天下的同辈人，把他们当作兄弟看待，四海之内皆是兄弟。

## 12.6

子张问明。子曰："浸润之谮，肤受之愬，不行焉<sup>①</sup>，可谓明也已矣。浸润之谮，肤受之愬，不行焉，可谓远<sup>②</sup>也已矣。"

**【注释】**

①浸润之谮（zèn），肤受之愬（sù），不行焉："积累浸润的谗言，切肤之痛的诬告都行不通。"（李泽厚《论语今读》）

②远：远见，至明。

**【译文】**

子张问怎么样才算明达。先生说："点点滴滴像水一样浸透的谗言，像切肤一样剧烈疼痛的刻薄诬告，在你身上都不会发生作用，就是明达了。点点滴滴像水一样浸透的谗言，像切肤一样剧烈疼痛的刻薄诬告，你都不受影响，也就称得上有远见了。"

**【导读】**

本章重在考验一个领导者是否会听信谗言与诬告。浸润之谮是慢功、柔功、渐功，如果不能明察秋毫，对事物认识不透彻、不深刻，日积月累一定会受到迷惑；肤受之诉是刺人猛烈的快功，既猛烈，又使人难受，如果缺乏涵养，心胸狭窄，脾气暴躁，刚愎自用，就会上当受骗。因此明而不仁也许不会被"慢功"所征服，但是很难经受"快功"的考验。要想快、慢功都不起作用，必须既明且仁才行。

## 12.7

子贡问政。子曰："足食，足兵，民信之矣。"

子贡曰："必不得已而去，于斯三者何先①？"曰："去兵。"

子贡曰："必不得已而去，于斯二者何先？"曰："去食。自古皆有死，民无信不立。"

**【注释】**

①必不得已而去，于斯三者何先："遇不得已，兵、食、信三者不能兼顾，必去其一，则何者可先。"（钱穆《论语新解》）

**【译文】**

子贡问如何抓政事之要旨。先生说："粮食丰足，军队强大，以及人民信任政府。"

子贡问道："不得已而去掉一项，在三者中先去掉哪一项呢？"先生说："去掉军队之强大。"

子贡问道："不得已再去掉一项，在剩余两项中去掉哪一项呢？"先生说："去掉粮食丰足。自古以来人都是会死的，但是如果没有人民的信任，国家就保不住了。"

**【导读】**

孔子告诉子贡为政最重要的三条原则，即与民的信任关系是首要原则；其次是足食，足食必须以农为本，农以粮为纲；三是足兵，即国防。历史上商鞅变法之成功就是最好的说明，商鞅首先移木立信于民；其次提出奖励农耕；再次奖励军功。

### 12.8

棘子成①曰："君子质而已矣，何以文为？"子贡曰："惜乎！夫子之说，君子也。驷不及舌②。文犹质也，质犹文也。虎豹之鞹③犹犬羊之鞹。"

**【注释】**

①棘子成：卫国大夫。

②驷不及舌："驷，四马。古代四马驾一车。舌以出言，即脱口，四马追之不及。"（钱穆《论语新解》）

②鞹：皮去掉毛曰鞹。去掉毛，则虎豹与犬羊的皮没有区别。

**【译文】**

棘子成说："君子有他爱人的本质就可以了，为什么还要有礼乐的文饰呢？"子贡说："遗憾啊！您这样看待君子！一言既出，驷马难追。文如同质，质如同文，去掉毛的虎豹之皮，与去掉毛的犬羊之皮，是很相似的。"

**【导读】**

子贡从三个层面说明君子是文质的统一体：第一，君子言行一致，如果一个君子只求其质其行，不在意其言，就会成为一个慎行不谨言或者慎行而出狂语者，似乎有些疯癫，所以子贡说"驷不及舌"，行动重要，言语也重要；第二，文犹质也，质犹文也，质即孝悌忠信，文即礼乐，与孔子所说"文质彬彬，然后君子"意同；第三，以虎羊之皮做比喻，老虎之皮难道与犬羊之皮一样吗？

## 12.9

哀公问于有若曰："年饥，用不足，如之何？"

有若对曰："盍彻乎①？"

曰："二②，吾犹不足，如之何其彻也？"

对曰："百姓足，君孰与不足？百姓不足，君孰与足？"

**【注释】**

①盍彻乎：税田十取一为彻。盍，何不义。

②二：税田十取二。

**【译文】**

鲁哀公问有若："收成不好，开支不足，怎么办呢？"

有若回答道："为什么不推行十分抽一的实物地租制呢？"

说："抽十分之二，还不能满足费用开支，怎么能回到十分抽其一的彻税呢？"

回答道："百姓丰足了，国君岂能不丰足呢？百姓不丰足，国君岂能丰足！"

**【导读】**

本章有若讲了两个关系。其一，财政与经济的关系。经济是本，财政是末，如果本末倒置就会有杀鸡取卵之弊。其二，民富与国富的关系。民富是基础，只有民富才会国富。在两种关系中蕴含着一个中心思想，告诫哀公：民为本，节俭执政。

## 12.10

子张问崇德、辨惑。子曰："主忠信，徙义<sup>①</sup>，崇德也。爱之欲其生，恶之欲其死。既欲其生，又欲其死，是惑也。'诚不以富，亦祇以异<sup>②</sup>。'"

**【注释】**

①徙义：闻到义，即迁而从之。

②诚不以富，亦祇（zhī）以异："《诗经·小雅·我行其野》之词也。此错简，当在第十六篇齐景公有马千驷之上。因此下文亦有齐景公字而误也。"（朱熹《论语集注》）

**【译文】**

子张问怎么样提升道德与怎么样辨别迷惑。先生说："以忠孝信实为主，见义而变，唯义是从，就可以提升道德境界。爱一个人就希望他永远活着，憎恨一个人就希望他立即死去。既希望他活着，又希望他死，这就是迷惑。《诗》中有言：'不是嫌贫爱富，也是喜新厌旧。'"

**【导读】**

本章重在崇德、辨惑。崇德之要在于忠信徙义，忠信在孔子看来犹如忠恕，我用忠信待人，人也以忠信待我，互为忠信。但是如果不唯义是从，见义而徙也会趋于狼狈为奸，所以崇德之要必须徙义忠信。而能徙义者必须有智慧，否则何为义？何为利？忠恕即是仁，因此，徙义忠信实际上是仁智。至于辨惑在于好恶分明，所以孔子说"唯仁者，能好人，能恶人"。而仁与智是不分的，仁中有智，智中也会有仁，因此辨惑在于仁智。总之，崇德、辨惑就其根本而言是一个道理，全要在仁智方面下功夫，如此才会徙义忠信。

## 12.11

**齐景公问政于孔子。孔子对曰："君君、臣臣、父父、子子①。"公曰："善哉！信如君不君、臣不臣、父不父、子不子，虽有粟，吾得而食诸？"**

【注释】_____

①君君、臣臣、父父、子子："君要尽君道，臣要尽臣道，父要尽父道，子要尽子道。"（钱穆《论语新解》）

【译文】

齐景公问如何治理国家。孔子回答道："君要像君的样子，臣要像臣的样子，父亲要像父亲的样子，儿子要像儿子的样子。"齐景公说："太好了！实在是君若不像君，臣若不像臣，父不像父，子不像子，虽有粮食，我能吃得上吗？"

【导读】

本章孔子讲为政。与前文中为政之要在民信、足食、足兵是一致的。本章只讲取信于民这个根本。而取信于民重在礼法，礼法之根本在于孝悌忠信，孝悌忠信要求君臣父子各得其所，君臣父子各得其所在于正名。

## 12.12

子曰："片言可以折狱①者，其由也与②？" 子路无宿诺③。

**【注释】**

①片言可以折狱：折，断义。凭着片面之词便可判决案件。

②其由也与："子路忠信，绝无诬妄，即听其一面之词，亦可凭以断狱。"（钱穆《论语新解》）

"不过表示他为人诚实直率，别人不愿欺他罢了。"（杨伯峻《论语译注》）

③宿诺：宿，隔夜，留，久，旧。宿诺，拖了很久而没有兑现的诺言。

**【译文】**

先生说："从简单的问话中，就可以判断清楚案情，大概只有仲由吧！"子路没有过夜的承诺。

**【导读】**

本章言子路忠信明决，公正无私，办事果断，一诺千金。

## 12.13

子曰："听讼①，吾犹人也，必也使无讼乎！"

**【注释】**

①听讼：处理诉讼。

**【译文】**

先生说："审理案件的方法，我与别人是一样的。但我审案判案在于消灭案件，这是与人不同的。"

**【导读】**

听讼的目的在于无讼。这是孔子关于礼刑的思想，所以孔子主张以礼治国，辅之以刑，礼为本，刑为辅。

12.14

**子张问政。子曰："居之无倦<sup>①</sup>，行之以忠。"**

**【注释】**

①居之无倦："居，谓存诸心。无倦，则始终如一。"（朱熹《论语集注》）

"在职位上不疲倦懈怠。"（杨伯峻《论语译注》）

**【译文】**

子张问先生如何从政。先生说："在职位上要永不懈怠，忠于职守。"

**【导读】**

本章仍在说明为政之要在于民信，民信在于为政者忠信无倦。

## 12.15

子曰："博学于文，约之以礼，亦可以弗畔<sub>叛</sub>矣夫！"

**【注释】**

此章重出，见《雍也第六》6.25。

## 12.16

子曰："君子成人之美，不成人之恶。小人反是。"

**【译文】**

先生说："君子成全他人的美德美言美事，不盼着别人变坏变恶有灾祸，小人则相反。"

**【导读】**

君子与小人的区别：君子以己欲立而立人，己欲达而达人，所以推己及人以善；小人则己所不欲而施于人，所以推己及人以恶。

## 12.17

季康子问政于孔子。孔子对曰："政者，正也。子帅以正①，孰敢不正？"

**【注释】**

①子帅以正：你率先端正自己。

## 【译文】

季康子向孔子请教为政的道理。孔子回答道："政治，就是以端正进行治理。您带头走正路，谁还敢不跟随着走正路呢！"

## 【导读】

孔子继续讲述以民为信为从政之本，而民信在于齐之以礼，而齐之以礼在于君臣各得其所，而君臣各得其所在于君正臣直。所以说"其身正，不令而行"，又说"举直错诸枉，能使枉者直"。

## 12.18

**季康子患盗，问于孔子。孔子对曰："苟子之不欲，虽赏之不窃<sup>①</sup>。"**

## 【注释】

①"苟子……不窃"：欲，贪欲。意为"假如你不贪财，就是鼓励偷窃，也没人干。"（李泽厚《论语今读》）

## 【译文】

季康子担心盗贼之患，请教于孔子。孔子说："假如您无贪心，即使赏他偷盗，他也不敢。"

## 【导读】

本章继续讲齐之以礼，可以取信于民。而齐之以礼重在修身，修身莫过于寡欲，不贵难得之货。

## 12.19

季康子问政于孔子，曰："如杀无道，以就有道，何如？"孔子对曰："子为政，焉用杀？子欲善而民善矣。君子之德风，小人之德草。草上之风，必偃<sup>①</sup>。"

**【注释】**

① "君子……必偃"：君子的品德像风，百姓的品德像草。风吹在草上，草必定随风而倒。

**【译文】**

季康子请教于孔子如何治理国家，说："如果杀掉恶人，亲近良善，怎么样？"孔子回答道："您治理国家，怎么能用杀戮的方法呢？您想向善的方向发展，百姓怎么能不向善呢！君子之德，像风一样；普通民众之德，像草一般，草必随风而倒。"

**【导读】**

本章仍在讲为政之要在于为政者修身以德，堪为百姓之楷模，尽可能齐之以礼，不要齐之以刑。

## 12.20

子张问："士何如斯可谓之达矣？"子曰："何哉，尔所谓达者？"子张对曰："在邦必闻，在家必闻<sup>①</sup>。"子曰："是闻也，非达也。夫达也者，质直而好义，察言而观色，虑以下人<sup>②</sup>。在邦必达，在家必达。夫闻也者，色取仁而行违，居之不疑<sup>③</sup>。在邦必闻，在家必闻。"

## 【注释】

①在家必闻：在卿大夫家中，也必然有名闻。

②虑以下人：从内心愿意对别人退让，甘居人下。

③"色取……不疑"："表面上爱好仁德，实际行为却不如此，自己竟以仁人自居而不加疑惑。"（杨伯峻《论语译注》）

## 【译文】

子张问道："士怎么样才叫通达？"先生说："你说的通达是什么意思呢？"子张回答道："在朝廷做官一定名声显赫，在家不做官也同样名声显赫。"先生说："你说的是名声，不是通达。所谓的通达，是指内在的，质朴正直，唯义是从，善于观察别人的言语与脸色，以恰当的方式对待别人，同时对人谦卑。这样的人在朝为官必然通达，在家处理家务与乡邻诸事也一定通达。而具有好名声者未必通达，他们表面仁义，实际却相反，社会对其虚伪的表面现象没有怀疑，所以他们无论在朝还是在野，都有好名声。"

## 【导读】

本章重在讲"达"与"闻"的区别。就表面而言，达与闻似乎一样，但就本质而言完全不同。"达"者直而好义，"闻"者伪而好利；"达"者谦下和蔼，"闻"者居仁不让；"达"者言行一致，"闻"者色仁形违；"达"者以诚，"闻"者以伪。

## 12.21

樊迟从游于舞雩之下，曰："敢问崇德、修慝①、辨惑。"子曰："善哉问！先事后得②，非崇德与？攻其③恶，无攻人之恶，非修慝与？一朝之忿，忘其身，以及其亲，非惑与？"

**【注释】**

①修慝（tè）："慝，恶之匿于心。修，治而去之。专攻己恶，则己恶无所匿。"（钱穆《论语新解》）

"消除别人对自己隐藏的怨恨。"（杨伯峻《论语译注》）

②先事后得：先付出劳动，然后收获。

③其：指自己。

**【译文】**

樊迟跟从先生在舞雩台下游学，说道："斗胆向先生请教什么是崇德（提升道德）、修慝、辨惑（对大是大非的判断力）的道理。"先生说："好问题！先做事，后求回报，不就是崇德吗？批评自己，不言人非，不就是修慝（修正自己思想深处的错误）吗？忍不住一时的气愤，而忘乎所以，置自己与亲人们的安危于不顾，不就是迷惑吗？"

**【导读】**

崇德之要在于先事后得。先事后得就是唯义是从，不计利害。修慝重在反求诸己，严以律己，宽以待人。辨惑在于戒躁戒忿，还要有远虑。孔子回答樊迟所问之崇德、辨惑与回答子张略有不同，但精神实质是一致的。

## 12.22

樊迟问仁。子曰："爱人。"问知<sub>智</sub>。子曰："知人。"

樊迟未达①。子曰："举直错诸枉，能使枉者直②。"

樊迟退，见子夏，曰："乡③也吾见于夫子而问知，子曰'举直错诸枉，能使枉者直'，何谓也？"

子夏曰："富哉言乎！舜有天下，选于众，举皋陶④，不仁者远矣。汤有天下，选于众，举伊尹⑤，不仁者远矣。"

【注释】

①未达：不明白。

②"举直……者直"：参见《为政第二》2.19。

③乡：从前、刚才。

④皋陶：舜的臣子。

⑤伊尹：汤的辅臣。

【译文】

樊迟问什么是仁。先生说："爱人。"问什么是智。先生说："善于识人。"

樊迟没有领会。先生说："把正直有德的人任用在不正直、缺德的人的上面，这样能使不正直、缺德的人变成正直有德的人。"

樊迟退了出来，见到了子夏，说道："方才我见到先生，问什么是智，先生说：'任用正直有德者，能使不正直缺德者变成正直有德者。'是什么意思呢？"

子夏说："先生讲得好丰富啊！舜拥有天下，选拔了皋陶，不仁者就被疏远了。商汤拥有了天下，选拔了伊尹，不仁者就被疏远了！"

樊迟问仁与智。孔子说仁就是"爱人"，爱人就是能推己及人。人人都希望得到别人的爱，那么别人也希望得到我的爱，所以人与人之间的相爱就是"仁"。关于"智"，孔子说最大的智莫过于知人，知人就能用好人，把正直的人放在邪恶的人上面，就会使邪恶的人向正直人的方向转变。舜选用贤者皋陶，不贤者就自然退出；汤选用伊尹，不贤者也就远离。因此，最高的智慧是知人，但是要正确用人，必须仁智合一者方能胜任。

## 12.23

子贡问友。子曰："忠告而善道<sub>导</sub>之，不可则止，无<sub>毋</sub>自辱焉①。"

【注释】

①"忠告……辱焉"："友所以辅仁，故尽其心而告之，善其说以道之。然以义合者也，故不可则止。若以数而见疏，则自辱矣。"（朱熹《论语集注》）

【译文】

子贡问如何对待朋友。先生说："对朋友的缺点与错误，要诚恳地告诉他，同时要讲究方法引导他改正，如果无效果则停止，不要自找羞辱。"

孔子在讲为友之道，要点如下：第一，直道待友，给朋友讲真话，抒真情，不可匿怨，还要直言劝过；第二，适可而止，把握好分寸，否则也会"朋友数，斯疏矣"，甚至"朋友数，斯辱矣"。

## 12.24

曾子曰："君子以文<sup>①</sup>会友，以友辅仁。"

**【注释】**

①文："文者，礼乐文章。"（钱穆《论语新解》）

**【译文】**

曾子说："君子常常以讨论文章与学问而进行交流，聚会朋友，同时依靠朋友相互劝勉而培养仁德。"

**【导读】**

曾子主张以礼、乐、《诗》、《书》作为交朋友的手段，以互相帮助培养"仁德"作为交友的目的。

# 子路第十三

（共30章）

## 13.1

子路问政。子曰：“先之，劳之①。”请益②。曰：
“无倦。”

【注释】_____

①先之，劳之：“自己给百姓带头，然后让百姓勤劳地工
作。”（杨伯峻《论语译注》）

“以身先之，以劳使民。”（钱穆《论语新解》）

“先之，一切政教当以自身躬行在先；劳之，要民信服，须
为民事而勤劳。”（毛子水《论语》）

②请益：要求多讲一些。

【译文】

子路问为政的道理。先生说：“自己要以身作则，使人民勤
俭。”子路请先生再多讲一些。先生说：“不知疲倦。”

【导读】

本章仍在讲为政之要重在取信于民而后劳其民，并且要持之
以恒。取信于民重在以身作则，先为民之榜样。

## 13.2

仲弓为季氏宰，问政。子曰："先有司<sup>①</sup>，赦小过，举贤才。"

曰："焉知贤才而举之？"曰："举尔所知。尔所不知，人其舍诸？"

**【注释】**

①先有司："给工作人员带头。"（杨伯峻《论语译注》）

"诸事先责成下面的有司。"（钱穆《论语新解》）

**【译文】**

子路做了季氏的总管，问如何为政。先生说："先建立组织，明确岗位职责；然后严考核，在考核过程中可以赦免小的过错；再提拔在工作中表现突出的贤才。"

问道："怎么样才能知道贤才？"先生说："推举你所发现的。你没有发现的人才，别人难道不会发现吗？"

**【导读】**

本章所问乃是季氏之家政，孔子谈了三条原则：首先，诸事责成下面的官员办理，并对他们进行考核，这样各司其职、己逸司劳、事事详备；其次，大的失误不得不予以惩罚，小的过失则可以赦免，这样做则刑不滥用而人心悦服；第三，一则不断任用自己熟悉的人才，一则发现人才予以妥当地提拔与重用，否则百职会因不得其人而废。

## 13.3

子路曰：“卫君<sup>①</sup>待子而为政，子将奚<sup>②</sup>先？”

子曰：“必也正名乎！”

子路曰：“有是哉，子之迂也！奚其正？”

子曰：“野哉由也！君子于其所不知，盖阙如<sup>③</sup>也。名不正，则言不顺；言不顺，则事不成；事不成，则礼乐不兴；礼乐不兴，则刑罚不中；刑罚不中，则民无所措手足。故君子名之必可言也，言之必可行也。君子于其言，无所苟<sup>④</sup>而已矣。”

**【注释】**＿＿＿＿＿＿＿＿＿＿＿＿＿＿＿＿＿＿＿＿＿＿＿＿＿＿

①卫君：卫出公，名辄。

②奚：什么。

③盖阙如：阙疑的样子。阙，同“缺”，存疑。

④苟：马马虎虎。

**【译文】**

子路问道：“如果卫国国君请求先生治理卫国，先生首先做什么？”

先生说：“一定是正名吧！”

子路说：“有这么做的吗？先生真有点迂腐，为什么要正名？”

先生说：“仲由啊，你真莽撞！君子对于自己不知道的，总是不妄下结论，像缺失什么一样！名分不正，说话就不顺；说话不顺，事情就难以做成；事情难以做成，礼乐制度就难以兴建；礼乐制度不能兴建起来，刑罚就不能公正地推行；刑罚不能公正地推行，民众就手足无措。所以君子定名分必有可以说的实际内容，有实际内容，也就容易行得通。君子对于所说的，一定要认真，不能马马虎虎。"

**【导读】**

本章有关于正名的理论意义，又有关于正名的现实意义。为政之要在于齐之以礼。礼之要在于分，分之要在于名。名分确立，即为正名。名不正，则上下不辨，亲疏远近无序，是非不明；是非不明，则礼刑不中；礼刑不中，则纲纪混乱，国将不国。总之，正名是行礼制的关键。关于正名的问题，孔子与子路是针对卫国进行讨论的，当时正是卫出公辄辄担任国君。卫出公是卫灵公的孙子，卫灵公死时，本应由卫出公的父亲蒯聩继位，但是蒯聩因为谋杀南子不成，逃亡至晋国，所以卫灵公死时，南子让公子郢继位，公子郢推辞不干，于是蒯辄继位。逃走的蒯聩并不死心，在晋国的帮助下，想夺走君位，但被卫出公蒯辄出兵拒之而未果。此时若孔子出来佐政，以正名为先，就面临蒯辄继位的合礼性问题。子路出言不逊，责备孔子迂腐，大概以为孔子会废辄而迎立聩。在现实中孔子究竟如何对待此事，自古以来注释有很多种，并没有形成定论。

13.4

**樊迟请学稼**①，**子曰："吾不如老农。"请学为圃**②。**曰："吾不如老圃。"**

**樊迟出。子曰："小人哉，樊须也！上好礼，则民莫敢不**

敬；上好义，则民莫敢不服；上好信，则民莫敢不用情。夫如是，则四方之民襁负其子而至③矣，焉用稼？"

**【注释】**

①稼：种五谷曰稼。

②圃：种菜蔬之地曰圃。

③襁（qiǎng）负其子而至：民众会背负自己的孩子来投奔。

**【译文】**

樊迟请教学习种庄稼的事。先生说："我不如老农夫。"请求学习种菜。先生说："我不如老菜农。"

樊迟出去了。先生说："平庸啊！樊迟！上位者喜好礼，百姓就不敢对人不恭敬；上位者喜好义，百姓就不敢不心服领导；上位者喜好信实，百姓就不敢不动用真性讲实话。如果能做到这些，四方的百姓就会用布兜背着婴孩前来投奔，你怎么会亲自种植庄稼呢？"

**【导读】**

本章孔子在讲为政大要。为政大要在于修身以德，齐之以礼，而不在于为政者做具体的事务，诸如亲自种庄稼之类。试想为政者如果事事亲为，就难以抓住治国的要领，百事则会荒废。本章孔子只是在讲为政之大要，不存在鄙视农业等，也不存在孔子要造就一批四体不勤、五谷不分的寄生虫。

## 13.5

子曰："诵《诗》三百，授之以政，不达；使于四方，不能专对①；虽多，亦奚以为②？"

**【注释】**

①专对："古代使节只接受使命，至于如何去交涉应对，只能随机应变，独立行事，这便叫作'受命不受辞'，也就是这里的'专对'。"（杨伯峻《论语译注》）

②亦奚以为：（虽再多学）又有什么用呢？

**【译文】**

先生说："能诵读《诗》三百篇，推荐他治理国家，却不会治理；委派他出使周围的国家，却不能独立地与他国进行交涉，读书虽然很多，又有什么用呢？"

**【导读】**

在西周时代，《诗经》是培训政治人才重要的教科书。孔子反对死读书，反对学《诗经》而不能致用。

## 13.6

子曰："其身正，不令而行；其身不正，虽令不从。"

**【译文】**

先生说："自己做人端正了，用不着命令下属，他们会自觉地跟着端正自己；自己做人不端正，即使命令下属，他们也不会服从的。"

**【导读】**

孔子讲修身在治国方面的作用，也有身教胜于言教的含义。

## 13.7

子曰："鲁、卫之政，兄弟也①。"

**【注释】**

①鲁、卫之班，兄弟也："鲁，周公之后。卫，康叔之后。本兄弟之国，而是时衰乱，政亦相似，故孔子叹之。"（朱熹《论语集注》）

**【译文】**

先生说："鲁国与卫国的政治，像兄弟一样相似。"

**【导读】**

本章实际在讲鲁、卫两国的关系。立国之时，鲁国是周公旦的封地，卫国是周公旦弟弟康叔的封地，有兄弟之谊。如今两国的政治都处于衰败之秋，并且鲁国为臣属所掌控，所谓非君非臣，卫国则父子争权，父不父，子不子，何其相似也，且互为影响。

## 13.8

子谓卫公子荆①，"善居室②。始有③，曰'苟合④矣'。少有⑤，曰'苟完⑥矣'。富有⑦，曰：'苟美⑧矣'。"

①卫公子荆：公子荆，卫国大夫，曾担任过宰相，被吴季札认为是当时的君子之一。

②善居室：善于处理家业。

③始有：刚有一点。

④苟合：差不多够多。合，聚。

⑤少有：增加一点。

⑥苟完：差不多完备了。

⑦富有：更多时。

⑧苟美：已经很完美了。

【译文】

先生称赞卫公子荆："他善于治理家业，但求温饱，不求富裕。刚有一些财产，就说：'差不多够了！'又增加了一点，就说：'已经很完备了。'等到富有时，就说：'差不多非常美好了！'"

【导读】

卫公子荆善于持家理财，但不贪财，并且循序而有节制。

## 13.9

子适①卫，冉有仆②。子曰："庶③矣哉！"

冉有曰："既庶矣，又何加焉？"曰："富之。"

曰："既富矣，又何加焉？"曰："教之。"

①适：往去。

②仆：动词，驾驭车马。

③庶：众也。言卫国人口众多。

**【译文】**

先生到了卫国，冉有驾车。先生说："这里人真多啊！"

冉有问："人口多了，做些什么呢？"说："使人们富裕起来。"

问："富裕了，又做些什么呢？"说："要教育他们。"

**【导读】**

本章是记录孔子对待普通百姓的思想，即先富民而后教之。不同于对待士大夫的思想，诸如"士志于道，而耻恶衣恶食者，未足与议也""君子食无求饱，居无求安""君子忧道不忧贫"等。对待百姓与儒者是截然不同的，没有陈义过高之弊端。

## 13.10

**子曰："苟①有用我者，期月②而已可也，三年有成。"**

**【注释】**

①苟：假如。

②期（jī）月：一年。

**【译文】**

先生说："假如有人委任我主持国政，一年就会有明显的效果，三年就会有大成。"

【导读】

司马迁认为这是孔子在卫灵公已老之时对卫灵公讲的：假如让我主持国政，一年就可见效了，三年会有大成。

## 13.11

子曰："善人为邦百年，亦可以胜残去杀①矣。诚哉是言也！"

【注释】_____

①胜残去杀：克服残暴，免除虐杀。

【译文】

先生说："以善念治理国家一百年，也可以克服残暴免除杀罚。这句话真对啊！"

【导读】

这是孔子对"导之德，齐之以礼，民耻且格"以礼治国思想的推崇。

## 13.12

子曰："如有王者，必世而后仁①。"

【注释】_____

①必世而后仁：世，三十年。也必须要三十年，仁政才能

行于天下。

**【译文】**

先生说：“假如有圣明的君王，必须使他执政三十年，才能实现仁政。”

**【导读】**

这是孔子对王者任职期的一个要求：王者在位若要推行仁政，没有三十年是不能实现的。优秀的领导者任职一定要有相对长的时间，西方有些管理理论认为需要二十年左右：时间太短不利于长远规划，造成资源浪费；时间太长，领导人又会犯错误，因腐化而堕落。


**13.13**

子曰：“苟正其身矣，于从政乎何有？不能正其身，如正人何？”

**【译文】**

先生说：“如果能端正自己，对于为政有什么难的呢？不能端正自己，怎么能端正别人呢？”

**【导读】**

孔子说：“如果自己端正了，治国为政还有困难吗？如果不能端正自己，又怎么能端正别人呢？”孔子仍在阐述“政者正也”的道理。

## 13.14

冉子退朝。子曰："何晏<sup>①</sup>也?"对曰："有政。"子曰："其事<sup>②</sup>也。如有政，虽不吾以<sup>③</sup>，吾其与<sup>④</sup>闻之。"

**【注释】**

①何晏：晏，晚义。意为"为什么这么晚"？

②事："事指私事，季氏的家事。或说有所更改匡正为政，所行常事为事。"（钱穆《论语新解》）

③虽不吾以：以，用义。意为"我虽然不见用"。

④与：参与。

**【译文】**

冉有从季氏的办公地点回来。先生说："怎么晚回来了？"回答说："有政务要处理。"先生说："是有事情。如果是国家政务，虽然我不被用，但我会参与而知晓的。"

**【导读】**

孔子在给冉有纠正错误或者在正名。季氏家的事不能称为政务，只能称为事务。如果是鲁国的大政，虽然孔子现在没有实际的职务，但是他还会参与听闻的。

## 13.15

定公问："一言而可以兴邦，有诸<sup>①</sup>？"

孔子对曰："言不可以若是其几<sup>②</sup>也。人之言曰：'为君难，为臣不易。'如知为君之难也，不几乎一言而兴邦乎？"

曰："一言而丧邦，有诸？"

孔子对曰："言不可以若是其几也。人之言曰：'予无乐乎为君，唯其言而莫予违③也。'如其善而莫之违也，不亦善乎？如不善而莫之违也，不几乎一言而丧邦乎？"

【注释】

①诸："之乎"两字的合音。

②几：接近。

③莫予违：没有人违抗我。否定句，代词作宾语，提到动词前面。

【译文】

定公问道："一句话就可以使国家兴旺起来，有这样的话吗？"

孔子回答道："话不能这样简单地说。人常说：'当好君主很难，作为臣子也不容易。'如果知道为君很难的道理，这不就几乎可以使国家兴旺吗？"

问道："一句话可以使国家衰亡，有这样的话吗？"

孔子回答道："说话不能这样简单。有人说：'我不喜欢当国君，除非我说的话没有人违背。'如果他说的话是正确的，没有人违背，不也很好吗？如果他说的话不正确，也没有人违背，不就是近于一言使国家衰亡吗？"

【导读】

本章重在说明"一言可以兴邦"与"一言可以丧邦"的道

理，为此着重讲了两句话，"为君难，为臣不易"。是一言可以兴邦的话，知道为君之难就会格外谨慎、敬业有加；知道为臣不易就会多从臣子方面考虑问题，君臣之间就会君礼臣忠，和谐一体，既诚敬，君臣之间又团结，何愁不能兴邦！

"予无乐乎为君，唯其言而莫予违也。"意思是说做君主没有什么可以高兴的，所高兴的只在于没有人敢违抗我的话。这是一句丧邦之言，这一句话的实质是说领导的意义就是用权力使臣下顺从自己。老子说"长而不宰"，言下之意说领导的目的不是为了主宰别人，而是让臣民各得其所，而"唯其言莫予违也"却恰恰与"长而不宰"相反，滥使淫威，引起臣民暴乱。

"唯其言莫予违也"，这句丧邦之言不仅在现实政治实践中会屡屡受挫，其险恶还在其政治理念方面犯了弥天大错。按照"唯其言莫予违也"的逻辑推论，就自然产生"天之生民，以为君也"，而非"天为民而生君"，这是一个政治伦理层面的错误。如果这样，就会把自己推到天下所有人的敌对面，成为千夫所指、万夫责骂的对象，不仅会丧邦，还会因此产生革命，丧家丧命。所以"一言丧邦"是完全存在的。身为君主一定要有正确的为政理念、为政纲领、为政言论，切不可被谬误所误。

## 13.16

叶公问政。子曰："近者说悦，远者来①。"

**【注释】** _____

①近者说，远者来："被其泽则悦，闻其风则来。然必近者悦，而后远者来也。"（朱熹《论语集注》）

**【译文】**

叶公问为政的道理。先生说:"由近及远,先使自己周围的人心悦诚服,远处的人自会归顺。"

**【导读】**

本章话很短,但蕴含的道理却很深。"近者悦,远者来"与"谁能出不由户?何莫由斯道也"具有一样的深刻哲理。具体言之:第一,凡事立足于脚下,由近及远。为政者要从修己开始,教育好自己身边的人,并理顺他们之间的关系,"举直错诸枉","先有司,赦小过,举贤才",并且逐步推广至更大的范围。第二,从容易的事情做起,循序渐进,不要舍易求难。第三,运筹帷幄,耐心等待,不放过任何一次机缘。积累力量,为有更大的作为准备条件,即人才条件,社会影响及亲和力,还有施政纲领等,切莫舍近求远、急功近利,要从大处着眼,小处着手。第四,把现实与理想打成一片,近处与远处合而为一,如此自然就会近悦远来,不断凝结力量,并且由户而外,由近而远。

## 13.17

子夏为莒父①宰,问政。子曰:"无欲速,无见小利。欲速,则不达;见小利,则大事不成。"

**【注释】**

①莒父:鲁国一邑。

**【译文】**

子夏做了莒父的县宰，请教为政的道理。先生说：“不能太快，要渐进，不要图谋小利。速度快反而会适得其反，达不到目标；图谋小利，办不了大事！”

**【导读】**

*欲速自然无序，见小利就会舍弃大义，所就者小，所失者大。*

13.18

**叶公语孔子曰：“吾党有直躬者<sup>①</sup>，其父攘<sup>②</sup>羊，而子证<sup>③</sup>之。”孔子曰：“吾党之直者异于是。父为子隐，子为父隐，直在其中矣。”**

**【注释】** _____

①直躬者：能行直道的人。

②攘（rǎng）：窃取。

③证：“证明。”（钱穆《论语新解》）

“证，告也，即告发。”（杨伯峻《论语译注》）

**【译文】**

叶公对孔子说：“我管辖的区域，有一位正直的人。他的父亲从外面牵了一只羊回家，他就去检举。”孔子说：“我家乡的正直之人与你这里所谓的正直之人不同。父亲常常为儿子隐瞒一些不光彩的事情，儿子也为父亲隐瞒一些不光彩的事情，父子相互隐瞒才叫正直。”

孔子认为叶公对直的理解有误。他认为直是一种真情，一种发自内心、顺乎自然的感情，这种感情是"仁"的基础。父为子隐，子为父隐，就是这种直情。

## 13.19

**樊迟问仁。子曰："居处恭，执事敬，与人忠。虽之夷狄，不可弃①也。"**

【注释】_____

①虽之夷狄，不可弃：（这种品德）即使去夷狄之邦，也不可抛弃。

【译文】

樊迟请教怎样做才叫仁。先生说："在家乡遵守礼，做事认真，与人交往能尽心。即使到了夷狄荒蛮之地，也能坚守，不放弃上面三条。"

【导读】

本章重在讲行仁的方法。内敬外恭，一者尽心尽性容易成事；二者人皆欢喜，我待人以忠，人亦待我以忠，自然相互友爱、和谐。这是人之常情，虽夷狄之邦，也不例外。

## 13.20

**子贡问曰："何如斯可谓之士矣？"子曰："行己有耻①，**

使于四方，不辱君命，可谓士矣。"

曰："敢问其次。"曰："宗族称孝焉，乡党称弟<sub>悌</sub>焉。"

曰："敢问其次。"曰："言必信，行必果，硁硁然<sup>②</sup>小人哉！抑<sup>③</sup>亦可以为次矣。"

曰："今之从政者何如？"子曰："噫！斗筲<sup>④</sup>之人，何足算也。"

## 【注释】

①行己有耻：因自己的行为而保持羞耻之心。

②硁（kēng）硁然：坚定得像块石头。

③抑：连词，表示转折，但是。

④斗筲（shāo）：斗是古代的量名。筲，古代的饭筐，能容五升。斗筲指度量和见识的狭小。

## 【译文】

子贡问："怎么样才能称之为'士'呢？"先生说："自己做事，知道什么是羞耻，出使四方不辜负国君所委托的使命，这样就可以称得上'士'了。"

问："斗胆问一问'士'之下者，是怎么样的情况？"说："宗族内的人称他是一个孝子，乡里人称他能友爱兄弟。"

问："斗胆请教，再下者是怎么样的呢？"说："说到做到，很果敢，但未必能坚守大义，有点浅薄、固执，但也可以说是再次等的人了。"

问："现在那些在位当官的人怎么样呢？"说："啊呀！气量狭小，算不了什么人物。"

孔子将士分为三等。第一等的士"行己有耻，不辱君命"。"行己有耻"堪称义字当先；"不辱君命"说明有才干。概言之，德能兼备者，即为第一等的士。第二等士，即能齐家者，规模尚小，还不足以治国。第三等士，是一些小忠小信者，有士之形，欠士之内在之义，但也足以自保。至于孔子之时的从政者，度量小，见识短，则不在士之列。

## 13.21

子曰："不得中行①而与②之，必也狂狷③乎！狂者进取，狷者有所不为也。"

**【注释】** _____

①中行：中道，中庸。

②与：交往，相与。

③狂狷："狂者，志极高而行不掩。狷者，知未及而守有余。"（朱熹《论语集注》）

**【译文】**

先生说："不能与具有中庸之德的人交往，那一定要交孟浪的或者耿介的人。孟浪的人进取有义，耿介的人谨慎有操守。"

**【导读】**

孔子之意是交友莫过于交中行之人，其次寻其两端，即狂者与狷者。狂者进取、刚强、外向；狷者柔顺、内向，但都不失为真人才。最可怕的是貌似中行，实为乡愿，或者狂而不直，或者狷而诈者。

## 13.22

子曰："南人有言曰：'人而无恒，不可以作巫医<sup>①</sup>。'善夫！""不恒其德，或承之羞<sup>②</sup>。"子曰："不占而已矣<sup>③</sup>。"

**【注释】**

①巫医：古代巫道和医事相混。巫医是一词，古代常以祈祷之术替人治疗，这种人便叫巫医。

②不恒其德，或承之羞："此易恒卦九三爻辞。或，常义。承，续义。言人无恒德，常有羞辱承续其后。"（钱穆《论语新解》）

③不占而已：这样也只有不替他（无恒德的人）占卦罢了。

**【译文】**

先生说："南方人有一句话：'人如果不能坚守道德，是不能当巫医的。'确实是这样的啊！"

"不能坚守道德，或许会受到羞辱。"先生说："这种不能坚守道德的人是无须占卜的！"

**【导读】**

本章的关键在于对"恒"字的理解，恒其实就是不变。恒德就是恒守德行。南方人有言，如果一个人不恒守德行，连巫医也看不好他的病。不恒守其德，还会蒙受耻辱。孔子说这种不恒守德行的人，不用占卦都知道他面临凶险。在孔子看来，道德是人之所以为人的根本，道德也是人生的基石，不恒守德行，天不佑他，人不助他。

13.23

子曰："君子和而不同<sup>①</sup>，小人同而不和。"

**【注释】** _____

①和而不同："和者，无乖戾之心。同者，有阿比之意。君子尚义，故有不同。小人尚利，安得而和。"（朱熹《论语集注》）

"和谐却不同一。"（李泽厚《论语今读》）

"凡以道义相劝勉则叫'和'，以利害相结合则叫'同'。意为'君子以道义相交而不以利害相交。'"（毛子水《论语》）

**【译文】**

先生说："君子与不同主张的人可以和谐相处；小人不仅不能与不同主张的人和谐相处，与利益一致的人也不能和谐相处。"

**【导读】**

和而不同的根本在于不同事物之间要和谐相处，成为一个整体。如此必须有一个超越不同事物之上的东西，这个东西就是

"中"。只有超越其上，从一个更高的角度看待不同事物，才会看到它们之间是互为补充、相生相克的关系，彼此之间才会产生共鸣，才会相互依存，彼中有此，此中有彼，在一个更大的领域成为统一体。和而不同实际上是对中庸思想的又一种表述。因此君子便和而不同，小人反中庸便同而不和或不同也不和。

## 13.24

子贡问曰："乡人皆好之，何如？"子曰："未可也。"

"乡人皆恶之，何如？"子曰："未可也。不如乡人之善者好之，其不善者恶之。"

### 【译文】

子贡请教先生说："乡里人都说他好，怎么样呢？"先生说："不能说他就好。"

"乡里人都说他不好，怎么样呢？"先生说："还不能说他就不好。不如乡里的好人说他好话，恶人说他坏话。"

### 【导读】

这是孔子的人事考察思想。全乡人都说他好，不一定他就好；全乡人都说他坏，他也未必就坏。因为"唯仁者能好人，能恶人"。既然他爱憎分明，必然有与他和睦的，也有与他不和的，所以如果全乡都说他好，很有可能他是一个"乡愿"的人。如果全乡都说他不好，要么他确实是一个罪大恶极的人，要么一些人仇恨他，一些人不理解他，也许他还是个富有理想、正直敢为的人。所以孔子总结说，最好是乡里的善者喜欢他，不善者憎恶他。

13.25

子曰："君子易事而难说<sub>悦</sub>①也：说<sub>悦</sub>之不以道，不说<sub>悦</sub>也；及其使人也，器之②。小人难事而易说<sub>悦</sub>也：说<sub>悦</sub>之虽不以道，说<sub>悦</sub>也；及其使人也，求备焉。"

**【注释】**

①易事而难说：易于和他共事，讨他喜欢却困难。

②器之：器量人的才干而任用。

**【译文】**

先生说："与君子容易共事，但不容易博得他的喜欢。不能以正道对待他，他是不会喜欢的；等到他任用人时，却可以发挥人的特长，量才使用。与小人共事很难，但容易博得他的喜欢。虽然对待他不以正道，却会博得他的喜欢；等到他用人时，却求全责备。"

**【导读】**

本章孔子从共事与用人的方法说明君子与小人的区别。君子容易共事，但是难以让他高兴，不以道取悦他，他不会高兴；至于用人君子则用人之长。小人则不容易共事，但容易使他高兴，不以道取悦他，他会高兴，至于用人小人则求全责备。

## 13.26

子曰："君子泰①而不骄②，小人骄而不泰。"

**【注释】**

①泰：安静坦然。

②骄：傲慢。

**【译文】**

先生说："君子安泰，但不骄慢凌人；小人骄慢凌人，却不安泰。"

**【导读】**

对比君子与小人。君子坦然但不傲慢，小人傲慢而不坦然。

## 13.27

子曰："刚、毅、木、讷①，近仁。"

**【注释】**

①刚、毅、木、讷："刚强、坚毅、质朴、讷言。"（钱穆《论语新解》）

"刚强、果决、朴质、言语不轻易出口。"（杨伯峻《论语译注》）

**【译文】**

先生说："刚正、坚毅、质朴、言讱，接近于仁。"

**【导读】**

刚则无欲，毅则果敢有勇，木则仁爱、质朴无华，讷则其言也切，四者皆是仁之质，所以近仁。若加之以礼乐则文质彬彬，成仁矣。

### 13.28

子路问曰："何如斯可谓之士矣？"子曰："切切偲偲<sup>①</sup>，怡怡如也<sup>②</sup>，可谓士矣。朋友切切偲偲，兄弟怡怡。"

**【注释】** _____

①切切偲（sī）偲："相互责善的样子。"（杨伯峻《论语译注》）

②怡怡如也：和顺的样子。

**【译文】**

子路问："怎么样才能称之为'士'？"先生说："诚恳相待，相互批评勉励，待人和气，就可称之为'士'了。与朋友诚恳相待，互相勉励；与兄弟和气一团。"

**【导读】**

相互之间忠信徙义，相互劝勉，和和气气就是士。朋友之间以义合，所以要相互劝勉；兄弟之间以情合，所以要和和气气。

### 13.29

子曰："善人<sup>①</sup>教民七年，亦可以即戎<sup>②</sup>矣。"

①善人：好领导。

②即戎：即，就，从事。戎，兵戎，打仗。

**【译文】**

先生说："善人领导人民七年，就可以作战了。"

**【导读】**

好的领导者对老百姓进行七年的全面教育，即忠信孝悌为主的道德教育，还有政治教育与军事训练等，百姓就可作战了。

## 13.30

子曰："以不教民①战，是谓弃之。"

**【注释】**

①不教民：未经训练的民众。

**【译文】**

先生说："以没有经过教育训练的人民进行作战，等于白白送死。"

**【导读】**

子不教，父之过；民不教，君之过。如果让不经过军事训练的百姓从事战斗，那如同让他们送死。

# 宪问第十四

（共47章）

## 14.1

宪①问耻。子曰："邦有道，穀②；邦无道，穀，耻也。"

**【注释】**

①宪：原思之名。

②穀（gǔ）：禄也，即出仕。

**【译文】**

原宪请教什么是耻辱。先生说："国家政治清明，所作所为皆是以人民为本的，此时当官领俸禄，就是光荣的；国家混乱，所作所为已违背人民利益，于此之时，仍当官拿俸禄，则是可耻的。"

**【导读】**

本章有两种解释：一是朱子的解释，意思是说孔子深知宪是一个狷介之人，即不作为的人，所以孔子告诉他："邦有道，如果不作为食官禄是可耻的；邦无道，不能独善其身，还食官禄，也是可耻的。"另一解释即是孔子说："邦有道，食官禄是可以的；邦无道，食官禄是可耻的。"两种解释都有道理。

## 14.2

"克、伐、怨、欲①不行焉，可以为仁矣？"子曰："可以为难矣，仁则吾不知也。"

**【注释】** _____

①克、伐、怨、欲："好胜、自夸、怨恨、贪欲。"（钱穆《论语新解》）

**【译文】**

"好胜、自夸、怨恨、贪心都克服了，这样可以做到'仁'了吧？"先生说："可以说已难能可贵了，至于是否做到了'仁'，我还不知道。"

**【导读】**

本章仍是原思问孔子的话。孔子的意思是如果能克服自己的好胜、自夸、怨恨与贪欲，是很难能可贵了。至于是不是"仁"，他还不知道。"仁"是天理浑然，具有不可道、不可名之状。"克、伐、怨、欲不行焉"，可以说是求仁的方法，但不是仁本身。

## 14.3

子曰："士而怀居，不足以为士矣①。"

**【注释】** _____

①士而怀居，不足以为士矣：怀居："怀，怀思，留恋；居，安居。可译为'留恋安逸'。"（杨伯峻《论语译注》）

"居谓居室居乡。士当励志修行以为世用，专怀居室居乡之安，斯不足以为士矣。"（钱穆《论语新解》）

**【译文】**

先生说："作为一个'士'不应太安逸于家庭生活，否则就不足以成为'士'了。"

**【导读】**

士，其志在"道"上，所以一定要超越现实的物质生活，甚至在精神上也不能有丝毫的安逸与松懈。孟子说民有恒产，才有恒心；但是士则不同，没有恒产，仍须有恒心。孟子的意思与孔子相同，由此可见，儒家有两套体系，一则是对普通百姓的，用于治国的；一则是对于自己的，用于修身的。

## 14.4

子曰："邦有道，危①言危行；邦无道，危行言孙逊。"

**【注释】**

①危："有严厉义，有高峻义，有方正义。此处危字当训正。"（钱穆《论语新解》）

**【译文】**

先生说："国家政治清明，则直言直行；国家混乱，则说话要谦逊，行为仍要坚守道义。"

本章意思是君子之持身是不能有变化的。但是在邦无道时，言语可以随和、不直说、不尽言，有所保留，以避免灾祸；在邦有道时，仍然要直言、忠言、尽言，否则会误国。

## 14.5

子曰："有德者必有言，有言者不必有德；仁者必有勇，勇者不必有仁。"

【译文】

先生说："有品德的人一定会留下有价值的言语；然而能说出有价值言语的人，却未必是有品德的人。具有仁德的人，一定是勇敢的人；而勇敢的人，未必具有仁德。"

【导读】

品德高尚的人一定会因自己的道德实践说出一些人生感言，但是能说出有价值言语的，甚至著书立说者不一定品德高尚；仁者一定具有勇敢的品德，但是勇敢的人却不一定是个仁者。

## 14.6

南宫适问于孔子曰："羿①善射，奡荡舟②，俱不得其死然。禹、稷躬稼③，而有天下。"夫子不答。

南宫适出。子曰："君子哉若人！尚德哉若人！"

　　①羿：古有穷之君，善射，灭夏后相而篡其位，其臣韩浞
又杀羿而代之。

　　②奡荡舟：奡，韩浞子，后为夏后少康所诛。荡舟即覆
舟，谓奡力大能荡覆敌舟。

　　③禹、稷躬稼：禹治水，后稷躬亲耕种。稷，后被尊奉为
谷神。

## 【译文】

　　南宫适向孔子请教说："后羿善于射箭，奡善于水战，然
而都不能善终。大禹、后稷亲自耕种庄稼，而后代子孙拥有天
下。"先生不回答。

　　南宫适离开了，先生说："这个人是君子啊！这个人推崇道
德啊！"

## 【导读】

　　本章在说明一个基本道理，有德者有好报，为孽者有恶报。
还有人说："有德者可以得有天下，尚力者不得善终。"我认为
应该是：尚德者有善报，尚暴力者有恶报。因尚力者也未必全是
在作孽。

## 14.7

　　子曰："君子而不仁者有矣夫，未有小人而仁者也①。"

①"君子……者也"："这个'君子''小人'的含义不大清楚，这里似乎指在位者和老百姓言。"（杨伯峻《论语译注》）

"君子志于仁矣，然毫忽之间，心不在焉，则未免为不仁也。"（朱熹《论语集注》）

"君子或偶有不仁，此特君子之过，亦所谓'观过斯知仁'也。小人惟利是喻，惟私是图，故终不能为仁。"（钱穆《论语新解》）

【译文】

先生说："君子之中做不到'仁'的人是有的，但是小人是不会有仁德的。"

【导读】

"君子而不仁者有矣"，意思一者指虽为君子，但尚未到仁的境界，诸如子路、冉求等。二者虽为君子却只能在短时间内做到仁罢了，比如"回也，其心三月不违仁，其余则日月至焉而已矣"。三者君子也有过失，所以有"观过，斯知仁矣""未有小人而仁者也"，此处的"小人"是以道德而言的，指唯利是图，己所不欲而施于人者；在其中很难找出仁者，甚至有的人还以伪仁者来欺骗人，即"色取仁而行违"。

## 14.8

子曰："爱之，能勿劳乎①？忠焉，能勿诲乎？"

①能勿劳乎："《国语·鲁语》下说：'夫民劳则思，思则善心生；逸则淫，淫则忘善，忘善则恶心生。'可以为'能勿劳乎'的注脚。"（杨伯峻《论语译注》）

"劳，忧心。"（毛子水《论语》）

【译文】

先生说："喜爱年轻人，能不让他勤劳吗？忠诚某个人，能不直言劝告他吗？"

【导读】

本章意思是，爱一个人一定要使他辛劳，辛劳则思，思则善心生，这叫爱人以德；忠于一个人，一定要直言相劝，这叫以道事君。

## 14.9

子曰："为命①：裨谌草创之，世叔讨论之，行人子羽修饰之，东里子产润色之②。"

【注释】

①命：外交辞令。

②"裨谌……色之"：裨谌、世叔、行人子羽、东里子产，四人都是郑国大夫。行人，官名，古代外交官。东里，地名，子产所住的地方。

讨论，指一个人研究后提意见。

先生说："传达国君之命，裨谌草拟稿件，世叔提修改意见，外交官子羽进行修饰，再由东里子产润色一番。"

【导读】

孔子通过郑国对于外交公文的完成过程告诫大家：第一，凡事一定要诚敬对待；第二，人各有所长、各有所短；第三，要有合作精神，才能做成大事。

## 14.10

或问子产。子曰："惠人也。"

问子西①。曰："彼哉！彼哉②！"

问管仲。曰："人也③。夺伯氏骈邑三百④，饭疏食，没齿⑤无怨言。"

【注释】_____

①子西：郑国人，公孙夏。

②彼哉！彼哉：当时表示轻视的习惯语，无足称之意。

③人也：犹言此人也。或说是人才的意思。

④夺伯氏骈邑三百：伯氏，齐国大夫。骈邑，伯氏的采邑。夺，削夺义。三百，三百户采邑。

⑤没齿：齿，年。没齿犹云终身。

【译文】

有人问子产是一个什么样的人。先生说："恩泽百姓的人。"

问子西是一个什么样的人。先生说："他呀！他呀！"

问管仲是什么样的人。先生说："是一个人物啊！他剥夺了伯氏骈邑的三百户采地，伯氏虽然吃粗粮，但至老无怨言。"

**【导读】**

孔子称赞子产养民之德，称赞管仲执法公允，以致被剥夺者终身无怨言。

## 14.11

**子曰："贫而无怨难，富而无骄易。"**

**【译文】**

先生说："贫困而无怨恨是很难做到的，富裕而不骄慢则是容易做到的。"

**【导读】**

孔子认为贫而没有怨恨很难做到，但是富裕了不骄慢容易做到。后来孔子又说"贫而乐，富而好礼"则更难。

## 14.12

**子曰："孟公绰①为赵、魏老则优②，不可以为滕、薛③大夫。"**

**【注释】**

①孟公绰：鲁大夫。

②为赵、魏老则优：老，家臣之长。赵、魏皆晋卿。优，宽绰有裕。

③滕、薛：皆当时的小国。

## 【译文】

先生说："孟公绰担任大国诸如晋国赵氏、魏氏的家臣是绰绰有余的，但是担任小国如滕国、薛国的大夫是不行的。"

## 【导读】

赵、魏是大国晋国的大臣，作为大国的家臣之长，工作性质倾向于守成，所以只要人廉静寡欲，自然胜任有余；而滕、薛是小国，外面危机四伏，事务繁杂，政务变化多端，既有守成的一面，又有创业艰难的一面，所以孔子认为孟公绰不适合做滕、薛的大夫。

### 14.13

子路问成人①。子曰："若臧武仲②之知<sub>智</sub>，公绰③之不欲，卞庄子④之勇，冉求之艺，文之以礼乐，亦可以为成人矣。"曰："今之成人者何必然？见利思义，见危授命⑤，久要⑥不忘平生之言，亦可以为成人矣。"

## 【注释】

①成人：人格完备之人。

②臧武仲：臧孙纥，鲁国大夫，臧文仲之孙。

③公绰：指孟公绰。

④卞庄子：鲁国卞邑大夫，传说他一个人打老虎。

⑤授命：不爱其生，可与赴危。

⑥久要："要，约义。平日偶尔之诺，能历久不忘。"（钱穆《论语新解》）

"'要'为'约'的借字，'约'，穷困之意。"（杨伯峻《论语译注》）

**【译文】**

子路问"成人"是怎么样的。先生说："其智像臧武仲一样，其品德像孟公绰一样廉静寡欲，其勇像卞庄子一样，其多才多艺像冉求，再以礼乐修饰他而富有文采，这样就可以称之为'成人'了。"

先生说："现在说的'成人'不必这样了。只要能见利不忘义，见国家遇到危机而愿意领命，长久处于贫困的境地而能牢记诺言，这样就可以称他为'成人'了。"

**【导读】**

本章孔子认为成人必须具备智、不欲、勇、博学多艺，再附之以礼乐文采，才称得上是一个成人。然而今天没有那么全面了，只要能见利思义，在国家有危难时可以献出生命，遵守诺言就可以算是成人了。

### 14.14

**子问公叔文子①于公明贾②曰："信乎，夫子不言、不笑、不取乎？"**

公明贾对曰："以③告者过也。夫子时④然后言，人不厌其言；乐然后笑，人不厌其笑；义然后取，人不厌其取。"

子曰："其然，岂其然乎⑤？"

**【注释】**

①公叔文子：卫国大夫。

②公明贾：卫国人。

③以：代词，这。

④时：恰当的时机。

⑤其然，岂其然乎："其然，美其能然。岂其然，疑其不能诚然。"（钱穆《论语新解》）

**【译文】**

先生向公明贾请教关于公叔文子的一些事情，说："是真的吗？老先生不爱说话、不苟言笑、不索取？"

公明贾回答道："这样说的人有点过分了。老先生到该说话时才说话，所以人们不厌恶他的话；到该笑时才笑，所以人们不厌恶他的笑；合于道义的，他才取，所以人们不厌恶他的取。"

先生说："原来是这样，怎么会传成那样呢？"

**【导读】**

本章通过对公叔文子的叙述，告诉人们什么叫恰到好处，即时中。时然后言，恰当之言；乐然后笑，恰当之笑、真实之笑；义然后取，取之以义，恰当之取。

## 14.15

子曰："臧武仲以防<sup>①</sup>求为后于鲁<sup>②</sup>，虽曰不要<sup>③</sup>君，吾不信也。"

**【注释】**

①防：臧武仲的封邑。

②求为后于鲁："武仲得罪奔邾，自邾如防，使请立后而避邑，以示若不得请，则将据邑以叛，是要君也。"（朱熹《论语集注》）

"要求在鲁国给子孙以位置。"（李泽厚《论语今读》）

③要：勒索、要挟。

**【译文】**

先生说："臧武仲以防地为据点向鲁襄公请求将防地作为他后代的世袭封地，虽然说没有要挟国君，但我是不信的。"

**【导读】**

臧武仲向鲁君请求将防地封给他的后代，应该是在臧武仲逃到齐国之后的事情，所以孔子说他肯定有要挟鲁君就范之意。或者是孔子掌握了具体的情况，否则孔子不会无缘无故说出此话。

## 14.16

子曰："晋文公谲<sup>①</sup>而不正，齐桓公正而不谲。"

**【注释】**

①谲：欺诈，玩弄权术阴谋。

**【译文】**

先生说："晋文公诡诈而不正直，齐桓公正直而不诡诈。"

**【导读】**

乱世当中谲而不正者称霸天下，也许是一种常理，所以后来韩非子说天下可以逆取，但必须顺守。

### 14.17

子路曰："桓公杀公子纠，召忽死之，管仲不死[1]。"曰："未仁乎？"子曰："桓公九合诸侯[2]，不以兵车，管仲之力也。如其仁[3]！如其仁！"

**【注释】**

[1]"桓公……不死"：齐襄公的时候，鲍叔牙知道国家将乱，便和襄公的兄弟公子小白逃往莒国，后来襄公被他的从弟无知所弑，管仲和召忽又同襄公的另一兄弟公子纠逃往鲁国。等到齐人杀了无知，鲁国便派兵送公子纠回齐国，但小白已从莒先回齐国了。小白就是后来的桓公。当时齐国打败鲁国，叫鲁人杀公子纠而把管仲和召忽送回齐国。召忽以身殉公子纠，管仲则没有同死。管仲回到齐国，桓公用他为相。

[2]九合诸侯：多次会盟诸侯。

[3]如其仁：如，犹乃字。这就是他的仁。

**【译文】**

子路说："齐桓公杀了公子纠，召忽自杀而殉节，管仲却没有去死。"接着说，"管仲不能算仁人吧？"

先生说："齐桓公多次召集诸侯举行盟会，使天下统一，没有用武力，这是管仲的功劳啊！这就是他的'仁'！这就是他的'仁'！"

## 【导读】

孔子高度赞扬了管仲。仁有仁心，即向内言人与人之心相通，管仲有"礼义廉耻，国乃四维"之说；向外言即指仁之功业，管仲不以兵车而九合诸侯，这是管仲博施于民的功业。

## 14.18

子贡曰："管仲非仁者与？桓公杀公子纠，不能死，又相之。"子曰："管仲相桓公，霸诸侯，一匡天下，民到于今受其赐。微管仲，吾其被披发左衽矣①。岂若匹夫匹妇之为谅②也，自经于沟渎③而莫之知也。"

## 【注释】

①微管仲，吾其被发左衽矣："微，假若没有义。被发左衽，披散头发，衣襟向左边开。（沦落为落后民族）"（杨伯峻《论语译注》）

②谅：小信义，小节小信。

③自经于沟渎：自经，自缢。渎，小沟渠。可译为"自缢死于沟渎之中"。

## 【译文】

子贡说："管仲不是仁人吧？齐桓公杀死公子纠，作为辅佐之臣而不能以死殉节，还当了桓公的宰相。"

先生说："管仲当桓公的宰相，称霸于诸侯，匡正天下，老百姓至今还受到他的恩惠。如果不是管仲，我们今天还披散着头发，衣襟向左边开着。难道要让管仲像普通男女一样拘泥在小信小义的节操上，自杀在山沟里而不被世人知道吗？"

【导读】

孔子的意思是，管仲之仁岂可与匹夫匹妇之小仁小义小节相提并论。匹夫匹妇之小节小信出于一己之私心、一己之小名节，岂可与管仲之出于公心大群之利益相比。


## 14.19

公叔文子之臣大夫僎<sup>①</sup>，与文子同升诸公<sup>②</sup>。子闻之，曰："可以为文<sup>③</sup>矣。"

【注释】
_____

①臣大夫僎（zhuàn）："臣，家臣。僎，他的名字。"（钱穆《论语新解》）

"臣大夫，家大夫也。僎，他的名字。"（杨伯峻《论语译注》）

②同升诸公：公，公朝。公叔文子荐僎，使与己同立于公朝。

③可以为文："文者，顺理而成章之谓。"（朱熹《论语集注》）

"这里的'文'是公叔文子去世后的谥号。意为'真值得谥

为文了！'"（毛子水《论语》）

**【译文】**

公叔文子的家臣大夫僎，与公叔文子一起做了国家的大臣。先生听到这件事后，说："公叔文子可以谥之为'文'了。"

**【导读】**

公叔文子有几大优点：心胸宽大、大公忘己、知人、开明、忠于国家。

### 14.20

子言卫灵公之无道也，康子曰："夫如是，奚而不丧①？"孔子曰："仲叔圉②治宾客，祝鮀③治宗庙，王孙贾④治军旅。夫如是，奚其丧？"

**【注释】**————————————————————————

①奚而不丧：为何仍能不失其位。

②仲叔圉（yǔ）：即孔文子，孔子称其"敏而好学，不耻下问"。

③祝鮀（tuó）：孔子说他善于外交辞令。《雍也第七》中，子曰："不有祝鮀之佞，而有宋朝之美，难乎免于今之世矣。"

④王孙贾：曾问过孔子奥神与灶神的事情。孔子告诉他："获罪于天，无所祷也。"善治理军旅。

**【译文】**

先生说卫灵公是无道的国君。季康子问："既然这样，他为什么不垮台呢？"

　　孔子说："有仲叔圉为他接待宾客，祝鮀为他管理祭祀，王孙贾为他治理军队。像这样，他怎么会垮台呢？"

**【导读】**

　　孔子说卫灵公虽然无道，但是有三个人用得很到位，所以不但不失位，还得以善终。


## 14.21

　　子曰："其言之不怍①，则为之也难。"

**【注释】**

　　①言之不怍（zuò）：怍，惭义。意为"大言不惭"。

**【译文】**

　　先生说："说话大言不惭者，那么做起事来也一定很难。"

**【导读】**

　　在孔子看来，一个人如果大言不惭、信口开河、哗众取宠，那么，他做起事来一定很难，也许根本就没打算做事。


## 14.22

　　陈成子①弑简公②。孔子沐浴而朝，告于哀公曰："陈恒弑其君，请讨之。"公曰："告夫三子③！"

　　孔子曰："以吾从大夫之④后，不敢不告也。君曰'告夫三子'者。"

之三子告，不可。孔子曰："以吾从大夫之后，不敢不告也。"

## 【注释】

①陈成子：齐国大夫，又叫田成子。

②简公：齐简公，姓姜，名壬。

③告夫三子："三子，指三家。鲁政在此三家，哀公不得自专，故欲孔子告之。"（钱穆《论语新解》）

④之：动词，往。

## 【译文】

陈成子杀了齐简公。孔子沐浴后上朝，对鲁哀公说："陈恒杀君，请讨伐他。"鲁哀公说："报告给三家吧！"

孔子说："因为我当过大夫，不敢不来汇报。君上说：'去报告给三家大夫吧！'"

孔子又报告给三家大夫，他们不同意出兵讨伐。孔子说："因为我当过大夫，不敢不报告。"

## 【导读】

孔子对此事一定是尽心尽力。从道义而言，陈成子弑其君是大逆不道之事，而齐鲁本身是邻国，兄弟之邦，求鲁国出兵讨逆，顺应人心；从职责而言，正如孔子所言："以吾从大夫之后，不敢不告也。"这也是孔子在为所当为之事，也是一种尽人事听天命思想的体现。

## 14.23

子路问事君。子曰："勿欺也,而犯之<sup>①</sup>。"

**【注释】** _____

①勿欺也,而犯之:犯,谓犯颜谏争。"不能欺骗他,又能犯颜直谏。"(钱穆《论语新解》)

**【译文】**

子路问如何侍奉国君。先生说:"不要欺骗,要犯颜直谏。"

**【导读】**

以忠心、诚心直言进谏,这是做臣子的操守与本分。不听不纳,则是君主的过失。为人臣者,须先尽本分,纳谏与否,在于君主。

## 14.24

子曰："君子上达,小人下达<sup>①</sup>。"

**【注释】** _____

①君子上达,小人下达:"君子日日长进向上,小人日日沉沦向下。"(钱穆《论语新解》)

"君子通达于仁义,小人通达于财利。"(杨伯峻《论语译注》)

**【译文】**

先生说:"君子向上追求仁德,小人向下贪求利益。"

**【导读】**

朱熹解释本章说:君子循天理,故日进乎高明;小人殉人欲,故日久乎污下。

## 14.25

**子曰:"古之学者为己,今之学者为人<sup>①</sup>。"**

**【注释】** _____

①"古之⋯⋯为人":"为己,欲得之于己也。为人,欲见之于人也。古之学者为己,其终至于成物。今之学者为人,其终至于丧己。"(朱熹《论语集注》)

**【译文】**

先生说:"古代的读书人以修己为目的,今天的读书人则为了炫耀学问。"

**【导读】**

为己之学与为人之学如果按照"志于道,据于德,依于仁,游于艺"进行说明,则"为人之学"属于"依于仁,游于艺"。孟子说:"仁,人心也。"则仁道者,人道也。所以"依于仁",就是依于人与人相处之道,也就是学为人,要学为人必须通于艺,所以习艺也是人处世之道的重要内容。孔子也说"用之则行,舍之则藏",反映孔子之学有为人之学的一面。而为己之学，则属"据于德"，"据于德"之学是以己之心性、内德为学之对象。"游于艺"之学，是以事与物为学之对象。"依于仁"之学，则是以人与事为学之对象。所以为己之学与为人之学各有一偏，孔门之学，最高境界在于"志于道"之学。"志于道"之学可以兼容"游于艺，依于仁，据于德"三者之学，使物、事、人与己之心性、内德，会通合一，从而让为己与为人之学达到统一。

## 14.26

蘧伯玉使人于孔子①。孔子与之坐而问焉，曰："夫子②何为？"对曰："夫子欲寡其过而未能也。"

使者出。子曰："使乎！使乎③！"

**【注释】**

①蘧伯玉使人于孔子：蘧伯玉，卫国大夫，名瑗。使，古文读音为shì，意思是派人出使，使者。

②夫子：指伯玉。

③使乎！使乎：孔子重言叹美之。"言其但欲寡过而犹未能，则其省身克己，常若不及之意可见矣。使者之言愈自卑约，而其主之贤益彰，亦可谓深知君子之心，而善于辞令者矣。"（朱熹《论语集注》）

**【译文】**

蘧伯玉派使者去拜访孔子。孔子请使者坐下，然后问："先生最近在做什么？"使者回答道："先生想要减少自己的错误，但未能做到。"

使者走了以后，孔子说："一位称职的使者啊，一位称职的使者啊！"

**【导读】**

使者说话谦恭得体，既说出了蘧伯玉严格要求自己，又表达了还做得不好的谦意。可见蘧伯玉治家有方，身边的人也有他的作风，所以孔子高度赞赏。

### 14.27

子曰："不在其位，不谋其政。"

**【注释】**

此章重出，见《泰伯第八》8.14。

### 14.28

曾子曰："君子思不出其位。"

**【译文】**

曾子说："君子所思虑的不超出他职位的范围。"

**【导读】**

君子首先做好本职工作，人各安其本分，则君臣、上下、左右就各得其职。

### 14.29

子曰："君子耻其言而过其行[①]。"

①其言而过其行：他所讲超过他所做的。

【译文】

先生说："君子认为可耻的是自己说到了，却没有做到。"

【导读】

重在说明行胜于言的道理。

## 14.30

子曰："君子道者三，我无能焉：仁者不忧，知<sub>智</sub>者不惑，勇者不惧。"子贡曰："夫子自道也。"

【译文】

先生说："君子要求做到三点，我还不能做到：具有仁德就不忧愁，具有智慧就不迷惑，具有勇德就不惧怕。"子贡说："先生在说自己。"

【导读】

仁者乐天知命，尽人事，听天命，所以不忧；知者明达远见，知人，所以不惑；勇者义以为上，所以不惧。

## 14.31

子贡方人①。子曰："赐也贤乎哉！夫我则不暇②。"

**【注释】**

①方人："讥评别人。"（杨伯峻《论语译注》）

"方，比也。比方人物而较其短长，虽亦穷理之事，然专务为此，则心弛于外，而所以自治者疏矣。"（朱熹《论语集注》）

②夫我则不暇：夫，犹彼，指方人言。意为"对于那些，我就没有这闲暇。"

**【译文】**

子贡喜好指责别人的缺点。先生说："端木赐啊，你真是个好人！我是没有这些闲工夫的。"

**【导读】**

《史记》记载："子贡喜扬人之美，不能匿人之过。"与《论语》中讲的"方人"是一致的。


## 14.32

**子曰："不患人之不己知，患其不能也。"**

**【译文】**

先生说："不担心别人不知道我，只担心自己没有本事。"

**【导读】**

本章与"不患无位，患所以立；不患莫己知，求为可知也"

意同。仍然告诫人们：修身好学为本。

## 14.33

子曰："不逆诈，不亿<sub>臆</sub>不信<sup>①</sup>，抑亦先觉者，是贤乎<sup>②</sup>！"

**【注释】**

①不逆诈，不亿不信：逆，预先，预测。亿，同"臆"，主观猜测。

"不事先怀疑别人欺诈，不预先估计别人对我不信任。"（李泽厚《论语今读》）

"不预先怀疑别人的欺诈，也不无根据地猜测别人的不老实。"（杨伯峻《论语译注》）

②抑亦先觉者，是贤乎："但临事遇人有诈与不信，亦能先觉到，这不是贤人吗？"（钱穆《论语新解》）

**【译文】**

先生说："不猜疑别人欺诈我，不凭空猜测人家不守信，但若真有欺诈，却也能够事先觉察到，也算是贤达吧！"

**【导读】**

本章重在告诉人们，对待任何人首先应以诚相待，不要有成见，更不能把别人当坏人看待。但是若遇到人有诈与不诚信，也应先有觉察，所以君子之仁是仁与智的统一。

## 14.34

微生亩①谓孔子曰："丘何为是栖栖②者与？无乃为佞乎？"孔子曰："非敢为佞也，疾固③也。"

**【注释】**

①微生亩：人名。微生是姓，亩是名。

②栖栖：忙忙碌碌。

③疾固："厌恶做一个固执人。"（钱穆《论语新解》）

"讨厌那种顽固不化的人。"（杨伯峻《论语译注》）

**【译文】**

微生亩对孔子说："孔丘，你为什么这样忙忙碌碌呢？不会是为了显示口才吧？"孔子说："岂敢显示口才啊！是心里担忧那些顽固不化的人啊。"

**【导读】**

微生亩指责孔子如此忙碌，不就是为显露一下才华吗？孔子回答说，只是这个世道固执一端，执迷不悟的人实在太多，我不得不多费口舌。看来孔子虽以修身为本，但修身在于安人，安人有时也需要方人。

## 14.35

子曰："骥不称其力，称其德也①。"

**【注释】**

①骥不称其力，称其德也："骥虽有力，其称在德。人有

才而无德，则亦奚足尚哉？”（朱熹《论语集注》）

**【译文】**

先生说：“千里马称为骥，不是称颂它的力量，而是称颂它善良忠诚的品德。”

**【导读】**

此处“力”有才华的意思，也有力气之意。孔子之意凡事物以德为本，德力兼顾或者德才兼备。这也是中国传统尚德精神的体现。

### 14.36

**或曰：“以德报怨，何如？”子曰：“何以报德？以直报怨①，以德报德。”**

**【注释】**

①以直报怨：以公平正直来回报怨恨。

**【译文】**

有人问：“以德报怨，怎么样？”先生说：“那用什么回报恩德呢？以正直回报怨恨，以恩德回报恩德。”

**【导读】**

以直报怨关键在于对“直”的理解。直有真实意、真情意、恰当地批评，还有革命之意，所以以直报怨就是要对别人讲直言，以直言相告，以真性情对待别人，该批评一定要批评，但是批评之时要选择场合、讲究方式、把握好度，否则"直而无礼则绞"。但是如果两者关系已经紧张到"君视臣如草芥，臣视君如寇仇"的地步，此时便以革命之举相对待，以血还血，以牙还牙，所以以直报怨包含有以德报怨与以怨报怨两者之意。若两者关系仍在人民内部矛盾范围内，以直报怨与以德报怨从精神上讲都是"由仁义行"，只是方式方法有所不同而已。但是若两者关系超过人民内部的关系，此时以直报怨就是以怨报怨之意。

## 14.37

子曰："莫我知也夫！"子贡曰："何为其莫知子也？"

子曰："不怨天，不尤<sup>①</sup>人，下学而上达<sup>②</sup>。知我者其天乎！"

**【注释】**

①尤：责备。

②下学而上达："下学，学于通人事。上达，达于知天命。"（钱穆《论语新解》）

**【译文】**

先生说："没人知道我啊！"子贡问："怎么说别人不知道先生呢？"

孔子说："不怨上天，不责怪别人，下学人事，上达天命。知道我的，或许是上天吧！"

## 【导读】

本章在说,孔子已知命、知天、知人。知天,所以不怨天。知命,因知己之德原于天,凡人之性莫不源于天,人事有否有泰,君子反身而求,所以不尤人。"下学而上达",下学是指洒扫应对,诗书礼乐,甚至所从事的具体工作诸如乘田、委吏、放牧牛羊、管理仓廪之类,从中也可以明心悟道,所以说下学而上达。

### 14.38

公伯寮①愬②子路于季孙。子服景伯③以告,曰:"夫子固有惑志于公伯寮,吾力犹能肆诸市朝④。"

子曰:"道之将行也与?命也。道之将废也与?命也。公伯寮其如命何!"

【注释】_____

①公伯寮:公伯氏,寮名,鲁人。或说是孔子弟子。公伯寮向季氏告发孔子和子路"堕三都"的真实意图在强公室、抑私门。

②愬:同"诉"。进谗言,毁谤,告发。

③子服景伯:名何,鲁国大夫。

④"夫子……市朝":肆者,杀其人而陈其尸。"(季孙)他老人家已被公伯寮迷惑了,但我还有力量把他的尸首在街头示众。"(杨伯峻《论语译注》)

**【译文】**

公伯寮到季孙那里告子路的状。子服景伯将这事告诉了孔子，说："季孙老先生本来就让公伯寮给欺骗了，不过我却有把握取他性命，陈尸示众。"

孔子说："大道要复兴，那是天命；大道要衰落，也是天命。公伯寮怎么能奈何天命呢？"

**【导读】**

本章重在讲顺天命。

## 14.39

子曰："贤者辟避世，其次辟避地，其次辟避色，其次辟避言①。"

**【注释】**

①"辟世……辟言"："避去此世、避居另一地、避开不好的脸色、回避恶言。"（*李泽厚《论语今读》*）

"逃避恶浊社会而隐居、择地而处、避开不好的脸色、回避恶言。"（*杨伯峻《论语译注》*）

**【译文】**

先生说："贤人首先会躲避乱世，其次会躲避乱地，第三会躲避美色，第四会躲避难听不中的言辞。"

贤者避世，指天下无道而隐者，如伯夷、太公等；避地，指"危邦不入，乱邦不居"；避色，指避美色，虽有好德不如好色者也，但是贤者例外；避言，避开是非之言，以求自保。

## 14.40

子曰："作者七人矣。"①

**【注释】** _____

①"本章本连上为一章，朱熹因其别有'子曰'字，分为两章。然仍当连上章为说。作者如见几而作，谓起而避去。"（钱穆《论语新解》）

**【译文】**

先生说："这样做的（指上章中的辟世、辟地、辟色、辟言）有七位了。"

**【导读】**

隐士有七人。

## 14.41

子路宿于石门①。晨门②曰："奚自？"子路曰："自孔氏。"曰："是知其不可而为之者与？"

**【注释】** _____

①石门：鲁城外门。

②晨门：主守门，晨夜开闭者。

**【译文】**

子路在石门住了一夜。第二天一早，看门的问他："从哪里来？"子路说："从孔氏来的。"看门的又问："是明知不可能做成却硬要做的那位吗？"

**【导读】**

"知其不可为而为之"说的是时人以功利计，用这句话来评价孔子，而不知孔子是以道义讲，义之所在为所当为，虽知其不可为也应为之。而所作所为也许于政于事补益不大，但是，就其给社会所留下的精神文化而言，则意义无穷。这种为所当为的精神正是一个民族生存、发展、兴旺所依托的根本。

## 14.42

子击磬于卫，有荷蒉①而过孔氏之门者，曰："有心哉！击磬乎！"既而②曰："鄙哉！硁硁乎！莫己知也，斯己而已矣③。深则厉，浅则揭④。"

子曰："果哉！末之难矣⑤。"

**【注释】** _____

①荷蒉：蒉，草筐。荷蒉，担着草筐。

②既而：不久，一会儿。

③斯己而已矣："便只为你一己也罢了。"（钱穆《论语新解》）

④深则厉，浅则揭："水深的时候，索性连衣裳走过去；

水浅，无妨撩起衣裳走过去。水深比喻社会非常黑暗，只得听之任之；水浅比喻黑暗程度不深，还可以使自己不受沾染。"（杨伯峻《论语译注》）

"水深，履石而渡。水浅，揭裳而过。此讥孔子人不己知而不知止，不能适浅深之宜。"（钱穆《论语新解》）

⑤果哉！末之难矣："好坚决，我没有话可驳倒他了。"（钱穆《论语新解》）

"这真可称作果决了！这样，就没有什么难事了。"（毛子水《论语》）

## 【译文】

先生在卫国，有一天他敲磬奏乐，一个挑草筐的路过门前，说："有心事啊，这样子敲磬！"过一会儿又说，"可卑啊！叮叮当当的声音，好像在说没有人懂自己，敲给自己听罢！河水深，索性直接走过去；河水浅，撩起裤腿蹚过去。"

先生说："说得好干脆啊！如果真像过河一样，就没有什么难的了。"

## 【导读】

这是孔子遇到一位荷蒉者对他讲的话。告诫孔子不要徒劳，顺其自然，水深就穿着衣服蹚过去，水浅就撩起衣服蹚过去。孔子认为作为君子一定要肩负起变"无道之天下"为"有道之天下"的使命，不能贪图安逸而放弃天赋予自己的历史使命。至于是否能完成变天下为有道，其实际功业并不重要，关键在于君子都要有这种为所当为的精神与行动。

## 14.43

子张曰："《书》云：'高宗①谅阴②，三年不言。'何谓也？"子曰："何必高宗，古之人皆然。君薨，百官总己以听于冢宰三年③。"

【注释】

①高宗：商王武丁。

②谅阴：天子居丧守孝。谅阴，也作"谅暗""亮阴"。

③"君薨……三年"："薨，国君死。周礼天官称冢宰，是百官的首长。国君死了，（继承的君王三年不问政事）各部门的官员听命于宰相。"（杨伯峻《论语译注》）

【译文】

子张问："《尚书》讲的'殷高宗守孝，三年不说话'，是什么意思？"先生回答道："何止是高宗，古代的人都这样守孝三年。君主去世，朝廷百官都听命于宰相的吩咐，继任国君三年不问朝政。"

【导读】

本章孔子重在告诉子张，古时天子三年守孝之礼。三年天子不言、不问政，全权委托于宰相。这种三年之丧礼具有诸多意义：第一，继任天子行孝三年，既可昭告天下，以孝治天下，自天子始，孝心移于朝廷即是忠心，孝忠精神深入人心；第二，天子以无为而治为治国的最高宗旨，此三年之丧礼不过问政事，虚静无为，"恭己正南面"就是一种训练；第三，宰相其实是政府的实际领袖，对行政负有实际责任。君逸臣劳，克己复礼为仁，无为而百官、宰相有为，类似君主立宪制。

## 14.44

子曰：“上好礼，则民易使也。”

【译文】

先生说：“居上位的人重视礼制，老百姓就容易服从安排了。”

【导读】

重在说明“正者政也”的道理。

## 14.45

子路问君子。子曰：“修己以敬。”

曰：“如斯而已矣？”曰：“修己以安人①。”

曰：“如斯而已乎？”曰：“修己以安百姓②。修己以安百姓，尧、舜其犹病③诸！”

【注释】_____

①人：“人者，对己而言”。（朱熹《论语集注》）

“‘人’字显然是狭义的‘人’，与百姓相对，即上层人物。”（杨伯峻《论语译注》）

②百姓：“百姓，则尽乎人矣。”（朱熹《论语集注》）

③病：担心，忧虑。

**【译文】**

子路问怎样做君子，先生说："好好安顿自己，做到恭恭敬敬。"

又问："这样就够了吗？"先生说："好好安顿自己，这样去安顿百官。"

又问："这样就够了吗？"先生说："好好安顿自己，这样去安顿天下百姓。靠安顿自己而安顿百姓，就连尧、舜大概也感到力不从心吧！"

**【导读】**

重在讲修身的重要。《大学》中讲"修身，齐家，治国，平天下"，其实就是修己安百姓的具体化。如何修己，从敬开始，敬实为诚敬，所以《大学》中说"欲修其身者，先正其心。欲正其心者，先诚其意。欲诚其意者，先致其知。致知在格物"。格物、致知根本还在于诚敬，诚敬方能尽己之性，尽己之性才能使己之心与他心相通，与他心相通才能与天心相通，如此则身修以仁，身修以道，从而安天下百姓之心。


## 14.46

原壤①夷俟②。子曰："幼而不孙逊弟悌，长而无述③焉，老而不死，是为贼！"以杖叩其胫④。

**【注释】**

①原壤：鲁人，孔子的老朋友。传说母亲死了，他还大声歌唱。

②夷俟："夷，即蹲踞。俟，等待。古时东方夷俗坐如此，故谓之夷。"（钱穆《论语新解》）

另一种解释，两腿叉开坐叫夷，是一种粗俗傲慢的表现。

③长而无述：长大了，无德行可称述。

④叩其胫："膝上曰股，膝下曰胫。以其蹲踞，故所叩当其胫。此乃相亲狎，非挞之。"（钱穆《论语新解》）

【译文】

原壤两腿叉开坐在地上等孔子来。孔子见了说："从小就不知孝悌，长大了没有什么可以称道的作为，一点出息也没有，老了还是一副老不死的样子，我打你这个老贼！"说着就操起棍子轻轻敲他的小腿。

【导读】

这是孔子对待老朋友之过失而进行的劝善，很真切，孔子骂得淋漓痛快，原壤之粗野放肆也描写得很逼真。对这样的老朋友、老顽固，不这样骂，不解决问题。他们之间交情之深之直之诚也可以想见。

## 14.47

阙党①童子将命②。或问之，曰："益③者与？"子曰："吾见其居于位也，见其与先生并行也④。非求益者也，欲速成者也。"

①阙党：古者五百家为党，此党名阙。古音读què，在山东曲阜境内。

②将命：谓传达宾主之命。

③益：长进义。

④"吾见……行也"：居于位，古礼，童子当隅坐，无席位。先生者，先我而生，指长辈言。意为"我见他坐在成年人的席位上，又见他和前辈长者并肩而行"。

## 【译文】

先生家乡阙里一个童子给先生送信，有人问先生："这位童子是要求上进的吗？"先生说："我看见他坐在大人的位子上，还看见他与长辈并肩而行。他不是一位追求进步的人，是一位急于求成的人。"

## 【导读】

本章是孔子批评家乡的一个童子，不懂规矩、不知谦虚退让，想速成的违礼行为。

# 卫灵公第十五

（共41章）

## 15.1

　　卫灵公问陈[1]于孔子。孔子对曰："俎豆之事[2]，则尝闻之矣；军旅之事，未之学也。"明日遂行。

　　在陈绝粮，从者病，莫能兴[3]。子路愠见曰："君子亦有穷乎？"子曰："君子固穷，小人穷斯滥矣[4]。"

【注释】_____

　　①陈：通"阵"，谓兵阵军事。

　　②俎（zǔ）豆之事：俎和豆都是古代盛肉的器皿，行礼时用它，因之借以表示行礼之事。

　　③兴：站起来。

　　④君子固穷，小人穷斯滥矣："君子固亦有穷时，但小人穷，便放溢横行了。"（钱穆《论语新解》）

　　"君子虽然穷，还是坚持着；小人一穷便无所不为了。"（杨伯峻《论语译注》）

【译文】

　　卫灵公问孔子如何排兵布阵，孔子说："祭祀的礼仪，我还听说过一点；军队的事情，可从来没学过。"孔子第二天就离开了卫国。

孔子一行在陈国被围困，把粮食都吃光了。随行弟子也病倒了，个个都站不起来。子路带着一肚子的怨气来见孔子，问道："君子也有穷困而没有办法的时候吗？"先生说："君子在穷困时，能坚守住道义。小人穷困时，就无所不为了。"

## 【导读】

第一段是孔子与卫灵公的对话。孔子认为卫国当下最重要的事情是取信于民。取信于民重在推行礼乐，至于军旅足兵之事还不是卫灵公迫切需要解决的事情。孔子认为为政之要在于"民信、足食、足兵"，足兵之事排在三项之最后。

孔子在陈绝粮，提出"君子固穷"的思想，即君子在任何艰苦的情况下，都要约束自己固守善道，不以其道得之，不去穷困。

## 15.2

子曰："赐也，女汝以予为多学而识之者与①？"对曰："然。非与？"曰："非也。予一以贯之。"

## 【注释】

①多学而识之者与："子贡之学，多而能识矣。夫子欲其知所本也，故问以发之。"（朱熹《论语集注》）

## 【译文】

先生说："赐啊，你以为我是一位博学而且能背诵、记住很多东西的人吗？"子贡说："是啊，难道不是吗？"

说："不是的，我是得出了一个最高原则并且依此最高原则贯穿于我所学所做之中的。"

【导读】

孔子告诉子贡：学习犹如钱绳贯钱；多学而识，犹如钱多而散；一以贯之即是贯钱之绳，钱多无绳必然散失。贯钱之绳其实就是孔子的"志于道"之道，此道在孔子应为中庸之道。

## 15.3

子曰："由！知德者鲜矣。"

【译文】

先生说："由，明白道德的人是很少的啊！"

【导读】

德实际上就是天道在身上的体现，即人之德行。此德行是人与人之间相通的东西。在孔子看来应是"仁"；在孟子看来是"善"；在阳明子看来应是"良知"。

## 15.4

子曰："无为而治者，其舜也与？夫何为哉？恭己正南面①而已矣。"

【注释】

①恭己正南面："恭恭敬敬，端正地站在南面（天子之位）就是了。"（钱穆《论语新解》）

**【译文】**

孔子说："无为而治的，大概就是舜吧？他做了些什么呢？他面对南方恭敬端坐在朝廷上就是了。"

**【导读】**

本章之要在于无为而治，而无为而治最重要的表现就是"恭己正南面"。"恭己正南面"其实就是在上位者修己以德，不参与具体行政事务，也因此不负行政责任，所以其位永远牢固，是天下或民族统一、稳定、精神的象征，不代表任何一个集团、一个党派，甚至一个家族的利益，天下为公。中国汉代的政治体制构建的精神即源于此。宰相地位高、权力大、责任也大，实际上是政府的领袖，皇帝则无为而治，平衡天下。

## 15.5

子张问行。子曰："言忠信，行笃敬，虽蛮貊之邦①行矣。言不忠信，行不笃敬，虽州②里行乎哉？立，则见其参于前③也；在舆，则见其倚于衡也④。夫然后行。"子张书诸绅⑤。

**【注释】** _____

①蛮貊（mò）之邦："蛮在南，貊在北，皆异族。蛮貊之邦可行，斯遍天下皆可行。"（钱穆《论语新解》）

②州：两千五百家为州。

③参于前：在（自己）面前。

④在舆，则见其倚于衡也："舆，车箱。衡，车前横轭（è，驾车时套在牲口脖子上的曲木）。在车箱之内，则见此忠信敬笃

若倚在车前横轭，言无时不见之。"（钱穆《论语新解》）

⑤书诸绅：绅，大带之垂下者。诸，之于。意为"将这些话写在大带上"。

## 【译文】

子张问如何才能通行无碍，先生说："说话老实守信，办事勤恳恭敬，即使远到蛮夷之地也会通行无阻。说话不能诚恳信实，办事不能勤恳认真，即使近在本乡本土也行不通。只要一站，总是看见'忠信笃敬'几个字显在眼前；只要上车，总是看见这几个字刻在辕前横木上。这样子，才可以通行无碍。"子张听了，就把这几个字写在腰带上。

## 【导读】

本章重在忠信笃敬，忠即是凡事尽力忠诚；信即是守信；笃即厚道、忠厚；敬即诚敬。所以不管身处何地，只要忠信笃敬，就可以通行天下。子张听到老师这句话，就将此写在腰带上，以便时时提醒自己。

### 15.6

子曰："直哉史鱼①！邦有道，如矢②；邦无道，如矢。君子哉蘧伯玉！邦有道，则仕；邦无道，则可卷而怀之③。"

## 【注释】

①史鱼：卫国大夫，名鰍。

②如矢：言其直。矢行直前，无迂回。

③卷而怀之：卷，收义。怀，藏义。言可收而藏之。

**【译文】**

先生说："耿直啊史鱼！国家有道，像箭一样直；国家无道，还像箭一样直。君子啊蘧伯玉！国家有道，就出来当官；国家无道，就把本领收藏起来辞官归隐！"

**【导读】**

孔子称赞史鱼是一个直臣，称赞蘧伯玉是个君子，两个人都能死守善道，但蘧伯玉善于权，知道调整变化，"邦有道则仕，邦无道则可卷而怀之"，即藏起来，独善其身。

## 15.7

子曰："可与言而不与之言，失人①；不可与言而与之言，失言。知智者不失人，亦不失言。"

**【注释】**

①失人："错过人才。"（杨伯峻《论语译注》）

"失去了可以结交的朋友。"（张松辉、周晓露《〈论语〉〈孟子〉疑义研究》）

**【译文】**

先生说："应该对人说却没有对人说，就会失掉人；不应该对人说却对人说了，就叫失言。智者不失掉人，也不失言。"

【导读】

本章所讲失言、失人，与孔子讲的戒三愆类似。"可与言而不与之言"与"言及之而不言谓之隐"类同，结果则失人。"不可与言而与之言"与"言未及之而言谓之躁"以及"未见颜色而言谓之瞽"，其结果都是犯"失言"的错误。

## 15.8

子曰："志士仁人①，无求生以害仁，有杀身以成仁。"

**【注释】**

①志士仁人："志士，有志之士。仁人，则成德之人也。理当死而求生，则于其心有不安矣，是害其心之德也。当死而死，则心安而德全矣。"（朱熹《论语集注》）

**【译文】**

先生说："有志之士，仁义之人，绝不会苟且偷生去损害仁义，他可以舍生忘死而成就仁义。"

**【导读】**

杀身成仁与舍生取义精神一致。

## 15.9

子贡问为仁。子曰："工欲善其事，必先利其器。居是邦也，事其大夫之贤者，友其士①之仁者。"

**【注释】**

①士："《论语》中的士，有时指一定修养的人，如'士志于道'的士。有时指有一定社会地位的人。如'使于四方，不辱君命，可谓士矣'的士。此处与大夫并言，可能是'士、大夫'之士，即已做官而位置下于大夫的人。"（杨伯峻《论语译注》）

**【译文】**

子贡问如何培养仁德。先生说："工人要做好工作，一定先准备好精良的工具。住在一个国家，就要好好侍奉大夫中的贤明者，结交士人中的有仁德者。"

**【导读】**

子贡问孔子如何培养仁德，孔子告诉他要经常侍奉士大夫中的有才干者，以及交结士大夫中的仁者，与他们切磋论道，磨砺利器，以成就仁德。

## 15.10

**颜渊问为邦。子曰："行夏之时，乘殷之辂，服周之冕**①**，乐则《韶》《舞》**②**。放郑声，远佞人。郑声淫，佞人殆**③**。"**

**【注释】**

①行夏之时，乘殷之辂，服周之冕：用夏朝的历法，坐殷朝的车子，戴周朝的礼帽。

②乐则《韶》《舞》："《韶》是舜时的音乐。'舞'同

'武'，《舞》，周武王时的音乐。"（杨伯峻《论语译注》）

"孔子言，《韶》尽善尽美，故主用《韶》舞，此言乐，舞者乐之成。"（钱穆《论语新解》）

③"放郑……人殆"：放，禁绝义。淫，过度。"郑声靡曼幻眇，失中正和平之气，使听者导欲增悲，沉溺而忘返，故曰淫。意为'舍弃郑国的曲调，疏远佞人。郑国曲调靡曼，佞人太危殆了'。"（钱穆《论语新解》）

## 【译文】

颜渊问如何治国。先生说："用夏代的历法，坐商代的车子，戴周代的帽子，音乐就用《韶》乐和《舞》乐。不用郑国音乐，疏远花言巧语的人。因为郑国音乐淫秽，花言巧语的人危险。"

## 【导读】

孔子认为治理国家有三要：历法、礼乐、远佞人。历法之要在于不违农时，不违农时则足食。礼乐包括乘殷的车子，戴周的礼帽；乐则选择《韶》《舞》，并远离郑声。殷的车子朴素坚固，周朝的礼帽华而不靡，费而不奢；《韶》《舞》则尽善尽美；郑声淫乱，于治国不利。远佞人，意思是要远离巧言令色之人。三项中所蕴含的精神，着力点仍在礼乐治国，不违农时、远离奸佞。

## 15.11

子曰："人无远虑，必有近忧。"

**【译文】**

先生说："人没有远见，必定会穷于应付眼前的忧患。"

**【导读】**

本章要求：其一，看待问题一定要站得高一些，才能看得远一些。其二，要用中庸思想分析问题，凡事皆有阴阳两面，并且阴中有阳，阳中有阴，凡事有利必有弊，利弊在一体之中。也就是居于阳，则要看到阴，如同居于安则思危，居于治则思乱，居常则思变，一切防患于未然。

## 15.12

子曰："已矣乎！吾未见好德如好色者也①。"

**【注释】**

① "已矣……者也"："据《史记·孔子世家》，孔子'居卫月余，卫灵公与夫人同车，使孔子为次乘，招摇市过之。'孔子因发这一感叹。"（杨伯峻《论语译注》）

**【译文】**

先生说："算了吧，我没有见过喜欢美德如同喜欢美色一样的人。"

孔子在此叹息，与"知德者鲜矣"类似。同时揭示了一个道理，好色者多，好德者少，能像好色一样好德者就更少，所以孔子克己复礼为仁，要从非礼勿视、非礼勿听、非礼勿言、非礼勿动做起。

## 15.13

子曰："臧文仲①其窃位②者与！知柳下惠③之贤，而不与立④也。"

【注释】

①臧文仲：鲁国的大夫，臧孙辰。

②窃位：窃据高位。占有高位而不尽职。

③柳下惠：展氏，名获，字禽，亦字季。柳下可能是其所居，惠为其私谥。

④不与立：谓不与并立于朝。或曰立，位。不与立，即不给予位。

【译文】

先生说："臧文仲是个偷窃官位的人吧！明知柳下惠是个贤才，却不举荐柳下惠和自己同朝做事。"

【导读】

为政之要在于知贤、举贤，知贤而不举是谓窃位。柳下惠之贤，孟子给予了很高的评价，说柳下惠"圣之和也"，什么官都可以当，一心为百姓做事情是其要领。把柳下惠与伯夷、叔齐、伊尹放在一起评价，说伯夷、叔齐"圣之清也"，"伊尹圣之任也"。由此可见，柳下惠之贤而不能被大用，确实是臧文仲的大错。

## 15.14

子曰："躬自厚而薄责于人<sup>①</sup>，则远怨矣。"

**【注释】**

①躬自厚而薄责于人："躬自厚，本当作'躬自厚责'，'责'字探下文'薄责'之责而省略。意为'重责备自己，而轻责备别人'。"（杨伯峻《论语译注》）

**【译文】**

先生说："多责备自己，少责备别人，就会远离怨恨。"

**【导读】**

本章重在说明"远怨"的方法，在于重责备自己而轻责备别人。其实在《论语》当中还有很多方法，比如"放于利而行，多怨"，意思是不要一切以利害观来激励人，"伯夷、叔齐不念旧恶，怨是用希"，"求仁而得仁，又何怨"，言下之意要用"仁"教育人。孟子还说要"反身而诚"，意思是遇到冲突或矛盾，先要反求诸己，礼让他人，这样人与人之间才和谐而不生怨。

## 15.15

子曰：“不曰‘如之何如之何’者，吾末如之何也已矣①。”

**【注释】**

①“不曰……已矣”：“如之何，如之何者，熟思而审处之辞也。不如是而妄行，虽圣人亦无如之何矣。”（朱熹《论语集注》）

**【译文】**

先生说：“不问‘怎么办怎么办’的人，我也不知道拿他怎么办了。”

**【导读】**

本章重在告诫人们要多动脑筋，遇到问题多思考，把问题看得难一些、复杂一些，有利于更好地解决问题。

## 15.16

子曰：“群居终日，言不及义，好行小慧①，难矣哉！”

**【注释】**

①言不及义，好行小慧：“言谈不及道义，专好逞使小聪明。”（钱穆《论语新解》）

**【译文】**

先生说：“大家整天待在一起，不说一句识大体的话，尽耍小聪明，对这些人，真没有办法啊！"

【导读】

本章与"饱食终日，无所用心，难矣哉"意思接近。"群居终日"，说明无所事事之徒；"言不及义"，说明其小人之本性；"好行小慧"，言其巧言令色之辈。

### 15.17

子曰："君子义以为质，礼以行之，孙逊以出之，信以成之①。君子哉！"

【注释】

①"君子……成之"："君子以正义为本质，通过礼制实行它，用谦逊的语言表达它，守住信任完成它。"（李泽厚《论语今读》）

【译文】

先生说："君子以道义为根本，用礼法实践道义，依靠谦和的言语表达道义，用信实成就道义。这就是君子！"

【导读】

本章说君子是"义、礼、谦、信"四德之合一者。义是灵魂，是质。礼用以节制行为。逊是谦虚的态度，信实才能成功。与孔子讲的"文质彬彬，然后君子"类似。

## 15.18

子曰："君子病无能焉，不病人之不己知也。"

**【译文】**

先生说："君子担心自己没有才华，不担心别人不了解自己的才华。"

**【导读】**

本章与"人不知而不愠，不亦君子乎""不患人之不己知，患其不能也"意相近。

## 15.19

子曰："君子疾没世而名不称焉①。"

**【注释】**

①"君子……称焉"："君子学以为己，不求人知。然没世而名不称焉，则无为善之实可知矣。"（钱穆《论语新解》）

**【译文】**

先生说："君子最担心死后没有好名声而被人称道。"

**【导读】**

君子不在求名，而在乎自己为社会无所作为，与上文"君子病无能焉"也有相同处。

## 15.20

子曰：“君子求诸己，小人求诸人。”

**【译文】**

先生说：“君子要求自己，小人要求别人。”

**【导读】**

君子遇到问题首先检讨自己，反省自身；而小人相反，只把责任推给对方或者各种环境因素，所以“小人过也必文”。

## 15.21

子曰：“君子矜而不争，群而不党①。”

**【注释】**

① “君子……不党”：“庄以持己曰矜，然无乖戾之心，故不争。和以处众曰群，然无阿比之意，故不党。”（朱熹《论语集注》）

**【译文】**

先生说：“君子自尊自重，不与人争执；君子合群与人团结，不拉帮结派。”

**【导读】**

君子之志在于道，道之于人则是仁。仁者，人与人之相通之心。我不希望别人抢我的东西，那么别人也不希望我抢他的东西。因此，人与人间应该礼让。至于“群而不党”，君子之志在为全社会服务。结党离群则会使君子局限于党争，目光狭小，被党之利益所限制，从而不能胸怀社会，不能明德，不能亲民，不能止于至善。

## 15.22

子曰："君子不以言举人，不以人废言。"

**【译文】**

先生说："君子不因为一个人话说得好就举荐他，也不会因为他人不好就认为他说的话一定不对。"

**【导读】**

钱穆说："有言不必有德，故不以言举人。然亦不以其人之无德而废其言之善，因无德亦可有言。"

## 15.23

子贡问曰："有一言<sup>①</sup>而可以终身行之者乎？"子曰："其恕乎！己所不欲，勿施于人。"

**【注释】**

①一言：古人称一字为一言。

**【译文】**

子贡问道："有没有一个字值得终生坚守去做的呢？"先生说："应该是恕吧。自己不乐意做的，就不要强加于人。"

**【导读】**

恕既有如心之意，也有对别人宽恕之意。如心是推己及人；宽恕是对别人不高的要求，或者称之为低限的要求，具有宽恕他人的含义在内。所以恕即"己所不欲，勿施于人"，是实现人与人和谐的基本方法。

## 15.24

子曰："吾之于人也，谁毁谁誉①？如有所誉者，其有所试②矣。斯民也，三代之所以直道而行也③。"

**【注释】**

①谁毁谁誉：批评了谁，赞扬了谁。

②其有所试：那是经过事实考证的。

③"斯民……行也"："三代，夏、商、周也。直道，无私曲也。言吾之所以无所毁誉者，盖以此民，即三代之时所以善其善、恶其恶而无所私曲之民。"（朱熹《论语集注》）

**【译文】**

先生说："我对于别人，诋毁过谁？称赞过谁？如果是要称赞哪个人，也是有所验证的。夏商周三代人，都是这样直来直去的。"

**【导读】**

孔子对直道很重视，而直道则主要体现在毁誉方面。"毁"指揭人之过而损其真；"誉"指扬人之善而过其实。毁誉与好恶对于是非具有同样的作用，社会一旦是非混乱、善恶不分，天下必然会无道。所以直道待人，一定不要因己之好恶为转移，不能求得每个人的欢喜。如赞誉一个人一定要经过调查考证，同样，如诋毁一个人，也应有根据。这种直道也是历史学家所应具备的品德。

### 15.25

子曰："吾犹及史之阙文也，有马者借人乘之<sup>①</sup>。今亡<sub>无</sub>矣夫！"

**【注释】**

①"吾犹……乘之"："我能看到官文书上有空阙的字（有疑则阙），有马的人借人使用。"（钱穆《论语新解》）

"有马不能调良，则借人乘习之。"（李学勤《论语注疏》）

**【译文】**

先生说："我还可以看到史籍的缺字存疑处，好比有马不会驯养，就先借给会驯养的人骑。如今没有这样的人了！"

**【导读】**

孔子说他看到过史官记载历史，对于有疑问的事，缺而不录，所以有阙文。让后来者也来一起思考、查询、考证阙文，这就如同有马借给人骑一样。今天没有这种求真的精神了，阙文也看不到了。

## 15.26

子曰："巧言乱德，小不忍，则乱大谋。"

**【译文】**

先生说："花言巧语，会搞乱道德，混淆是非。小事忍不了，会坏了大事。"

**【导读】**

花言巧语，败坏道德，小事不能忍受，则要败坏大事。前一句是在谈直道的重要，后一句是在谈直而无礼，则乱大事。

## 15.27

子曰："众恶之，必察焉；众好之，必察焉。"

**【译文】**

先生说："大家都讨厌的人，一定要考察；大家都喜欢的人，也一定要考察。"

**【导读】**

众人皆恶之，众人皆好之，必须重新考察。

## 15.28

子曰："人能弘道，非道弘人①。"

**【注释】**

①人能弘道，非道弘人："人能弘大道，但道不能弘大

人。"（钱穆《论语新解》）

"仁者见之谓之仁，知（智）者见之谓之知（智），是人才大者，道随之大也，故曰人能弘道。百姓则日用而不知，是人才小者，道亦随小，而道不能大其人也，故曰非道弘人。"（李学勤《论语注疏》）

**【译文】**

先生说："人能弘扬道德，不是道德拉着人走。"

**【导读】**

道是天人合一之同然处，此同然处也是人与人之同然处，此同然处也称之心，此心即是道，所以道离不开人的活动。人的努力可以使道得以弘扬，正如"我欲仁，斯仁至矣"。

## 15.29

子曰："过而不改，是谓过矣①。"

**【注释】**

①过而不改，是谓过矣："人道日新，过而能改，即是无过。唯有过不改，其过遂成。若又加之以文饰，则过上添过矣。"（钱穆《论语新解》）

**【译文】**

先生说："错了而不改，这才叫真错。"

人非圣贤，孰能无过。有过失能改正，可以去过，尤其是能无贰过者，就更难能可贵了。

## 15.30

子曰："吾尝终日不食，终夜不寝，以思，无益，不如学也。"

【译文】

先生说："我曾经整天不吃，整夜不睡，一天到晚想啊想，发现没什么长进，还不如读书学习。"

【导读】

孔子主张学思兼顾，"学而不思则罔，思而不学则殆"。本章是在为思而不学的人所说的。如果只是思考，不学习前人的经验，即便废寝忘食，也不会有进步，有时还会走偏。

## 15.31

子曰："君子谋道不谋食。耕也，馁在其中①矣；学也，禄在其中矣。君子忧道不忧贫。"

【注释】

①馁在其中：馁，饿义。"耕以谋食，亦有饥饿之患。学以谋道，亦有禄仕之获。"（钱穆《论语新解》）

## 【译文】

先生说："君子考虑求道问题，而不考虑饭碗问题。耕地的不学道，也会没饭吃；学道的却有俸禄。君子担心不能得道，不担心钱财。"

## 【导读】

本章孔子告诉人们学习的目的仍在"志于道"。耕田嘛，免不了饿肚子；读书嘛，可以为官有俸禄。所以君子担心道不能行，不担心贫穷。

### 15.32

子曰："知智及之①，仁不能守之，虽得之，必失之。知智及之，仁能守之，不庄以莅之，则民不敬。知智及之，仁能守之，庄以莅之，动之不以礼，未善也。"

## 【注释】

①知及之："'知及之'诸'之'字究竟何指，原文未曾说出。以"不庄以莅之""动之不以礼"诸句来看，似是小则指卿大夫士的禄位，大则指天下国家。不然，不会涉及临民和动员人民的。"（杨伯峻《论语译注》）

"之，指官位。意为'聪明才智足以得到它。'"（毛子水《论语》）

"之，指治民之道。意为'（一个上位者）他的智足以知道此道了'。"（钱穆《论语新解》）

先生说："才华智慧够了，而仁德不够，虽然得到官位，也必定失去。才华够了，仁德能守住它，但办事不严肃认真，百姓就不会敬服。才华够了，仁德也能守住，办事也严肃认真，但举手投足不合礼仪，那还不是最完备的。"

【导读】

本章着重在"仁、智、庄、礼"四个字上。守仁是做人做事做官等的根本，否则虽然得到了，但是守不住；智与仁都达到了，但是如果不能以庄重心相对待，则百姓会散漫；智能得到，仁能守之，也有庄重恭敬的态度，但是行动起来没有礼的节制，或者缺乏礼乐的文采，也不是完美的。

## 15.33

子曰："君子不可小知，而可大受也；小人不可大受，而可小知也①。"

【注释】

① "君子……知也"："盖君子于细事未必可观，而才德足以任重；小人虽器量浅狭，而未必无一长可取。"（朱熹《论语集注》）

【译文】

先生说："君子不可用什么固定的尺子去衡量，却可以授予大任；小人不可授予大任，却可以用尺子衡量。"

君子的才德足以承负大任，但是未必在小的方面很有智慧；一般人虽然在某些小事方面很有智慧，但是却不能委以重任。

## 15.34

子曰："民之于仁也，甚于水火①。水火，吾见蹈而死者矣，未见蹈仁而死者也。"

【注释】

①甚于水火：（百姓对仁德的需要）尤甚于对水和火的需要。

【译文】

先生说："民众对于仁道，比需要水火还急迫。为了水火，我见过有跳进去送命的，却没见为获取仁道而牺牲的。"

【导读】

水火是百姓日常生活中所必需的。然而"仁"对于百姓，则甚于水火，因为"仁"是人之所以为人的价值所在。孔子说他见有人因水火而死，却未见为追求"仁"而死，指出人们往往舍本求末。

## 15.35

子曰："当仁，不让于师①。"

①当仁，不让于师："面临着仁德，就是老师，也不同他谦让。"（杨伯峻《论语译注》）

"若遇行仁之事，在己即当率先向前，莫让给众人为之。"（钱穆《论语新解》）

**【译文】**

先生说："在仁义面前，对老师也不要谦让。"

**【导读】**

面对名与利，一定要让给他人，但是面对牺牲、辛劳、奉献，则一定要抢先而为。

## 15.36

子曰："君子贞而不谅①。"

**【注释】**

①贞而不谅："贞，正而固也。谅，则不择是非而必于信。"（朱熹《论语集注》）

"坚持正义而不固守小信。"（李泽厚《论语今读》）

"贞者，存于己而不变。谅者，求信于人。……义之与比，贞也。言必信，行必果，则匹夫匹妇之为谅。"（钱穆《论语新解》）

**【译文】**

先生说："君子一身正气坚守大道，但不固执于小信。"

君子求大义而信，不求不义而信。正如孟子所言："大人者，言不必信，行不必果，唯义之所在。"

## 15.37

子曰："事君，敬其事而后其食<sup>①</sup>。"

**【注释】**

①后其食：食禄在后。

**【译文】**

先生说："给君王办事，把事情办好是最要紧的，待遇是其次的。"

**【导读】**

侍奉君主，先要认真工作，至于俸禄的事则放在后面。

## 15.38

子曰："有教无类<sup>①</sup>。"

**【注释】**

①有教无类："人人我都教育，没有（贫富、地区等等）区别。"（杨伯峻《论语译注》）

"人性皆善，而其类有善恶之殊，气息之染也。故君子有教，则人皆可以复与善，而不当复论其类之恶矣。"（朱熹《论语集注》）

## 【译文】

先生说:"所有的人都应该受到教育,无论其身份、地位、职业与性别等。"

## 【导读】

有教无类有两种含义:其一,所有的人都应受到教育。这是孔子将贵族教育平民化的思想。其二,所有的人都可以通过教育而向善,因为人皆有尧舜之心。

## 15.39

子曰:"道不同,不相为谋。"

## 【译文】

先生说:"价值观不同,不要在一起共事。"

## 【导读】

"道不同"是指价值观不同。比如"君子以义为质,小人以利为本""小人党而不群,君子群而不党",意思是小人为某些人服务,而君子则为天下大群服务。因此两者之间难以相处,不能在一起谋划事情。

## 15.40

子曰:"辞达<sup>①</sup>而已矣。"

## 【注释】

①辞达:"辞,指辞令。列国邦交,奉使者主要在传达使

命。国情得达，即是不辱君。意为'奉命出使，他的辞令，只求能传达国家使命便够'。"（钱穆《论语新解》）

"言辞，足以达意便罢了。"（杨伯峻《论语译注》）

**【译文】**

先生说："言辞足以表达明白，就行了。"

**【导读】**

辞达与巧言是对立的，与言过其实也是对立的；同时也反对"文胜质则史"与"质胜文则野"。辞达遵守直道而言，文质彬彬，恰到好处。


## 15.41

师冕<sup>①</sup>见，及阶，子曰："阶也。"及席，子曰："席也。"皆坐，子告之曰："某在斯<sup>②</sup>，某在斯。"

师冕出。子张问曰："与师言之道与<sup>③</sup>？"子曰："然。固相<sup>④</sup>师之道也。"

**【注释】** _____

①师冕：乐师，名冕。古代乐官一般是盲人。

②某在斯：孔子列举在座者以告。

③与师言之道与："这是同盲人讲话的方式吗？"（杨伯峻《论语译注》）

"刚才和师冕这么说，也是道吗？"（钱穆《论语新解》）

④固相：固，固然，本如此。相，帮助。

**【译文】**

冕乐师来了，走到台阶边，先生提醒他："这是台阶。"到座席边，先生提醒说："这是座席。"都坐下了，先生告诉他："这位是某某，这位是某某。"

冕乐师走后，子张问道："跟乐师谈话，就是这种方式吗？"先生说："是的，这本来就是帮助盲人乐师的方式。"

**【导读】**

这是师冕访问孔子，孔子给他引路的场景。

# 季氏第十六

（共14章）

16.1

季氏将伐颛臾。冉有、季路见于孔子曰："季氏将有事于颛臾[1]。"

孔子曰："求！无乃尔是过[2]与？夫颛臾，昔者先王以为东蒙主[3]，且在邦域之中矣，是社稷之臣也。何以伐为[4]？"

冉有曰："夫子欲之，吾二臣者皆不欲也。"

孔子曰："求！周任[5]有言曰：'陈力就列，不能者止[6]。'危而不持，颠而不扶，则将焉用彼相矣[7]？且尔言过矣。虎兕出于柙，龟玉毁于椟中[8]，是谁之过与？"

冉有曰："今夫颛臾，固而近于费。今不取，后世必为子孙忧。"

孔子曰："求！君子疾夫舍曰欲之[9]而必为之辞。丘也闻有国有家者，不患寡而患不均，不患贫而患不安[10]。盖均无贫，和无寡，安无倾[11]。夫如是，故远人不服，则修文德以来[12]之。既来之，则安之。今由与求也，相夫子，远人不服而不能来也；邦分崩离析而不能守也。而谋动干戈于邦内。吾恐季孙之忧，不在颛臾，而在萧墙[13]之内也。"

## 【注释】

①有事于颛（zhuān）臾（yú）：颛臾，鲁国的附庸国家，在今山东省费县西。

"《左传》：'国之大事，在祀与戎。'这里'有事'即指用兵。"（杨伯峻《论语译注》）

②无乃尔是过：无乃，恐怕是。是，复指你。过，责备。

③东蒙主：东蒙，即蒙山，在鲁东，故名东蒙。主，主持祭祀。鲁使颛臾主其祭。

④何以伐为：为什么要攻打呢？

⑤周任：古代的一位史官。

⑥陈力就列，不能者止："列，位也。言当计陈其才力，度己所能以就位。不能胜任则止。"（钱穆《论语新解》）

⑦"危而……相矣"：相，如相瞽（盲人）之相。"譬如盲人遇到危险，不去扶持；将要摔倒了，不去搀扶。那又何必用助手呢？"（杨伯峻《论语译注》）

⑧"虎兕（sì）……椟中"：兕，犀牛。柙，笼子、栅栏。椟，木匣子。

⑨舍曰欲之："实是私心欲之，乃必更作他言，君子疾于此等之饰词。"（钱穆《论语新解》）

⑩"不患……不安"："当写作'不患贫而患不均，不患寡而患不安'，与下文对应。"（杨伯峻《论语译注》）

⑪安无倾：社会安定，国家就没有倾覆的危险。

⑫来：同"徕"，招徕、吸引。

⑬萧墙："'萧墙'是鲁君用的屏风，人臣至此屏风，便

肃然起敬，所以叫萧墙。'萧墙之内'是指鲁君。"（杨伯峻《论语译注》）

## 【译文】

季氏要攻打颛臾。冉有、子路去报告孔子说："季氏要对颛臾动武了。"

孔子说："冉求啊，这不是你的过失吗？颛臾的祖先曾经被先王封为东蒙山的主祭，而且疆土早就在我们的国境里面，是我们鲁国的臣属，为什么要去攻打呢？"

冉有说："是季孙先生要去打，我们两位家臣都不支持。"

孔子说："冉求啊，周任有句话说：'做事尽职尽责，实在不行就辞职。'遭难了不帮一把，要倒了不扶一把，那还要用宰相干什么呢？况且你的话也有过错啊。猛虎犀牛冲出笼子，龟甲美玉碎在木制的柜子里，是谁的失职啊？"

冉有说："如今的颛臾，城防坚固，紧靠季氏的费地。这次不打下来，对后代子孙一定是个隐患。"

孔子说："冉求啊，君子最讨厌的，就是嘴上说无所求，却尽找借口。我听说不管是诸侯国还是大夫家，都不担心财富少而担心分配不公，不担心人口少而担心不安定。大概是说财富分配公平了，就没有穷人；社会和谐了，就不会缺人；人心安定了，就不会翻天。这样做下去，如果远方的人还不能心悦诚服，就自己好好修身正德，把人家吸引过来。吸引过来后，就使他们安居乐业。而如今子路、冉求你们两个作为辅佐季氏的臣子，远方的人不归附，你们也吸引不来；国家四分五裂，你们也收拢不住。

心里盘算的竟然是在国内大动干戈。我担心季氏的麻烦不在颛
臾，而在宫殿的门屏之内吧。"

## 【导读】

本章是孔子与冉求、子路关于季氏要攻打附属国颛臾的一
段对话。孔子提出了几条重要的主张：第一，颛臾是鲁国的一部
分，并且主持东蒙的祭祀，是鲁国的社稷之臣，攻打颛臾是内
战。而且颛臾得民心，没有过错，攻打颛臾就是师出无名。第
二，作为臣子应该向季氏直谏，不可"危而不持，颠而不扶"，
更不能口是心非，掩盖自己的私心，不说真心话，强词夺理。第
三，应巩固内政，修文德以服远，更不能谋动干戈于邦内。巩固
内政应该均无贫、和无寡、安无倾，意思是说老百姓"不患贫而
患不均，不患寡而患不安"。所以关键在于合理分配，消除过度
的贫富差别，使社会和睦与安定。以此为基础，再修文德以怀
远。第四，国家之祸往往不在外部而在内部，所以孔子说季氏之
祸不在颛臾而在萧墙之内。

### 16.2

**孔子曰："天下有道，则礼乐征伐自天子出；天下无道，
则礼乐征伐自诸侯出。自诸侯出，盖十世希<sub>稀</sub>不失矣；自大夫
出，五世希<sub>稀</sub>不失矣；陪臣<sup>①</sup>执国命，三世希<sub>稀</sub>不失矣。天下有
道，则政不在大夫。天下有道，则庶人不议<sup>②</sup>。"**

## 【注释】

①陪臣：大夫的家臣。

②庶人不议：老百姓就不会议论纷纷。

## 【译文】

孔子说："天下走正道，礼乐和军事都由天子管；天下不走正道，礼乐和军事都由诸侯管。天下大事由诸侯管，大概十代就少有不灭亡的；邦国大事由大夫管，传到五代少有不灭亡的；邦国大事由陪臣管，传到三代少有不灭亡的。天下走正道，邦国大权就不会落入大夫手中。天下走正道，老百姓就不会非议政府。"

## 【导读】

本章是孔子纵论历史大势。主要观点有：第一，权力必须集中于天子，这些权力主要指制定礼乐之权，军权在此表现为出兵征伐权。第二，征伐权若从诸侯出，国祚估计不会延续到三百年；征伐权若从大夫出，国祚大概不会延续到一百五十年；征伐权若从陪臣出，国祚大概不会延续到九十年。第三，天下有道，政在中央，并且老百姓不会议论国政。

### 16.3

孔子曰："禄之去公室①五世矣，政逮于大夫②四世矣，故夫三桓③之子孙微④矣。"

## 【注释】

①禄之去公室：谓爵禄赏罚之权不从君出。

②政逮于大夫：逮，及义。政权落到大夫之手。

③三桓：鲁国的三家，仲孙（即孟孙）、叔孙、季孙都出于鲁桓公，故称"三桓"。

④微：衰微。

## 【译文】

孔子说："鲁君失去政权已经五代了，政权落在大夫手中已经四代了，所以三桓的子孙也衰弱不振了。"

## 【导读】

天下无道，自天子衰而诸侯兴开始，诸侯衰而大夫兴，大夫衰而陪臣兴。现在鲁国公室已衰败五世了，政在大夫手中已有四世了。所以三桓的子孙快要完了。

## 16.4

孔子曰："益者三友，损者三友。友直，友谅①，友多闻，益矣。友便辟，友善柔，友便佞②，损矣。"

## 【注释】

①谅：信也。

②友便辟（bì），友善柔，友便佞："便辟，谓习于威仪而不直。善柔，谓工于媚悦而不谅。便佞，谓习于口语，而无闻见之实。"（朱熹《论语集注》）

"同谄媚奉承的人交友，同当面恭维背面诽谤的人交友，同夸夸其谈的人交友。"（杨伯峻《论语译注》）

## 【译文】

孔子说："好朋友有三种，坏朋友有三种。结交正直、守信、见多识广的朋友，有好处。结交不正直、伪善、巧舌如簧的朋友，有坏处。"

## 【导读】

益友三种：正直的朋友、诚实的朋友、见识广博的朋友。损友三种：走邪道的朋友、阿谀奉承的朋友、花言巧语的朋友。

### 16.5

孔子曰："益者三乐，损者三乐。乐节礼乐，乐道人之善，乐多贤友，益矣。乐骄乐①，乐佚游②，乐宴乐，损矣。"

## 【注释】

① "节礼……骄乐"："节，谓辨其制度声容之节。骄乐，则侈肆而不知节。"（朱熹《论语集注》）

②佚（yì）游：怠佚游荡。

## 【译文】

孔子说："三种快乐有好处，三种快乐有害处。乐意用礼乐调理自己，乐意称赞别人的优点，乐意结交贤德之士，有好处。乐意以骄慢为乐的，乐意游手好闲的，乐意大吃大喝的，有害处。"

## 【导读】

有益的快乐有三类：以礼乐节制自己为快乐，以称道别人的好处为快乐，以交往贤能的朋友为快乐。三类有益的快乐，一益中和之心，二益礼乐文化，三益向上进取的社会风尚。有损的快乐有三类：以骄慢放肆为快乐，以闲逸游荡为快乐，以饮宴荒淫奢华为快乐。三类有损的快乐，一损平和之心，二损健康之身，三损社会的和谐气象。

## 16.6

孔子曰："侍于君子有三愆①：言未及之而言②谓之躁③，言及之而不言谓之隐④，未见颜色而言谓之瞽⑤。"

**【注释】**

①愆（qiān）：过失。

②言未及之而言："没轮到他说话，却先说。"（杨伯峻《论语译注》）

③躁：轻躁，不安静。

④隐：有所隐匿，不尽情实。

⑤瞽：无目者。不能察言观色，犹如无目也。

**【译文】**

孔子说："侍陪君子说话，有三种过失要注意：话题还没谈到的，就先说了，叫作急躁；话题已经谈到了，却不说，叫作隐瞒；不注意脸色，张口就说，叫作盲目。"

**【导读】**

本章重在告诫人们要慎言，不妄语，这样才能不失言、不失人。

## 16.7

孔子曰："君子有三戒：少之时，血气未定，戒之在色；及其壮也，血气方刚，戒之在斗；及其老也，血气既衰，戒之在得。"

**【译文】**

孔子说："君子有三点要避免：少年时代，血气未定，要避免迷恋情色；到了壮年，血气方刚，要避免争强好胜；等到老了，血气衰弱了，要避免贪欲，不能什么都伸手要。"

**【导读】**

人在不同的年龄段，由于血气不同而容易犯不同的错误。即少年戒色、中年戒斗、晚年戒贪。相反言之，少年养蒙以正，即去智保性；中年养谦，以礼让待人；晚年养静，清淡寡欲无为。

## 16.8

孔子曰："君子有三畏：畏天命，畏大人<sup>①</sup>，畏圣人之言。小人不知天命而不畏也，狎大人，侮圣人之言。"

**【注释】**

①畏大人：畏，敬畏。大人，居高位者。

**【译文】**

孔子说："君子有三点要敬畏：敬畏天命，敬畏大人，敬畏圣人的话。小人不知天命，所以不敬畏天命，戏弄大人，轻视圣人的话。"

畏天命，就是敬畏天，命就是天的命令。在孔子看来宇宙万物有一主宰，即为天，但是天是与人合一的，天与人可沟通，并且有一同然处，即是"仁"。所以说"积善之家有余庆"，智及之，仁不及之不能守之。

畏大人，大人是有德且居高位者，是贤者的代表，所以必须敬畏。

畏圣人之言，圣人之言就是圣人顺应天命，信而好古，述而不作，留下来的属于文化之源之本的文字，不可不敬畏。

## 16.9

孔子曰："生而知之者，上也；学而知之者，次也；困而学之，又其次也；困而不学，民斯为下矣。"

【译文】

孔子说："天生就知道的，属于上等；学了才知道的，次一等；遇到困难才学习的，又次一等；遇到困难还不知学习，这种人就等而下之了。"

【导读】

孔子对人分四类：生下来就有知识的，是上等；学习而有知识者是次等；遇到困难而学习者是又次等；遇到困难仍不知学习者为下等。上等与下等少见，不是常理；而次等与又次等则为常见之人。

## 16.10

孔子曰："君子有九思：视思明，听思聪，色思温，貌思恭，言思忠，事思敬，疑思问，忿思难<sup>①</sup>，见得思义。"

**【注释】** _____

①忿思难：将发怒了，考虑有什么后患。

**【译文】**

孔子说："君子有九个问题要想到：看，就想到要看清楚；听，就想到要听得全面；脸色一动，就想到要温和；举手投足，就想到要谦恭；开口说话，就想到要实话实说；做事，就想到要敬业认真；有疑惑，就想到虚心请教；有冲动，就想到后患无穷；见到名利，就想到道义是否允许。"

**【导读】**

九思是一种修身的方法，具有可操作性。看，要力求明白；听，要力求清晰全面；与人相处，脸色要温和；容貌要庄重；言语要忠厚可信；做事要认真谨慎；有疑问一定要请教；发怒了一定要考虑后果；看见利益一定要考虑是否取之有道。

## 16.11

孔子曰："见善如不及，见不善如探汤<sup>①</sup>。吾见其人矣，吾闻其语矣。隐居以求其志，行义以达其道。吾闻其语矣，未见其人也。"

**【注释】** _____

①探汤：汤，沸水。意为将手伸进沸水中，又赶快把手抽回来。

**【译文】**

孔子说："看到好榜样，好像唯恐追不上；见到邪恶的人，就像把手伸进开水里一样担心。我见过这种人，也听过这种话。以隐居来保全自己的志向，依靠道义推行自己的主张而造福天下，我听过这种话，却没见过这种人。"

**【导读】**

《论语》中记载过许多隐士，但是他们只是隐居，没能"行义以达其道"。不像孔子所说"天下有道则现，无道则隐"，"用之则行，舍之则藏"。比如孟子赞扬孔子是"圣之时也"，就是说孔子该隐则隐，该仕则仕，但是不管所隐所仕，皆不忘记自己的使命。隐时，独善其身，以传承文化为己任，述而不作，学而不厌，诲人不倦；仕时，以道事君，变无道之天下为有道之天下。

### 16.12

齐景公有马千驷①，死之日，民无德而称焉。伯夷、叔齐饿于首阳②之下，民到于今称之。其斯之谓与③？

①千驷：古代一般用四匹马驾一辆车，一驷就是四匹马，所以千驷就是四千匹马。

②首阳：山名。

③其斯之谓与："《颜渊第十二》中'诚不以富，亦祗以异'两句应移至'其斯之谓与？'之前，可译为'就是这个意思吧'。"（钱穆《论语新解》）

【译文】

齐景公有马四千匹，到死那天，老百姓没有谁说他好的。伯夷、叔齐在首阳山下挨饿，老百姓至今都称赞他们。（这实在不是富裕与不富裕的问题，而是品德的不同。）就是说的这个意思吧。

【导读】

本章以齐景公与伯夷、叔齐进行比较。齐景公平日有一千乘车，伯夷、叔齐连饭都吃不上，饿死在首阳山。但是，齐景公死时，老百姓不觉得悲哀与遗憾，而伯夷、叔齐，老百姓到今天还在称颂他们。

### 16.13

陈亢①问于伯鱼曰："子亦有异闻②乎？"

对曰："未也。尝独立，鲤趋而过庭③。曰：'学《诗》乎？'对曰：'未也。''不学《诗》，无以言。'鲤退而学《诗》。他日又独立，鲤趋而过庭。曰：'学礼乎？'

对曰：'未也。''不学礼，无以立。'鲤退而学礼。闻斯二者。"

陈亢退而喜曰："问一得三，闻《诗》，闻礼，又闻君子之远④其子也。"

## 【注释】

①陈亢（gāng）：即陈子禽。

②异闻：陈亢疑孔子教其子或其私厚，异乎门徒之所闻。

③趋而过庭：孔子独立在堂上，伯鱼从堂下中庭趋而过之。趋，小步快走，在人面前表示恭敬。

④远：古音读yuàn，不亲近、不偏向。

## 【译文】

陈亢问伯鱼："您从先生那里曾得到什么不同的教导吗？"

伯鱼回答道："没有。有一次，先生一个人站在庭院中，鲤快步走过去。先生就问：'学《诗》了吗？'鲤回答道：'没有。'先生说：'不学《诗》，就不会说话。'鲤回去就赶紧学《诗》。有一天先生又独自站在庭院中，鲤快步走过去。先生又问：'学礼了吗？'鲤回答道：'没有。'先生说：'不学礼，就没法立足。'鲤回去就赶紧学礼。鲤听到的教导就是这两句。"

陈亢回去后心中很欢喜，说："问他一句，竟得到三个道理：知道要学《诗》，知道要学礼，知道君子教育子女与其他弟子是一样的。"

通过陈亢与伯鱼的对话，陈亢得到了三条收获，即不学《诗》，无以言；不学礼，无以立；孔子对待学生不隐瞒，与对待儿子一样，不偏不倚。

## 16.14

**邦君之妻，君称之曰夫人，夫人自称曰小童；邦人称之曰君夫人，称诸异邦曰寡小君；异邦人称之亦曰君夫人。**

【译文】

国君的妻子，国君称她为"夫人"，夫人自己谦称"小童"。本国人尊称她为"君夫人"，本国人在外国人面前则谦称她"寡小君"。外国人称呼她，也是称"君夫人"。

【导读】

这是关于称呼的一些礼仪。

# 阳货第十七

（共26章）

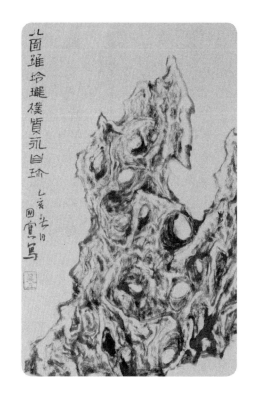

## 17.1

阳货<sup>①</sup>欲见孔子，孔子不见，归<sub>馈</sub>孔子豚<sup>②</sup>。

孔子时<sub>伺</sub>其亡<sup>③</sup>也，而往拜之，遇诸涂<sub>途</sub><sup>④</sup>。

谓孔子曰："来！予与尔言。"曰："怀其宝而迷其邦<sup>⑤</sup>，可谓仁乎？"曰："不可。""好从事而亟<sup>⑥</sup>失时，可谓知<sub>智</sub>乎？"曰："不可。""日月逝矣，岁不我与。"

孔子曰："诺。吾将仕矣。"

**【注释】**＿＿＿＿＿＿＿＿＿＿＿＿＿＿＿＿＿＿＿＿＿＿＿＿＿＿＿

①阳货：季氏家臣，名虎。

②归孔子豚：归，通"馈"，馈赠。豚，小猪，或说蒸熟了的小猪。"当时，'大夫有赐于士，不得受于其家，则往拜其门。'阳货就是利用这一习俗，趁孔子不在家，送了一个蒸熟的小猪去。"（杨伯峻《论语译注》）

③时其亡：时，通"伺"，窥伺。亡，外出，不在。

④遇诸涂：涂，通"途"，道路。在路上相遇了。

⑤迷其邦：使其邦迷乱。

⑥亟：屡次。

**【译文】**

阳货希望孔子去拜访他，孔子不去，阳货就送给孔子一只煮熟的小猪。

孔子趁阳货不在家的时候前往拜谢，不巧在路上相遇了。

阳货对孔子说："过来，我有话对你说。"就开口问道，"怀里藏着宝器，却不亮出来给国家指点迷津，这样做是仁人吗？"孔子说："不是！"阳货问："一心想参与政事，干一番大事，却一再错失良机，这样做能叫聪明吗？"孔子说："不能！"阳货说："光阴荏苒，年岁不等人啊！"

孔子说："好的，我要出来做官了。"

**【导读】**

本章是关于阳货劝说孔子做官的故事。从中可以得到以下认识：一，孔子对待陪臣执国命的阳虎，还是以礼相对待，当时礼俗有"大夫有赐于士，不得受于其家，则往拜其门"。所以虽然不想见，孔子还是等阳虎不在家时往拜。二，孔子与阳虎谈话，顺从阳虎，态度谦逊，真有一些"危行言逊"之感。三，阳虎也是有才干的，其表现之一，礼贤孔子，馈送小猪，请孔子出仕。表现之二，对孔子所讲很符合常理，诸如"怀其宝而迷其邦""好从事而亟失时""日月逝矣，岁不我与"！意思是说孔子怀有一身本领，却听任国家迷乱，不能叫"仁"；喜欢参与政事却屡次错过机会，不能称为"智"；岁月不等人，要珍惜岁月。这些话孔子认为都很有道理。后来阳虎逃到晋国，协助赵简子处理国政，表现出了政治上的才华。

## 17.2

**子曰："性相近也，习相远也。"**

**【译文】**

先生说："人的天性是接近的，但习性就有差别，有了距离。"

**【导读】**

孔子所说"性相近也"之性，应该是人与人之间性之相同处。在孔子看来即如"己所不欲，勿施于人"之性，也就是"仁"。此"性"在孟子看来即如"恻隐之心、羞恶之心、恭敬之心、是非之心"。所以孔子所言相近之性其实也就是孟子所言的同然之心。并且此"性"可以与天相通，在天为"道"，在人为"仁"。人皆有之，但是因为人受后天习之所染，被蒙蔽，此性之光辉不能显现出来，还表现出各不相同的、相距甚远的差别，尤其是思维、信仰、善恶与好恶之差别，当然还有性格之差别、习惯之差别。人之所以能接受并顺从这种道德的影响，就是有其内在的相近之仁性。

## 17.3

**子曰："唯上知智与下愚不移①。"**

**【注释】**

①不移：移易，改变，不移即不变。

**【译文】**

先生说："只有上等的智者和下等的愚人是很难受外界的习染而改变的。"

**【导读】**

本章以钱穆先生所说为准，"中人之性，习于善则善，习于恶则恶，皆可迁移。唯上知不可使为恶，下愚不可与为善，故为不可移"。

17.4

子之武城<sup>①</sup>，闻弦歌之声。夫子莞尔<sup>②</sup>而笑，曰："割鸡焉用牛刀？"

子游对曰："昔者偃也闻诸夫子曰：'君子学道则爱人，小人学道则易使<sup>③</sup>也。'"

子曰："二三子！偃之言是也。前言戏之耳。"

**【注释】** _____

①子之武城：之，往义。武城，鲁国邑名。

②莞尔：微笑的样子。

③易使：容易听从指挥。

**【译文】**

先生到武城，听到传来弹琴唱歌的声音，就莞尔一笑，说："杀鸡哪里用得着牛刀？"

子游回答道："以前我听先生说过：'君子学道就使人受

惠，小人学道就容易被管理。'"

先生说："同学们！言偃说得在理啊！刚才我那话是开玩笑的。"

## 【导读】

《论语》中跟子游从政有关的记录有两处，都是关于子游在武城为官的事。一则发现"澹台灭明者，行不由径，非公事，未尝至于偃之室也。"二则即是本章请孔子去武城，孔子听到弹琴唱歌的声音，想到子游治理武城从礼乐入手，已初见成效，便开玩笑地说："割鸡焉用牛刀？"言下之意是说治理一个小地方，用得着礼乐教化吗？子游很认真地说："从前老师教导我们：'君子学道则爱人，小人学道则易使。'"孔子说："子游说得好，刚才我是戏言。"可见孔子对子游的礼乐之教很满意。

## 17.5

**公山弗扰①以费畔<sub>叛</sub>，召，子欲往。**

**子路不说<sub>悦</sub>，曰："末之也已②，何必公山氏之之③也。"**

**子曰："夫召我者而岂徒哉④？如有用我者，吾其为东周⑤乎？"**

## 【注释】

①公山弗扰：或说是公山不狃，季氏家臣，此处存疑。

②末之也已：末，没有。之，去、往。末之，犹云没有去处。已，叹词，算了。

③之之：第一个"之"是助词，第二个"之"是动词，

去、往。

④而岂徒哉：徒，空义。"言既来招我，绝非空招，应有意于用我。"（钱穆《论语新解》）

⑤为东周："言兴周道于东方。"（朱熹《论语集注》）

"东周指平王东迁以后，孔子谓如有用我者，我不致如东周之一无作为，言必兴起西周之盛也。"（钱穆《论语新解》）

## 【译文】

公山弗扰以费邑为根据地发动叛乱，请先生去共谋大计，先生想去。

子路不高兴了，说："没地方去也就罢了，何必非要去公山氏那里呢？"

先生说："既然召我去，岂能没有事情做呢？如果能用我，我就到那个地方去复兴周代文化。"

## 【导读】

孔子有志于变无道之天下为有道之天下，心情非常迫切。阳虎对他说的话，孔子应该也是深以为然的，即"怀其宝而迷其邦，可谓仁乎""好从事而亟失时，可谓知乎""日月逝矣，岁不我与"。所以孔子不放弃任何一次从政为民的机会。

### 17.6

子张问仁于孔子。孔子曰："能行五者于天下，为仁矣。"

请问之。曰："恭、宽、信、敏、惠①。恭则不侮，宽则得众，信则人任焉，敏则有功，惠则足以使人。"

**【注释】**

①恭、宽、信、敏、惠："恭敬、宽厚、信实、勤敏、恩惠。"（钱穆《论语新解》）

"庄重、宽厚、诚实、勤敏、慈惠。"（杨伯峻《论语译注》）

**【译文】**

子张问孔子什么是仁。孔子说："能在天下推行五种美德，就是仁。"

子张请教是哪五种，孔子说："就是恭敬、宽厚、诚实、勤敏、慈惠。恭敬待人，就不会遭受侮辱；宽厚待人，大家就会拥护；诚实待人，就会得到信任；勤敏做事，就能够成就事业；慈惠待人，人就乐意效力。"

**【导读】**

孔子从仁德，即仁外在表现出的道德行为来回答子张的问题，即"恭、宽、信、敏、惠"五者合而为一方可通行于天下。庄重则不会受侮辱，宽厚则得到部下的拥护，守信则得到领袖的任用，敏行则能有功，施舍恩惠则易于管理部下。

## 17.7

佛肸①召，子欲往。

子路曰："昔者由也闻诸夫子曰：'亲于其身为不善者，君子不入也。'佛肸以中牟畔②，子之往也，如之何？"

子曰："然，有是言也。不曰坚乎，磨而不磷③；不曰白乎，涅而不缁④。吾岂匏瓜⑤也哉？焉能系而不食？”

**【注释】**

①佛肸（bì xī）：晋国大夫赵简子的邑宰。

②以中牟畔：畔，通“叛”，背叛。意为“在中牟这个地方造反。”中牟，晋国地名，约在现在的河北邢台和邯郸之间。

③磨而不磷：磷，损伤。尽管磨也不会薄。

④涅（niè）而不缁：涅，本是一种矿物，古人用作黑色染料，这里作动词，染黑之意。缁，黑色。“尽管染也不会黑。”（钱穆《论语新解》）

⑤匏（páo）瓜：葫芦的一种，味苦，不能吃。

**【译文】**

佛肸召请先生，先生想去。

子路说：“从前我听老师说过：‘动手干坏事的人那里，君子是不会去的。’佛肸在中牟谋反，先生去那里干什么呢？”

先生说：“对啊，是有这话。可是被称为坚硬无比的东西，是磨也磨不薄的；被称为洁白的东西，是染也染不黑的。我难道是匏瓜吗？怎么能白白挂在那里不让人用呢？”

**【导读】**

子路以义当先，绝不为坏人做事。孔子表白自己具有坚强、洁白的本质。磨是磨不薄的，染也是染不黑的。再说自己也不能像一个挂在腰上的葫芦，光挂着而不能给人吃。可见孔子济世的迫切心情。

子曰："由也，女汝闻六言六蔽矣乎？"对曰："未也。"

"居①！吾语女汝。好仁不好学②，其蔽也愚；好知智不好学，其蔽也荡③；好信不好学，其蔽也贼④；好直不好学，其蔽也绞⑤；好勇不好学，其蔽也乱；好刚不好学，其蔽也狂。"

**【注释】**

①居：坐。

②学：深刻分析并理解其中的道理。

③其蔽也荡："其蔽成为流荡无归宿。"（钱穆《论语新解》）

"那种毛病就是放荡而无基础。"（杨伯峻《论语译注》）

④其蔽也贼：贼，伤害义。"其蔽反成伤害。"（钱穆《论语新解》）

⑤其蔽也绞："绞，急切义。其蔽急切不通情。"（钱穆《论语新解》）

"那种弊病就是说话尖刻，刺痛人心。"（杨伯峻《论语译注》）

**【译文】**

先生说："仲由啊，你听说过'六言六弊'吗？"子路回答道："没有。"

先生说："坐下来，我告诉你。喜好仁慈不爱学习，弊病是受人愚弄；喜爱用智巧而不爱学习，弊病是放荡而不成体系；喜爱诚实不爱学习，弊病是为人死板，害人害己；喜爱耿直不爱学习，弊病是出口伤人；喜爱勇猛不爱学习，弊病是办事莽撞易添乱；喜爱刚强不爱学习，弊病是狂妄自大。"

【导读】

孔子告诉子路，任何事物都有其弊端，如果只知其一而不加以分析，不明其理，就会走向其弊。"仁"之弊在于愚；"智"之弊在于不认真，自以为聪明而放荡不羁；"信"之弊在于被别人愚弄而不知，受到伤害而不悟；"勇"之弊在于乱；"刚"之弊在于狂妄；"直"之弊在于刻薄，不顾及情面。此处之"学"是分析理解其中的道理。

## 17.9

子曰："小子何莫学夫《诗》？《诗》，可以兴，可以观，可以群，可以怨①。迩之事父，远之事君。多识于鸟兽草木之名。"

【注释】————————————————————————

①可以兴，可以观，可以群，可以怨："可以培养联想力，可以提高观察力，可以锻炼合群性，可以学习讽刺方法。"（杨伯峻《论语译注》）

"可以启发思想，可以观察事物，可以会合群体，可以表达哀怨。"（李泽厚《论语今读》）

【译文】

先生说："年轻人为什么不学习《诗》？学习《诗》，可以激发情怀，可以提高对事物的观察力，可以提高与人的共处合群能力，可以抒发不满的情绪，使心态平和。近一点，可以用来孝敬父母；远一点，可以用来侍奉君王。还可以多记一些鸟兽草木的名称。"

**【导读】**

学《诗》有以下作用：一是可以保性养蒙，使人之天性不受伤害，因为《诗》"一言以蔽之，曰思无邪"。二是可以"兴、观、群、怨"。"兴"即是向上之奋发精神；"观"即考见得失，以为借鉴；"群"即敬业乐群；"怨"即抒发情怀。三是可以培养孝忠之德，在家孝敬父亲，在朝忠于君主。四是可以增加常识，丰富知识。

**17.10**

**子谓伯鱼曰："女ꞏ为《周南》《召南》①矣乎？人而不为《周南》《召南》，其犹正墙面而立也与？"**

**【注释】** _____

①为《周南》《召南》："为，犹学也。《诗经·国风》首二篇名。'二南'之诗，用于乡乐，众人合唱。人若不能歌'二南'，将一人独默，虽在人群中，正犹面对墙壁而孤立。或说：'二南'皆言夫妇之道，人若并此而不知，将在最近之地而一物不可见，一步不可行。"（钱穆《论语新解》）

**【译文】**

先生对伯鱼说："你学《周南》《召南》了吗？一个人不学《周南》《召南》，难道不正像对着墙壁站立一样吗？"

**【导读】**

中国自古是礼制社会，以伦理为本位，社会组织之本在于家庭，家庭之本在于夫妇之道。而《周南》《召南》所言全在于此。所以孔子告诉伯鱼要认真学习，否则就会不见一物，寸步难行。

## 17.11

子曰："礼云礼云，玉帛云乎哉？乐云乐云，钟鼓云乎哉①？"

**【注释】**

① "礼云……乎哉"："尽说礼呀礼呀！难道是说的玉帛吗？尽说乐呀乐呀！难道是说的钟鼓吗？"（钱穆《论语新解》）

**【译文】**

先生说："礼呀！礼呀！难道就是指玉帛那些礼器吗？乐呀！乐呀！难道就是指钟鼓那些乐器吗？"

**【导读】**

在孔子看来，玉帛仅是推行礼制的器皿，钟鼓之类仅是礼乐之器。礼乐本是人和与敬之感情的表现。如果舍弃和与敬的感情，则礼乐只是虚伪的工具而已。

## 17.12

子曰："色厉而内荏<sup>①</sup>，譬诸小人<sup>②</sup>，其犹穿窬之盗<sup>③</sup>也与？"

**【注释】**

①荏：怯懦。

②譬诸小人："用老百姓的譬喻。"（李泽厚《论语今读》）

"若用坏人做比喻。"（杨伯峻《论语译注》）

③穿窬（yú）之盗：窬，门旁边的小洞。"也许就像挖墙洞的小偷。"（李泽厚《论语今读》）

**【译文】**

先生说："脸色严厉，样子很凶，而心里很害怕，如果拿小人打比方，就像正在爬墙打洞的小偷吧？"

**【导读】**

内心与外表不相称，内心怯懦，外在容色严正，就是典型的邪枉不直、虚伪之徒。

## 17.13

子曰："乡原<sup>①</sup>，德之贼也。"

①乡原：原通"愿"，谨慎，拘谨。"一乡中全不得罪的那种好人 。"（钱穆《论语新解》）

"没有真是非的好好先生。"（杨伯峻《论语译注》）

**【译文】**

先生说："乡里的老好人，是伪善者，他们是败坏道德的贼人。"

**【导读】**

乡愿之人最大的特点在于不讲道义，只求不得罪人，在乎名利，取悦于全乡之人，没有真性情，是一个伪道德者，所以孔子说"德之贼也"，即侵害道德。

## 17.14

**子曰："道听而涂途说，德之弃也。"**

**【译文】**

先生说："把在半路上听来的话到处传播，有修养的人是不会这样做的。"

**【导读】**

信息的传播对社会稳定、对社会善恶的引导等具有重要作用。如果信息传播不及时、不全面，或者自己不加考证，只为猎新、猎奇，从大处讲会影响社会稳定；从小处讲会扰乱视听。所以，对信息的传播，我们要有社会责任感、道德感。

## 17.15

子曰："鄙夫可与事君也与哉？其未得之也，患得之；既得之，患失之。苟患失之，无所不至矣①。"

**【注释】**

①无所不至矣："他会无所不为，没有底止的。"（钱穆《论语新解》）

"无所不用其极。"（杨伯峻《论语译注》）

**【译文】**

先生说："卑鄙的小人，可以和他同朝共事吗？这种人，未得到官位之前唯恐得不到，一旦得到了又唯恐丢掉。一旦他担心丢掉的话，什么卑鄙的事情都会做得出来。"

**【导读】**

孔子在讲患得患失这类人，其患得患失并不要紧，要紧的是不择手段，"无所不至矣"。

## 17.16

子曰："古者民有三疾，今也或是之亡无也。古之狂也肆，今之狂也荡；古之矜也廉，今之矜也忿戾；古之愚也直，今之愚也诈而已矣①。"

**【注释】**

①"古之狂……已矣"："狂者，志愿太高。肆，谓不拘小节。荡，则逾大闲矣。矜者，持守太严。廉，谓棱角峭厉。忿

戾则至于争矣。愚者，暗昧不明。直，谓径行自遂。诈则挟私妄作矣。"（朱熹《论语集注》）

**【译文】**

先生说："古代人有三种毛病，今人或许连这些毛病都比不了。古人狂放而不拘小节，今人狂放却放荡不羁；古人自傲自负而棱角分明，今人自傲自负却蛮不讲理；古人愚钝而直来直去，今人愚钝却用来装样子蒙人罢了。"

**【导读】**

本章杨伯峻先生讲得好："古代的狂人肆意直言，现在的狂人便放荡不羁了；古代矜持的人还有些不能触犯的地方，现在矜持的人却只是一味老羞成怒，无理取闹罢了；古代的愚人还直率，现在的愚人却只是欺诈耍手段罢了。"

## 17.17

子曰："巧言令色，鲜矣仁。"

**【注释】**

本章重出，见《学而第一》1.3。

## 17.18

子曰："恶紫之夺朱①也，恶郑声之乱雅乐也，恶利口之覆邦家者②。"

①紫之夺朱："当时紫色代替朱色而变为诸侯衣服的正色。"（杨伯峻《论语译注》）

②利口之覆邦家者："利口，佞也。以是为非，以非为是，以贤为不肖，以不肖为贤，人君悦而信之，可以倾覆败亡其国家。"（钱穆《论语新解》）

【译文】

先生说："讨厌用紫色盖过红色的正色之位，讨厌用郑国的淫声搅乱了典雅乐曲，讨厌靠伶牙俐齿颠覆了国家。"

【导读】

礼崩乐坏、是非颠倒、善恶混淆、学术倒退，伪科技、伪商品、伪知识、伪人才盛行，人类之德行何在？智慧何在？可持续何在？孔子之忿亦是今人之忿。

## 17.19

子曰："予欲无言。"子贡曰："子如不言，则小子何述焉？"子曰："天何言哉？四时行焉，百物生焉，天何言哉？"

【译文】

先生说："我不想说话了。"子贡说："先生不说话，那弟子传述什么呢？"先生说："天说了什么呢？四季照样运行，万物照样生长，天说了什么呢？"

## 【导读】

本章孔子之意：一是世道混乱，江河日下，孔子不想说了。二是要行动，不要停留在说教方面，才能变"无道之天下"为"有道之天下"。三是文字本身有障碍，所说所写所读之书最终还要超越文字，才能悟出大道。四是相信天的力量，道之不行也，天命；道之将行也，也是天命。

### 17.20

孺悲①欲见孔子，孔子辞以疾。将命者②出户，取瑟而歌，使之闻之。

## 【注释】

①孺悲：鲁国人。
②将命者：传话的人。

## 【译文】

孺悲来了，想见孔子，孔子托病不出来。传话的人刚出门，孔子就取出瑟边弹边唱，故意让孺悲听到。

## 【导读】

孔子以直道教育孺悲。

### 17.21

宰我问："三年之丧，期①已久矣。君子三年不为礼，礼必坏；三年不为乐，乐必崩。旧谷既没，新谷既升②，钻燧改火，期可已矣③。"

子曰："食夫稻，衣夫锦，于女<sub>汝</sub>安乎？"

曰："安。"

"女<sub>汝</sub>安则为之！夫君子之居丧，食旨不甘，闻乐不乐，居处不安，故不为也。今女<sub>汝</sub>安，则为之！"

宰我出。子曰："予之不仁也！子生三年，然后免于父母之怀。夫三年之丧，天下之通丧也。予也有三年之爱于其父母乎？"

【注释】_____

①期（qī）：时间。

②旧谷既没，新谷既升：没，尽义。升，登义。可译为"旧谷已吃完，新谷已收"，表示一年之期。

③钻燧改火，期可已矣："古人用钻木取火，钻一木为燧。被钻的木，四季不同，所谓'春取榆柳之火，夏取枣杏之火，季夏取桑柘之火，秋取柞之火，冬取槐檀之火'，一年一轮回。期，读jī，一周年。"（杨伯峻《论语译注》）

【译文】_____

宰我问："守丧三年太长，一年就很久了。君子三年不习礼，礼仪肯定荒废了；三年不奏乐，音乐肯定荒废了。旧谷子割掉了，新谷子长起来，钻木取火的木头也轮用了一遍，守孝一年也就够了。"

先生说："吃香白米饭，穿绫罗绸缎，你心安吗？"

宰我说："心安。"

说："你心安，就做嘛。君子守孝，吃了美味也尝不出味道；名歌金曲，听到也不快乐；睡在家里，也睡不踏实，所以不那样做。现在你既然心安，你就做嘛。"

宰我就出去了。先生说："这个宰我，真没良心。孩子出生三年，才能离开父母的怀抱。这三年的守孝，是天下通行的。宰我对父母也能付出三年的爱心吗？"

【导读】

本章是宰我与孔子关于三年之丧的讨论。

宰我之论重在：三年之丧太长了，对现实的生活有重大影响，认为一年就可以了。

孔子并没有完全否定宰我的一年之丧礼，说如果你守丧一年觉得心安，也可以。

孔子重情，丧礼源于自己对父母的感恩之情，并且丧礼年限的长短，标准在子女的心里，并不在于非三年不可。由此可见中国的礼乐文化源于人情、人性，标准在人心里，所以中国的礼乐文化代替了宗教，甚至政治，一切皆在情理之中。宰我重事功，在情理上的考虑尚有欠缺。


## 17.22

子曰："饱食终日，无所用心，难矣哉！不有博弈①者乎？为之，犹贤乎已②。"

【注释】

①博弈：下棋。

②犹贤乎已：贤，胜过。已，止，指什么都不干。

**【译文】**

先生说："整天吃饱了饭，不用一点心思，这种人真难办。不是有下棋的游戏吗？干干这个，也比什么都不干强。"

**【导读】**

本章重在强调不要浪费时光，时刻都要学习。

## 17.23

子路曰："君子尚勇乎？"子曰："君子义以为上。君子有勇而无义为乱，小人有勇而无义为盗。"

**【译文】**

子路问："君子看重勇武吗？"先生说："君子推崇道义。君子光有勇武不讲道义，就会造反；小人光有勇武不讲道义，就会成为盗贼。"

**【导读】**

孔子再次告诫子路，君子要以义为上，义是君子的质。君子如果仅有勇而无义，则会出乱子，小人则会成为盗贼。

## 17.24

子贡曰："君子亦有恶乎？"子曰："有恶：恶称人之恶者，恶居下流而讪上①者，恶勇而无礼者，恶果敢而窒②者。"

曰："赐也亦有恶乎？""恶徼以为知智③者，恶不孙逊以

**为勇者，恶讦以为直**④**者。"**

①居下流而讪上：讪，毁谤义。多认为"流"字是后人误加。

"《论语异文考证》证明了晚唐以前的本子没有这个'流'字。意为'在下位而毁谤在上位的人'。"（杨伯峻《论语译注》）

②果敢而窒："窒，塞义，即不通义。果敢而不通事理，将妄作而兴祸。"（钱穆《论语新解》）

"勇于贯彻自己的主张，却顽固不通、执拗到底。"（杨伯峻《论语译注》）

③徼（jiǎo）以为知："徼，抄袭义。抄袭人说以为己知。"（钱穆《论语新解》）

"徼，知道表面知识。"（张松辉、周晓露《〈论语〉〈孟子〉疑义研究》）

④讦（jié）以为直：讦，谓揭发人之阴私。"揭发别人的阴私却自以为直爽。"（杨伯峻《论语译注》）

**【译文】**

子贡问："君子也有讨厌的事情吗？"先生说："有啊！讨厌专门说别人的不好，讨厌在下位而谩骂上司，讨厌蛮勇无礼，讨厌刚愎自用顽固不化。"

先生问："赐啊，你也有讨厌的事情吗？"子贡说："我讨厌抄袭别人的东西却自以为聪明的人，讨厌桀骜不驯还自以为勇敢的人，讨厌揭人短处还自以为直率的人。"

**【导读】**

本章重在讲君子所厌恶的事情，一是厌恶宣扬别人坏处的人；厌恶身在下位而诽谤在上者的人；厌恶勇敢而无礼的人；厌恶果断而不通达的人。二是子贡之所恶：厌恶抄袭别人的东西来冒充聪明的人；厌恶用无礼冒充勇敢的人；厌恶揭发攻击别人短处来冒充正直的人。


## 17.25

子曰："唯女子与小人①为难养也，近之则不孙<sub>逊</sub>，远之则怨。"

**【注释】**

①小人："此小人，亦谓仆隶下人也。"（朱熹《四书章句集注》）

**【译文】**

先生说："唯有女子与小人难相处啊！亲近一点，就会无礼；疏远一点，就会抱怨。"

**【导读】**

孔子关于女人与小人难养的说法是一般规律，并不包括所有女人与小人。就一般而言，女人与小人确实难以相处。过于亲近他们，就会被轻慢；过于疏远，就会被怨恨。

## 17.26

子曰："年四十而见恶①焉，其终也已。"

【注释】_____

①见恶："四十成德之年，至是而犹见恶于人，则无望有善行矣。"（钱穆《论语新解》）

【译文】

先生说："到四十岁了还讨人嫌，往后也就难有出息了。"

【导读】

人到四十岁还被人厌恶，大概他的一生也就这样了。四十岁已到人生不惑之年，不惑就是穷理尽性，尽性实际上是养德，养德之年仍被别人厌恶，说明其无德，所以一生也就到此了。

# 微子第十八

（共11章）

素樸乃本心
己亥之夏
国寶

## 18.1

微子①去之，箕子②为之奴，比干③谏而死。孔子曰："殷有三仁焉。"

**【注释】**

①微子：名启，纣王的同母兄。见纣无道而去。

②箕子：纣王的叔父。纣王无道，他因进谏而纣王不听，便披发佯狂，降为奴隶。

③比干：纣王的叔父，力谏纣王。纣王说他听说圣人的心有七个孔，便剖开比干的心。比干死。

**【译文】**

微子启离开了朝廷，箕子做了奴隶，比干力谏纣王丢了命。孔子说："殷朝末年有三位仁人啊！"

**【导读】**

三人都不惜牺牲自己的个人地位，以至于生命，匡复社稷、拯救黎民。真可谓"志士仁人，无求生以害仁，有杀身以成仁"。所以，孔子说殷有三个仁人。

## 18.2

柳下惠为士师<sup>①</sup>，三黜<sup>②</sup>。人曰："子未可以去乎？"曰："直道而事人，焉往而不三黜<sup>③</sup>？枉道而事人，何必去父母之邦？"

**【注释】**

①士师：掌管司法刑狱的官员。

②黜：撤职。

③焉往而不三黜：到哪里而不被罢黜？

**【译文】**

柳下惠做了刑狱官，三次被撤职。有人说："先生难道不可以离开鲁国吗？"柳下惠说："以正直之道侍奉人，怎么会不被多次罢官呢？以邪门歪道为人做事，又何必离开祖国呢？"

**【导读】**

本章讲柳下惠以直道为官，多次被撤职。有人劝他离开鲁国，他说，以直道待人，到哪个地方都会被撤职的，如果以枉道待人为官，又何必离开鲁国呢？柳下惠死后，其妻写的诔（lěi）文说他："蒙耻救民，德弥大兮。"19世纪的武训，不惜为办教育行乞，柳下惠的蒙耻救民精神复现。

## 18.3

齐景公待孔子，曰："若季氏则吾不能，以季、孟之间待之。"曰："吾老矣，不能用<sup>①</sup>也。"孔子行。

①不能用："（我老了）没有什么作为了。"（杨伯峻《论语译注》）

"（我老了）不能用他了。"（钱穆《论语新解》）

"鲁三卿，季氏最贵，齐景公谓我不能如鲁君之待季氏者待孔子，遂以季氏、孟氏之间待之，其礼亦甚隆矣。然后又曰：'吾老矣，不能用。'此非面语孔子，盖以私告其臣，而孔子闻之。孔子以齐君不能用而去，则齐君之礼待，不足以安圣人。"（钱穆《论语新解》）

## 【译文】

齐景公谈怎样对待孔子，说："要是按照鲁君对待季孙氏那样，我做不到；就在季孙氏与孟孙氏之间相待吧。"又解释说，"我老了，没力气重用您了。"孔子离开了齐国。

## 【导读】

孔子年三十五，鲁昭公二十五年，鲁昭公讨季氏不克，出奔齐。鲁乱，孔子到了齐国。齐景公问政于孔子，孔子对曰："君君、臣臣、父父、子子。"当时鲁国有季氏专权，齐国有陈桓制齐，孔子以"君君、臣臣、父父、子子"对答齐景公之问，景公甚为满意。

据钱穆先生考证，齐景公是时四五十岁，其后在位尚二十余年，岁会诸侯，与晋争霸，亦不当云"老不能用"也。所以钱穆先生认为此章多不可信。我以为齐景公说"吾老矣"可能是托词，于是孔子离开了。

## 18.4

齐人归馈女乐①，季桓子②受之，三日不朝，孔子行。

**【注释】**

①女乐：歌姬舞女。

②季桓子：季孙斯，鲁国定公至哀公初年时执政上卿，死于哀公三年。

**【译文】**

齐国人赠送了一批歌女，季桓子接受了，三天不上朝，孔子就离开了。

**【导读】**

关于孔子离开鲁国，钱穆先生是这样记录的：孔子五十五岁，不得志于鲁。春郊，膰（fán）肉不至，孔子去鲁，适卫。也就是说季桓子接受齐馈赠的女乐后，孔子并没有马上去，后来看到定公连祭肉（膰）也不给他，感到自己在鲁国已无所作为了，决定出行。

## 18.5

楚狂接舆①歌而过孔子，曰："凤兮！凤兮！何德之衰②？往者不可谏，来者犹可追。已而③，已而！今之从政者殆而！"

孔子下，欲与之言。趋而辟避之，不得与之言。

**【注释】**

①楚狂接舆：楚之贤人，佯狂避世，失其姓名。"《论

语》所记隐士皆以其事名之。门者谓之'晨门'，杖者谓之'杖人'，津者谓之'沮''溺'，接孔子之舆者谓之'接舆'，非名亦非字也。"（杨伯峻《论语译注》）

②凤兮！凤兮！何德之衰："凤有道则现，无道则隐。接舆以比孔子，而讥其不能隐为德衰也。来者可追，言及今尚可隐去。"（朱熹《论语集注》）

"凤凰呀，凤凰呀，为什么这么倒霉？"（杨伯峻《论语译注》）

③已而：已，止义。犹云罢了。

## 【译文】

楚国的狂人接舆唱着歌从孔子车驾旁边走过，唱道："凤凰啊凤凰啊！为何这样凄惨？过去的事情没法再挽回了，未来的事情还可补救。算了吧，算了吧！如今官场危险啊！"

孔子下了车，想和他谈谈。他却赶紧躲开了。没有说上话。

## 【导读】

这是孔子去楚国求仕时遇到的一位隐士。楚狂接舆对孔子的忠告：以凤凰比喻孔子，认为孔子如凤凰这样高洁的人，不要再求仕了，因为从政太危险了。

### 18.6

长沮、桀溺①耦而耕②，孔子过之③，使子路问津焉。

长沮曰："夫执舆者④为谁？"

子路曰："为孔丘。"

曰："是鲁孔丘与？"

曰："是也。"

曰："是知津矣⑤。"

问于桀溺。

桀溺曰："子为谁？"

曰："为仲由。"

曰："是鲁孔丘之徒与？"

对曰："然。"

曰："滔滔者天下皆是也⑥，而谁以易⑦之？且而⑧与其从辟避人之士也，岂若从辟避世之士哉？"耰而不辍⑨。

子路行以告。

夫子怃然曰："鸟兽不可与同群，吾非斯人之徒与而谁与⑩？天下有道，丘不与易也。"

## 【注释】

①长沮、桀溺：两隐者，姓名不传。

②耦（ǒu）而耕：耦耕是古代耕田的一种方法。两人并头而耕，谓耦耕。

③过之：孔子自楚回蔡，路过长沮、桀溺耕处。

④执舆者：驾车的人。本是子路驾车，子路打听渡口，孔子遂代驾。

⑤是知津矣：津，渡口。言应知渡口之处。

⑥滔滔者天下皆是也：言天下皆乱。"你看那水流滔滔，天下都一般。"（钱穆《论语新解》）

"像洪水一样的坏东西到处都是。"（杨伯峻《论语译注》）

⑦易：改革。

⑧而：同"尔"，你。

⑨耰（yōu）而不辍："播种之后，再以土覆之，摩而平之，使种入土，鸟不能啄，这便是耰。"（杨伯峻《论语译注》）

⑩吾非斯人之徒与而谁与："与者，与同群。意为'我不和那天下人同群，又和谁同群呢'？"（钱穆《论语新解》）

"我不和那天下人打交道，又同什么去打交道呢？"（杨伯峻《论语译注》）

## 【译文】

长沮、桀溺一起并肩耕地，孔子路过这里，派子路去问渡口。

长沮说："那位拿着缰绳的是谁？"

子路说："是孔丘。"

长沮问："是鲁国的孔丘吗？"

子路说："是啊。"

长沮说："他知道渡口在哪里。"

子路又问桀溺。

桀溺说："您是谁呢？"

子路说："是仲由。"

桀溺说："是鲁国孔丘的弟子吗？"

子路回答道："是的。"

桀溺说："天下坏人坏事，如江河滔滔，谁能够改变呢？

您与其跟从躲避坏人的人，还不如跟从躲避整个无道社会的人啊！"说着继续不停地给种子盖土。

子路回来汇报。

孔子心有感触，叹道："不能躲进山林和鸟兽在一起吧！我不和你们这些人在一起，那和谁在一起呢？天下如果太平了，丘就不出来了，和你们四处奔波改造社会了。"

## 【导读】

隐士长沮、桀溺告诉子路天下乱如洪水滔天，你跟随一个避人之士，还不如跟我们避世之人呢！此处说孔子是一个避人之士，有些道理，孔子有"得君行道"的思想。

### 18.7

子路从而后，遇丈人，以杖荷蓧①。

子路问曰："子见夫子乎？"

丈人曰："四体不勤，五谷不分，孰为夫子？"植其杖而芸耘②。

子路拱而立。

止子路宿，杀鸡为黍③而食之④，见⑤其二子焉。

明日，子路行以告。

子曰："隐者也。"使子路反返见之。至，则行矣。

子路曰："不仕无义⑥。长幼之节，不可废也；君臣之义，如之何其废之？欲洁其身，而乱大伦⑦。君子之仕也，行其义也。道之不行，已知之矣。"

①以杖荷蓧（diào）：用木杖挑着除草的农具。蓧，古代除田中草所用的工具。

②植其杖而芸：植，立；树立，插在土中。芸，通"耘"，除草，割草。

③黍：黍就是现在的黄米。在当时是比较珍贵的主食。

④食（sì）之：给他吃。

⑤见（xiàn）：拿出来给别人看。

⑥不仕无义："仕非为富贵，人之于群，义当尽职，故仕也。"（钱穆《论语新解》）

⑦大伦：君臣之义。

**【译文】**

子路跟着孔子出门，落在后面了，遇到一位老丈，用木杖挑着蓧子。

子路问："先生看见我老师了吗？"

丈人说："四体不勤，五谷不分，哪个是你老师？"说着就竖起木杖，用蓧子锄草。

子路打拱行礼，站到一边。

然后老丈留子路住下来，杀鸡煮黄米饭款待他，让两个孩子出来相见。

第二天，子路追上孔子，报告了此事。

孔子说："是位隐士。"就派子路回去拜访。到了那里，老丈已经走了。

子路说："有本事却不做官，是不道义的。尊老爱幼的礼节既然不可以废除，事君的大义又怎么可以废掉呢？本想洁身自爱，却搞乱了人间大伦。君子做官是实践道义。当今之世，道义行不通，从这件事已可见一斑了。"

**【导读】**

从本章中可以有以下所得：一是隐者对儒家"四体不勤，五谷不分"的反感。儒家强调"学而时习之""多识于花草树木鱼虫鸟兽""游于艺"等，"四体不勤，五谷不分"应该是对儒家的误解。二是不仕无义。因为"君子之仕也，行其义也"。义在君臣之义，义在为人类大群谋福利上。三是虽然道之不行，已知之矣，但是仍然尽自己所能，即孔子所说的"知其不可而为之"。

### 18.8

逸民①：伯夷、叔齐、虞仲、夷逸、朱张、柳下惠、少连②。子曰："不降其志，不辱其身，伯夷、叔齐与！"谓："柳下惠、少连，降志辱身矣。言中伦，行中虑③，其斯而已矣。"谓："虞仲、夷逸，隐居放言，身中清，废中权④。我则异于是，无可无不可。"

**【注释】**

①逸民：逸，隐居，隐逸。

②虞仲、夷逸、朱张、柳下惠、少连："（虞仲、夷逸、朱张、少连）四人言行多已不可考。少连曾见《礼记·杂记》，

孔子说他善守孝道。"（杨伯峻《论语译注》）

③言中伦，行中虑："言语合乎法度，行为经过思虑。"
（杨伯峻《论语译注》）

④身中清，废中权："他们的身是清洁的，他们的废弃，
也合乎权衡了。"（钱穆《论语新解》）

"一身干净，处世灵活（'权'）。"（李泽厚《论语
今读》）

**【译文】**

遗民隐士，有伯夷、叔齐、虞仲、夷逸、朱张、柳下惠、
少连。先生说："不降低志向，不辱没自身，就是伯夷、叔齐
吧！"说，"柳下惠、少连降低了志向，辱没了自己。不过说话
合乎人伦，做事经过思考，也就是这个样子。"说，"虞仲、夷
逸隐居起来，放胆说话，一身清白，不做官是合乎权变的。我和
他们都不同，我没有什么可以的，也没有什么不可以的。"

**【导读】**

本章要点有：一，"不降其志，不辱其身，伯夷、叔齐
与！"所以孟子说伯夷、叔齐是"圣之清也"。二，"柳下惠、
少连，降志辱身矣。言中伦，行中虑"意思是降低自己的志向，
辱没自己的身份，但是合乎义理，行为经过考虑。孟子称柳下惠
"圣之和也"。"蒙耻救民"正是对柳下惠为官的写照。三，
"无可无不可"意思是可以仕则仕，可以止则止，可以久则久，
可以速则速，是"圣之时"的一种境界。

## 18.9

大师挚<sup>①</sup>适齐，亚饭干适楚，三饭缭适蔡，四饭缺适秦<sup>②</sup>，鼓方叔入于河<sup>③</sup>，播鼗<sup>④</sup>武入于汉<sup>⑤</sup>，少师<sup>⑥</sup>阳、击磬襄入于海<sup>⑦</sup>。

【注释】

①大（tài）师挚：大师，鲁乐官之长，挚是他的名字。

②"亚饭……适秦"：古代天子与诸侯用餐都得奏乐，所以乐官有"亚饭""三饭""四饭"之名。

③河：黄河地区。

④播鼗（táo）：播，摇。鼗，小鼓，两旁有耳。

⑤汉：汉水地区。

⑥少师：少师，乐官之佐。

⑦海：海滨。

【译文】

太师挚去了齐国，亚饭乐师干去了楚国，三饭乐师缭去了蔡国，四饭乐师缺去了秦国，击鼓乐师方叔去了黄河地区，摇拨浪鼓的武去了汉水边，少师阳和击磬的襄都去了海滨。

【导读】

乐师失诸野的情况。

## 18.10

周公谓鲁公<sup>①</sup>曰："君子不施<sub>弛</sub><sup>②</sup>其亲，不使大臣怨乎不以<sup>③</sup>。故旧无大故<sup>④</sup>，则不弃也。无求备于一人。"

①周公谓鲁公：周公，即周公旦。鲁公，周公的儿子伯禽。

②施：施，同"弛"，怠慢、疏远、遗弃。

③怨乎不以：以，用。不以，不用。意为："抱怨不见用。"（钱穆《论语新解》）

④大故：大过错。

**【译文】**

周公告诉鲁公："君子不疏远亲人，不让大臣抱怨得不到重用。老友老臣没有大的过失，就不要遗弃他们。不要对一个人求全责备。"

**【导读】**

本章是周公给儿子的训诫：一，不能怠慢自己的亲族，这是孝悌的要求；二，不能让大臣埋怨不任用自己，要人尽其才、君逸臣劳；三，故旧臣属没有大过，就不要遗弃，此为仁厚；四，用人不可求全责备，要用其所长。

## 18.11

周有八士①：伯达、伯适、仲突、仲忽、叔夜、叔夏、季随、季骓。

**【注释】_____**

①八士：此八人已不可考。或说，八人为一母所生，依

伯、仲、叔、季排列。"此篇孔子于三仁、逸民、师挚、八士，既皆称而品列之；于接舆、沮、溺、丈人，又每有惓惓接引之意。皆衰世之志也，其所感者深矣。在陈之叹，盖亦如此。"（朱熹《论语集注》）

【译文】

周代有八个士：伯达、伯适、仲突、仲忽、叔夜、叔夏、季随、季骒。

【导读】

据《周逸书》说：八位贤士很有教养。伯达通达义理，伯适大度能容，仲突能在御难，仲忽有统筹综理之才，叔夜柔顺不迫，叔夏刚明不屈，季随有应顺之才，季骒同良马。

# 子张第十九

（共25章）

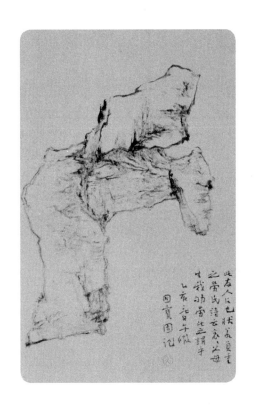

## 19.1

子张曰："士见危致命，见得思义，祭思敬，丧思哀，其可已矣。"

**【译文】**

子张说："士人见到危难就奋不顾身，见到好处心存道义，祭祀时充满敬意，临丧时则心里哀伤，那就可以了。"

**【导读】**

本章讲子张对"士"的认识。见危致命，杀身成仁；见得思义，取财有道；祭神如神在，以敬为之；居丧以哀，丧祭教民反本追孝。

## 19.2

子张曰："执德不弘①，信道不笃，焉能为有，焉能为亡无②。"

**【注释】**

①执德不弘："此'弘'字就是今天的'强'字，意为'对于道德，行为不坚强'。"（杨伯峻《论语译注》）

"执，守义。意为'执德不能宏大'。"（钱穆《论语新解》）

②焉能为有，焉能为亡："这怎么能算有，又怎么能算没有？"（李泽厚《论语今读》）

"何晏《论语集解》：'言无所轻重'，所以译文用今日俗语表达：'（这种人）有他不为多，没他不为少。'"（杨伯峻《论语译注》）

"言人执守其德，不能宏大，虽信善道，不能笃厚，人之若此，虽存于世，何能为有而重？虽没于世，何能为无而轻？言于世无所轻重也。"（李学勤《论语注疏》）

## 【译文】

子张说："守道德不强毅，信道不坚定，说他有德似乎不妥，说他不信道似乎也不妥。"

## 【导读】

子张说："实行德而不能发扬光大，信仰道而不能坚定不移，这样的人有他不算多，没他不算少。"

### 19.3

子夏之门人问交①于子张。子张曰："子夏云何？"

对曰："子夏曰：'可者与之，其不可者拒之。'"

子张曰："异乎吾所闻：君子尊贤而容众，嘉善而矜不能②。我之大贤与，于人何所不容？我之不贤与，人将拒我，如之何其拒人也？"

①问交：问交友之道。

②嘉善而矜不能："称赞好人而怜悯不能的人。"（李泽厚《论语今读》）

**【译文】**

子夏的门徒问子张如何交际。子张说："子夏怎么讲的？"

那门徒答道："子夏说：'可以交往的就交往，不可交往的就拒绝。'"

子张说："和我听到的不同：'君子尊重贤者，宽容大家，赞美好人，体恤弱者。'如果我是个大贤人，那我还有什么人不能包容的呢？如果我不贤能，那人家就会拒绝我了，我怎么能去拒绝人家呢？"

**【导读】**

子夏性情"不及"，谨慎严肃，所以交友方面主张慎交友，即"可者与之，其不可者拒之"，对朋友有原则性的要求，诸如友直、友谅、友多闻等要求。子张性情"也过"，为人有豪情，积极进取，交朋友也主张海纳百川，既尊贤，又要包容普通人，有孔门博大之气象。

### 19.4

子夏曰："虽小道①，必有可观者焉，致远恐泥②，是以君子不为也。"

①小道：技能，专业知识类。

②致远恐泥：泥，谓滞陷不通。"但要行到远处去，便恐行不通。"（钱穆《论语新解》）

【译文】

子夏说："即便是技艺，也一定有可圈可点之处，但是用到宏图大略上恐怕就行不通了，所以君子重点不放于此。"

【导读】

专业知识与技能对社会是有用的，但是"志于道"之士仅凭这些专业与专长是远远不够的，并且还容易有狭隘的视野。今天的知识分子与古代的"士"也许区别正在于一专、一通。

## 19.5

子夏曰："日知其所亡无<sup>①</sup>，月无忘其所能，可谓好学也已矣。"

【注释】_____

①日知其所亡："每天能知道所未知的。"（钱穆《论语新解》）

【译文】

子夏说："每天学习自己不知道的东西，每月不忘记自己学过的东西，这样做就可以说是好学了。"

孔子之好学重在强调方向与精神，即："食无求饱，居无求安，敏于事而慎于言，就有道而正焉。"子夏对好学的认识则在学习的内容与结果方面，即每天增加所不知的，每月不忘自己已经学会的。这就容易偏于"为学日益"，学与习相脱离，似乎好学与修身、做人无关。

**19.6**

子夏曰："博学而笃志，切问而近思，仁在其中矣①。"

**【注释】**

① "博学……中矣"："（博学、笃志、切问、近思）四者皆学问思辨之事耳，未及乎力行而为仁也。然从事于此，则心不外弛，而所存自熟，故曰仁在其中矣。"（朱熹《论语集注》）

**【译文】**

子夏说："广泛而深入地学习，切合实际地问问题，思考与自己日常生活相关的事，仁道就在其中了。"

**【导读】**

博学笃志在于高远宏大，切问近思则能近取譬，立于足下，理论与实际相结合。苏轼有言："博学而志不笃，则大而无成；泛问远思，则劳而无功。"切问、近思之要就是问题要切实，所思要从身边的事思考起。

## 19.7

子夏曰："百工居肆以成其事<sup>①</sup>，君子学以致其道。"

**【注释】**

①百工居肆以成其事：肆，官府造作之处。"各种工人在其制造场所完成他们的工作。"（杨伯峻《论语译注》）

**【译文】**

子夏说："工匠依靠作坊完成器具的生产，君子依靠学习成就道德。"

**【导读】**

子夏重在说明百工与君子之同与别，相同之处在于踏实尽力，不同之处在于事功与致道。

## 19.8

子夏曰："小人之过也，必文<sup>①</sup>。"

**【注释】**

①文：文饰，掩饰。

**【译文】**

子夏说："小人有了过失，肯定要掩饰的。"

**【导读】**

小人对于自己的过失定要掩饰，不像君子"反身求诸己""见不贤而内自省也""见其过而内自讼者也"。

## 19.9

子夏曰："君子有三变：望之俨然<sup>①</sup>，即<sup>②</sup>之也温，听其言也厉。"

**【注释】**

①俨然：庄严可畏。

②即：接近。

**【译文】**

子夏说："君子有三变：远远望去很庄重，接近他又很温和，听他说话严谨而简要。"

**【导读】**

君子有三变，似乎是在说孔子，《述而第九》有："子温而厉，威而不猛，恭而安。"

## 19.10

子夏曰："君子信<sup>①</sup>而后劳其民；未信，则以为厉己<sup>②</sup>也。信而后谏；未信，则以为谤己也。"

**【注释】**

①信：谓人信之。

②厉己：厉，病义。厉己，（民众认为是）作害自己。

**【译文】**

子夏说："君子先要取信于民，然后再役使百姓；若还没有得到信任，百姓就会认为你在虐待他们。对于君主，也要先有了君主对自己的信任，再提意见；未得到信任而提意见，领导会觉得你是在诽谤他。"

【导读】

本章之要在说取信于民，取信于君的重要。君取信于民而后役使，人民无怨，否则人民会认为在虐待他们。臣取信于君而后进谏，不仅容易被采纳，还会增强信任。如果未信而谏，君主则认为臣在诽谤他。

# 19.11

子夏曰："大德不逾闲①，小德出入可也。"

【注释】

①不逾闲："闲，阑（lán）门前的栅栏，所以止物之出入。不逾闲，不逾越界限。"（钱穆《论语新解》）

【译文】

子夏说："大节上不越雷池一步，小节上有点出入，是可以的。"

【导读】

孔子说过子夏"不及"，意思是说子夏太严谨。但是从"大德不逾闲，小德出入可也"，可见子夏已经改正了"不及"之缺。度量大了，心胸宽了，由此可见子夏闻过必改的精神。

## 19.12

子游曰："子夏之门人小子，当洒扫、应对、进退<sup>①</sup>，则可矣。抑末也，本之则无<sup>②</sup>。如之何？"

子夏闻之曰："噫！言游过矣！君子之道，孰先传焉？孰后倦焉<sup>③</sup>？譬诸草木，区以别矣。君子之道，焉可诬也<sup>④</sup>？有始有卒<sup>⑤</sup>者，其惟圣人乎！"

**【注释】**

①应对、进退："接待客人、应对进退。"（杨伯峻《论语译注》）

②抑末也，本之则无：抑，但是。"子游讥子夏失教法，谓此等皆末事，不教以本，谓礼乐文章之大者。"（钱穆《论语新解》）

③孰先传焉？孰后倦焉：倦，应按"传"字解。"哪一项先传授呢？哪一项后讲述呢？"（杨伯峻《论语译注》）

"谓君子之道，传于人，宜有先后之次第，宜先则先，宜后则后，非专传其宜先者，而倦传其宜后者。"（钱穆《论语新解》）

④焉可诬也："怎么能这么曲解呢？"（李泽厚《论语今读》）

"诬，欺罔义。言若不量其浅深，不问其生熟，一概以教，专以高且远者语之，则是诬之而已。"（钱穆《论语新解》）

⑤有始有卒：有始有终。

　　子游说："子夏的门徒打扫卫生、接人答话、迎送客人还可以，但这些都是些末节，根本的东西却没有学，怎么行呢？"

　　子夏听后说："啊，子游说得过分了。君子育人的方法有先后，哪一种先教，哪一种后教呢？譬如草木，是有区别的。君子育人的方法，怎么可以曲解呢？教育弟子能够有始有终，本末兼顾的，大概只有圣人吧！"

【导读】

　　子游认为教育学生应从根本入手。子夏则不然，认为由浅入深，先从洒扫进退这些日常生活所必需开始，逐步深远。凡事有本末，也有轻重缓急，有次序，教育也不例外。

## 19.13

　　子夏曰："仕而优①则学，学而优则仕②。"

【注释】

　　①优：有余力。
　　②仕：一解为官；二解同"事"，做事。

【译文】

　　子夏说：当官之闲暇，就学习；学习之余，就继续做官。

【导读】

　　仕学兼顾，可以交替而行。做官之闲暇则学习，学习之闲暇则做官。或者做事之余学习，学习之余则做事。古代读书人在家中，所过的生活即是一种耕读兼顾的生活，春秋农忙耕作，冬季则读书。

### 19.14

子游曰："丧致乎哀而止<sup>①</sup>。"

**【注释】**

①丧致乎哀而止："致，极义。丧礼只以致极乎居丧者之哀情而止，然若过而至于毁身灭性，亦君子所戒。"（钱穆《论语新解》）

**【译文】**

子游说："丧礼充分表达了自己的哀伤之情就可以了。"

**【导读】**

丧以哀为本，但是哀又要不伤害身体为度，即哀而不伤。

### 19.15

子游曰："吾友张也，为难能也，然而未仁<sup>①</sup>。"

**【注释】**

①"张也……未仁"："子张行过高，而少诚实恻怛之意。"（朱熹《论语集注》）

**【译文】**

子游说："我的朋友子张，是难能可贵的！然而还没有达到仁。"

子张"也过""也辟",有才高意广、进取刚毅、心驰于外的表现，不够中庸。

## 19.16

**曾子曰："堂堂乎张也，难与并为仁矣①。"**

**【注释】**

①"堂堂……仁矣"："子张的为人高得不可攀了，难以携带别人一同进入仁德。"（杨伯峻《论语译注》）

"堂堂，高大开广之貌。子张为人如此，故难与并为仁。盖仁者必平易近人，不务使人不可及。"（钱穆《论语新解》）

**【译文】**

曾子说："子张仪表堂堂，却难以和他一起进入仁的境界。"

**【导读】**

子张刚毅，有强人所难的倾向，或许与子贡相类。一次，子贡说："我不欲人之加诸我也，吾亦欲无加诸人。"子曰："赐也，非尔所及也。"孔子说子贡有强加诸人的倾向。曾子说子张"堂堂乎，难与并为仁矣"，是说子张霸气，不好相处。

## 19.17

**曾子曰："吾闻诸夫子：人未有自致①者也，必也亲**

丧<sup>②</sup>乎!"

**【注释】**

①自致：致，尽其极。"竭尽其情。"（钱穆《论语新解》）

②亲丧：父母之丧。

**【译文】**

曾子说："我听老师说过：'人一般不会无缘无故地倾情宣泄自己，有也一定要到父母过世的时候吧！'"

**【导读】**

曾子说的这句话与孔子说的"出则事公卿，入则事父兄，丧事不敢不勉"意同。

**19.18**

**曾子曰："吾闻诸夫子：孟庄子<sup>①</sup>之孝也，其他可能也；其不改父之臣与父之政，是难能也。"**

**【注释】**

①孟庄子：仲孙速，鲁国大夫，其父孟献子，名蔑，有贤德。

**【译文】**

曾子说："我听先生说过：'孟庄子的孝道，其他各项都不难做到；但他不换掉父亲的老臣，也不更改父亲的政策，这一点是难能可贵的。'"

本章与《学而第一》篇孔子说的"父在观其志,父没观其行,三年无改于父之道,可谓孝矣"意思相同。"父之道",在本章主要指"父之臣与父之政",即父亲留下来的臣子与父亲的施政方针。

### 19.19

**孟氏使阳肤为士师**①**,问于曾子。曾子曰:"上失其道,民散**②**久矣。如得其情**③**,则哀矜而勿喜。"**

【注释】

①阳肤为士师:阳肤,曾子弟子。士师,典狱官。

②民散:"散,离心离德。"(杨伯峻《论语译注》)

"民散,谓其情乖离叛上。"(钱穆《论语新解》)。

③如得其情:"你假若能够审处罪犯的真情。"(杨伯峻《论语译注》)

【译文】

孟孙氏任命阳肤做刑狱长官,阳肤就去请教曾子。曾子说:"执政者不走正道,民心涣散很久了。要是真的查清了案情,还望多加怜悯,不要沾沾自喜。"

【导读】

曾子首先指出今日之乱、犯罪之多的原因。孔子说"子欲善而民善矣""苟子之不欲,虽赏之不窃""其身正,不令而行;

其身不正，虽令不从""君子之德风，小人之德草，草上之风必偃"等，孔子的意思在于说明社会风气日衰，犯罪日多，根本原因在于上位者欲望太多，身不正，缺乏向善之心，以致民不聊生，民无所措手足。所以曾子说："如果审出了问题，不要沾沾自喜，应同情他们。"

## 19.20

子贡曰："纣之不善，不如是之甚也。是以君子恶居下流①，天下之恶皆归焉。"

**【注释】**

①恶居下流："下流，地形卑下处，众水皆流而归之。喻人置身不善之地，则恶名皆归其身。"（钱穆《论语新解》）

**【译文】**

子贡说："纣王不干好事，并没有后人说得那么严重。所以君子不甘居于下流，天下的污水、恶行都集结在他的身上。"

**【导读】**

子贡发现了一条历史规律，不能居于下流，居于下流一切坏事都会集中在他的身上。历史上的殷纣王之坏是事实，但不像传说中那样坏到没有底线。

## 19.21

子贡曰："君子之过也，如日月之食焉：过也，人皆见之；更①也，人皆仰之。"

①更：改过义。

【译文】

子贡说："君子的过失，好比日食月食：有缺点了，人人都能看见；改正过错了，人人都依然景仰他。"

【导读】

子贡之意在：一，不要怕有过错，君子之过与日月之过一样。二，过则勿惮改。过而不改，是谓过矣；过而能改，则复于无过。三，过而能改，人皆仰之。

## 19.22

卫公孙朝①问于子贡曰："仲尼②焉学？"子贡曰："文、武之道③，未坠于地，在人。贤者识④其大者，不贤者识其小者，莫不有文、武之道焉。夫子焉不学？而亦何常师之有？"

【注释】_____

①卫公孙朝：卫国大夫。

②仲尼：尼，乃孔子死后的谥号。

③文、武之道：谓周文王、武王之道。

④识：记住。

【译文】

卫国的公孙朝问子贡："仲尼的学问是跟谁学的？"子贡说："文王武王的道统，并没有彻底丢掉，还散落在民间。贤明的人记住了其中的大道理，不贤明的人记住了其中的小道理，都是文武道统。我们老师哪一点不学呢？又哪里有固定不变的老师呢？"

**【导读】**

本章有以下要点：一，文武之道没有失传，但是散失于民间，散如无贯之钱。二，孔子学无常师，并能将其所学如用钱绳贯穿起来，使之成为体系。

### 19.23

叔孙武叔①语②大夫于朝，曰："子贡贤于仲尼。"

子服景伯以告子贡。

子贡曰："譬之宫墙③，赐之墙也及肩，窥见室家之好。夫子之墙数仞④，不得其门而入，不见宗庙之美，百官⑤之富。得其门者或寡矣。夫子之云，不亦宜乎⑥！"

**【注释】**

①叔孙武叔：鲁国大夫，名州仇。

②语：告诉。

③宫墙：秦以后，只有帝王才能将房屋称为宫。宫墙，房屋的围墙。

④仞：七尺曰仞。

⑤官："'官'字的本义是房舍，其后才引申为官职之义，这里也是指房舍而言。"（杨伯峻《论语译注》）

⑥夫子之云，不亦宜乎：夫子，指武叔。意为"武叔说那

样的话也是难怪的"。

## 【译文】

叔孙武叔在朝廷对大夫们说："子贡比孔子贤明。"

子服景伯把这话告诉了子贡。

子贡说："用围墙打比方，赐的围墙只有肩膀高，在外面就看得见里面的院子很漂亮。老师的围墙却有几丈高，不从庙门进去，就看不到宗庙大殿的宏大壮美，百官公署的富丽堂皇。找得到庙门的，或许很少了。武叔先生那句话，不也很合情合理吗！"

## 【导读】

子贡说得好：我家的围墙同肩一样高，谁都可以看到里面房屋的美好。我老师家的围墙有几丈高，如果找不到门，就看不见宗庙的富丽堂皇、房舍的绚丽多彩。能找到老师家的门的人大概很少了。

## 19.24

叔孙武叔毁仲尼。子贡曰："无以为<sup>①</sup>也。仲尼不可毁也。他人之贤者，丘陵也，犹可逾<sup>②</sup>也；仲尼，日月也，无得而逾焉。人虽欲自绝<sup>③</sup>，其何伤于日月乎？多<sup>④</sup>见其不知量<sup>⑤</sup>也！"

## 【注释】

①无以为：不要这样做。

②逾：同"踰"，越过。

③自绝：自行断绝与对方的关系。

④多：徒然，只是。

⑤不知量：不自量力。

**【译文】**

叔孙武叔诋毁仲尼。子贡说："这样没有用的！仲尼是诋毁不了的。别人的贤明之处，好比崇山峻岭，使把劲儿还可以翻越过去。仲尼却是太阳月亮，没法超越。一个人就是想自绝于日月，对日月会有什么伤害呢？只能说明他多么不自量力罢了。"

**【导读】**

叔孙武叔一再诋毁孔子，可是孔子正如子贡所言，其高如日月，有人若自绝于日月，也太不自量力了。

## 19.25

**陈子禽谓子贡曰："子为恭也，仲尼岂贤于子乎？"**

**子贡曰："君子一言以为知<sub>智</sub>，一言以为不知<sub>智</sub>，言不可不慎也。夫子之不可及也，犹天之不可阶而升也。夫子之得邦家者，所谓立之斯立，道<sub>导</sub>之斯行，绥之斯来，动之斯和。其生也荣，其死也哀①，如之何其可及也？"**

**【注释】**

①"立之……也哀"："教民立，民就立；导民行，民就行；经他安抚都来了；经他鼓动都和了。他生时，大家都荣耀；他死后，大家都哀痛。"（钱穆《论语新解》）

"一叫百姓人人能立足于社会，百姓自会人人能立足于社会；一引导百姓，百姓自会前进；一安抚百姓，百姓自会从远方来投靠；一动员百姓，百姓自会同心协力。他生得光荣，死得可惜。"（杨伯峻《论语译注》）

**【译文】**

陈子禽对子贡说："先生谦让了，仲尼岂能比先生您还贤明呢？"

子贡说："君子说一句话就能看出智慧，说一句话也可看出糊涂，说话不能不慎重啊！老师高不可及，好比天宫不可能在地上搭个梯子爬上去。老师要是做了诸侯做了大夫，可以说他要百姓自立，百姓就能自立；为百姓指路，百姓就能跟着走；去安抚百姓，百姓就来投奔；一动员百姓，百姓就会同心协力。生前声望高，死后让人悲伤，我怎么能与老师相比呢？"

**【导读】**

本章说明了几点：其一，陈子禽对于孔子之学不得其门；其二，厚今薄古，有讨好子贡之嫌；其三，配合叔孙武叔诋毁孔子的行动；其四，试探子贡。子贡对老师之德之才坚定如磐石，不可动摇。相传子贡事孔子一年，自谓过孔子；二年，自谓与孔子同；三年自知不及孔子。所以他对别人诋毁孔子的言论，反对、批驳得最坚决。

# 尧曰第二十

（共3章）

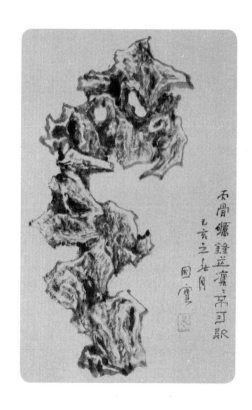

## 20.1

尧曰①："咨②！尔舜！天之历数在尔躬③，允执其中④。四海困穷，天禄永终⑤。"

舜亦以命禹。

曰："予小子履⑥敢用玄牡⑦，敢昭告于皇皇后帝⑧：有罪不敢赦。帝臣不蔽，简在帝心⑨。朕躬有罪，无以万方⑩；万方有罪，罪在朕躬。"

周有大赉，善人是富⑪。"虽有周亲，不如仁人⑫。百姓有过，在予一人。"

谨权量，审法度⑬，修废官⑭，四方之政行焉。兴灭国，继绝世，举逸民⑮，天下之民归心焉。

所重：民、食、丧、祭⑯。

宽则得众，信则民任焉，敏则有功，公则说悦⑰。

【注释】

①尧曰：尧曰以下乃尧命舜而禅以帝位之辞。

②咨：嗟叹声。

③历数在尔躬：天命落在你的身上。

④允执其中：允，真诚、公平。执，坚持。中，中正之

道。谓宜保持中正之道以应此天之历数。

⑤四海穷困，天禄永终：苟四海人民皆陷于困穷之境，则君禄亦永绝。

⑥予小子履：予，我。小子，祭天时天子自称。履，商汤的名。

⑦敢用玄牡：敢，冒昧。玄牡，用一头黑公牛为牺以祭告于天。

⑧皇皇后帝：皇皇，光明而伟大。后，指君主。古代天子和诸侯都称"后"，以后才称帝王的妻子为"后"。后帝，就是天帝。

⑨帝臣不蔽，简在帝心："您的臣仆（的善恶）我也不隐瞒掩盖，您心里也是早就晓得的。"（杨伯峻《论语译注》）

"简，选择义。凡天下贤者，皆天帝之臣，汤自言不敢蔽（障蔽），这都由天帝自心选择吧！"（钱穆《论语新解》）

⑩无以万方：不要责怪四方。

⑪周有大（lài）赍，善人是富："赍，赐予义。言周家受天大赐，富于善人，有乱臣十人是也。"（钱穆《论语新解》）

"周朝大封诸侯，使善人都富贵起来。"（杨伯峻《论语译注》）

⑫虽有周亲，不如仁人：周，至义。亲，近义。意为："纵使有至亲近戚，不如有仁德之人。"（杨伯峻《论语译注》）

⑬谨权量，审法度："权就是量轻重的衡量，量就是容量，'法度'一词，是指长度而言。所以'谨权量'跟'齐一度量衡'一个意思。"（杨伯峻《论语译注》）

"该谨慎权量，审查法度。（务求统一而公平）"（钱穆《论语新解》）

⑭修废官："废官者，旧官有废，更修立之。"（钱穆《论语新解》）

"修复已废弃的机关工作。"（杨伯峻《论语译注》）

"官有废阙，复修治之，使无旷也。"（李学勤《论语注疏》）

⑮兴灭国，继绝世，举逸民："灭亡的国家该使复兴。已绝的族世，该使再续。隐逸在野的贤人，该提拔任用。"（钱穆《论语新解》）

"复兴被灭亡的部落国家，继续被中断的氏族、宗族，推举隐逸躲藏的人民。"（李泽厚《论语今读》）

⑯所重：民、食、丧、祭："所重视的有：人民、粮食、丧礼、祭祀。"（杨伯峻《论语译注》）

"所看重的，第一是民众的饮食生活，第二是丧礼，第三是祭礼。"（钱穆《论语新解》）"重民五教，唯食丧祭。"（朱熹《论语集注》）

⑰公则说："能推行公道，则人心悦服。"（钱穆《论语新解》）

**【译文】**

尧说："好啊，你这个舜！上天的使命都在你身上了，要好好把握中道。四海百姓如果日子不好过，上天赏赐你的就再也得不到了。"

大舜传位时也用这话告诫大禹。

商汤说："我这个小人物履谨用黑公牛献祭，明白禀报光明正大的天帝：有罪的人，我都不敢擅自赦免。您臣仆的罪过，我也不敢隐瞒，天帝之心普照无余。我本人如果有罪，绝不推卸给天下百姓。天下百姓有错，由我一个人承担。"

周朝大封诸侯，善人都富贵了，武王说："虽然有周室亲人，不如有仁德之士。百姓若有过失，都由我来承当。"

谨慎校对度量衡器，仔细审定法律制度，修复已废弃的官职与机构，四方政令就通行无阻了。复兴被灭亡的邦国，延续中断的世系，推举散落的人才，大众就心悦诚服了。

重要的工作有：人民、粮食、丧礼、祭祀。

宽厚就能得人心，守信就有人才投靠而愿意被任用，勤敏就能建功立业，公道就会天下欢喜。

## 【导读】

本章要义：一，允执其中是为政的最高原则。凡事要超越两端，与时偕行，这样才会中正、公允、不偏不倚、恰到好处。二，上天在上，不可欺瞒百姓。中国传统文化中认为此宇宙有一主宰，此主宰即是天帝，天帝之心犹如百姓之心，"天视自我民视，天听自我民听"，天心就是民心。三，天道无亲常与（yú）善人。周朝大发赏赐，分封诸侯，使善人都富起来了。周朝虽有同姓亲戚，但不如有仁德的人，并且复兴了已经灭亡的国家，接续了断绝的贵族世家，起用归隐山林的贤人，天下人心又归服于周了。四，为政之要在民、食、丧、祭。所谓"民"就是民为本，一切以取信于民为要。要取信于民重在"宽""信""敏""公"。宽则人民拥护，信则人民信任，敏则言行一致，公则人民心悦诚服，有此四者人民则信任政府。"食"即足食，民以食为天，重视农业，不违农时。"丧""祭"，实际上是重视礼乐教化。

## 20.2

子张问于孔子曰："何如斯可以从政矣？"

子曰："尊五美，屏四恶，斯可以从政矣。"

子张曰："何谓五美？"

子曰："君子惠而不费①，劳而不怨，欲而不贪，泰而不骄，威而不猛。"

子张曰："何谓惠而不费？"

子曰："因民之所利而利之，斯不亦惠而不费乎？择可劳而劳之，又谁怨？欲仁而得仁，又焉贪？君子无众寡，无小大，无敢慢，斯不亦泰而不骄乎？君子正其衣冠，尊其瞻视，俨然人望而畏之，斯不亦威而不猛乎？"

子张曰："何谓四恶？"

子曰："不教而杀②谓之虐；不戒视成③谓之暴；慢令致期④谓之贼；犹之与人⑤也，出纳之吝，谓之有司⑥。"

【注释】

①惠而不费："谓有惠于民，而上无所费损。"（钱穆《论语新解》）

②不教而杀："不事先教导人便要用杀戮（来推行和制止）。"（钱穆《论语新解》）

③不戒视成："不事先告诫，最后却要看成果。"（钱穆《论语新解》）

④慢令致期："下了命令，并不郑重丁宁，到期限又硬不通融。"（钱穆《论语新解》）

⑤与人："与人，给人财物。"（杨伯峻《论语译注》）

⑥有司："古代管事者之称，职务卑微，可理解为'小家子气'。"（杨伯峻《论语译注》）

【译文】

子张问孔子："怎样才可以理顺政务？"

先生说："遵行五种美德，杜绝四种恶行，就可以理顺政务了。"

子张说："哪五种美德啊？"

先生说："君子让人多得实惠而不用自己施舍；让人勤奋工作却毫无怨言；自己希望行仁义而不贪婪；泰然自若而不骄慢；神情威严而不凶猛。"

子张问："惠而不费怎么讲？"

先生说："对老百姓有好处的，就放手让老百姓去为此奋斗，不就是让人多得实惠而不用自己施舍吗？一个人擅长什么工作，就让他干什么工作，不是让人勤奋工作而毫无怨言？希望施行仁义而能得到仁义，还贪求什么呢？君子无论人多势众还是势单力薄，都不敢怠慢，不就是泰然自若而不骄慢吗？君子衣冠端正，目不斜视，别人一看就心生敬畏，不就是威严而不凶猛吗？"

子张问："四种恶行怎么讲？"

先生说："不经教育就动用刑法，叫作虐待；不经告诫就苛求成功，叫作粗暴；下令时漫不经心却突然限期完成，叫作贼害；给人好处的时候犹犹豫豫，出手吝啬，叫作小气。"

**【导读】**

本章之要在：一，尊重五种美德，即惠而不费、劳而不怨、欲而不贪、泰而不骄、威而不猛。惠而不费，叫老百姓做对他们自己有利的事，这样不仅对百姓有益，政府还不耗费。劳而不怨，选择老百姓能干的活，谁还怨恨呢！欲而不贪，追求仁德，谁还会贪图财利呢？泰而不骄，无论人多人少、势力大小都不敢怠慢，那就是泰然自若而不傲慢吗？威而不猛，君子衣冠整齐，目光严肃端正，不就是威而不猛吗？二，排除四种恶政，事先不教化而杀人叫"虐"；事先不预告而要求立刻成功叫"暴"；命令下达很随意，又要求限期完成叫"贼"；同样给人东西，却很吝惜，这叫"小气"。


## 20.3

孔子[①]曰："不知命，无以为君子也；不知礼，无以立也；不知言，无以知人也。"


**【注释】**

①朱熹《论语集注》中没有"孔"字。

**【译文】**

孔子说："不懂天命，就不能做君子；不懂礼，就不能立身；不懂分析别人的言语，就不能鉴别人。"

**【导读】**

知命、知礼与知人，君子之三要。人不知命，则见害必避，见利必趋；知命则从容坦荡，该舍该避，该趋该取，皆以时言。不知礼，则手足无所措，耳目无所加，是非无所明。不知人，则贤才不举、朋友不信，但知人之要在于知言，言之得失可以知人之邪正，言之静躁可以知人之气度。知此三要，君子之事备矣。

# 读《论语》的方法

《论语》是一部伟大的经典，堪称人类的智慧结晶。它之所以伟大，在于它揭示了人与人之间"同然"的东西，即"己所不欲，勿施于人"。同时，也发现了在所有组织当中，家庭是最易于和谐的、维系最省力的、最可持续的组织。在家庭组织中，父慈子孝，兄友弟恭，夫义妇贞，将此三伦推及全社会，则成为五伦，即父子有亲，君臣有义，长幼有序，男女有别，朋友有信。此五伦成为全社会的伦理准则，坚守之则身修家齐国治天下太平。此由近而远的修齐治平理想，也成为中国人的基本理想。要建立一个平等的、不相互压迫的、温情脉脉的礼乐社会，若无《论语》作为文化基础，是不能实现此伟大理想的。钱穆先生说得好："中国的读书人应负有两大责任：一是自己读《论语》，一是劝人读《论语》。"

　　那么怎么来读《论语》呢?

# 一、读经的一般方法

## 1.熟读以至于背诵

　　从古代读经的一般方法看，无论是宋代的张载，还是朱熹等，都有一个共同的认识，那就是先要读熟，以至于达到能背诵的程度，使书中的话就像从自己的口中说出来一样。

古代在私塾阶段，主要任务就是念书，念至滚瓜烂熟，抑或倒背如流。倒背如流是形容诵读的熟练，不是逆着背诵，而是指从书中何处起背，都能从起处背得下来。至于书中的意思，还有训诂与道理等，尚不要求，能理解多少就理解多少。

成人读经的方法与私塾养蒙阶段的儿童有所区别，区别在于既要念熟，还要理解、领悟。理解与领悟不了，则要反反复复地读，反反复复地温习，反反复复地思考，反反复复地请教，反反复复地讨论，反反复复地查找资料，要下死功夫，直到弄通为止。正如孔子所言："学而时习之，不亦说乎？有朋自远方来，不亦乐乎？""时习"既有复习、温习之意，也有结合自己的生活、工作在实践中体悟之意。

"有朋自远方来"，所乐者何也？在于切磋学问，在于交流学问。《礼记·学记》也讲独学容易导致孤陋寡闻，言下之意读书不要忽略了与朋友的切磋与交流。所以古人有"博学之、审问之、慎思之、明辨之、笃行之"的说法。

### 2. "五之"法：博学之、审问之、慎思之、明辨之、笃行之

"博学之"在于以精读经典为主，其次则"史"、"子"与"集"。熟读、读通一本，再开始读另一本，从朱子的读书方法看，一般的顺序是先四书后五经。在四书中，先《大学》，次《论语》，再《孟子》，最后《中庸》。在五经中，则依次为《诗经》《尚书》《礼经》，至于《易经》则待有了丰富的人生

阅历时再读也不晚。《春秋》这部书，则不敢轻率地让求学者读，即使读，也要读《春秋》原文与《左传》《公羊传》《榖梁传》相佐证，如同读史。

"审问之"在于仔细考证，反复询问，如孔子进了太庙"每事问"。向谁求问呢？向老师求问，向同学求问，向长者求问，向渔夫樵夫求问，不仅如此，还可以通过查找圣贤留下的书、文等，向古代圣贤求问。

"慎思之"在于学与思的结合，孔子说："学而不思则罔，思而不学则殆。"然而思考若不以背诵为前提，思考什么呢？头脑是空白一片。所以张载云："书须成诵。精思多在夜中，或静坐得之，不记则思不起。"意思是说不背诵，实在难以思考，并且熟读达至背诵，就会将所读的内容贯通起来，一旦贯通，其义理自然显现出来。

"明辨之"在于读书既要广博，又要知其精微处。不广博不能得其义理，不精微难以应用。如孔子说："仁者安仁，智者利仁。"仁者与智者所显现皆在爱人，但是两者不同，仁者是安于爱人，安于为别人服务的人，如此才心安理得；而智者的用心在于利益，他深知爱人能得到更多的利益，因此他能爱人。所以仁者与智者是有区别的。

"笃行之"在于学以致用，在应用中提高对经书的理解与领悟。宋朝有位伟大的教育家中胡瑗，人称安定先生，就提出"经义"与"治事"的二科教学法，"经义"类于传道，"治事"类于授业。譬如学军事，就必须从当士兵做起，在军事实践中理解关于战争的道理，从而使理论与实践统一起来。

## 二、读《论语》的方法

### 1.心存温情与敬意

孔子是"圣之时也"，《论语》是我们学习孔子思想最重要的著作。"君子有三畏：畏天命、畏圣人之言、畏大人。"意思就是说对圣人之言要有一种敬畏，因此我们在读《论语》时，要有敬畏感，要心存温情与敬意。

孔子还说："君子不重则不威，学则不固。"

孟子说："学问之道无他，求其放心而已矣。"孔子之意在于居敬持志，所读所学才会牢固不忘。孟子的意思是让人保持恭敬，将失去的本心收回来，使之处于不受诱惑不受干扰的状态，读书的效果才会显著。

### 2.一句一章精读，一层一层地剥

读《论语》一定要将它视为圣书，要精读它。一句一章去读，读熟了，再理解其中的意思，并思考字外之意。若有一句一章实在无法理解，可以暂且搁置，读下一句下一章。

《论语》有一个特点，每一章都是一个完整的故事或一段完整的论述，是语录体，与《孟子》不同。每章皆独立而成，共四百九十三章（重出章句皆不计算在内），从其中任何一章读起皆可。依钱穆先生言，若从中能精通五十章，一般学生就足以应对各种人生的问题了。

当然，并非让大家仅读通五十章，而是说《论语》的精辟。鼓励大家把心思、功夫用在读《论语》上。故对于暂且弄不通或不完全懂、搁置下来的章句，在读通后面的章句之后，再来一个回马枪，继续钻研，直到弄懂搞通为止。

读书，尤其是精读之书，一定不要怕麻烦，要细致，切不能粗心，没有捷径可言。要一层一层地剥，由表及里，把肉去掉了，才能看见骨头；看见骨头了，才能见骨髓。如此读书，方有收获。读书要从无疑问，逐渐到有疑问，最后又到无疑问。解决疑问的方法一定不能依赖他人，须自己来解决，断了指望他人之心，学问才会进步。

孔子所说的"不愤不启，不悱不发"的教学方法，根本仍在求学者本身的努力，如果领悟不到一定程度，是不予指点的。《论语》所重在学，而不在教。意思就是自学为主，不能依靠别人。如同种地，自家的地，只能依靠自己的勤劳种植。

### 3.读书需专一，如除草须拔根

读书要专心专一，读《论语》就不能同时读《孟子》，读"有朋自远方来，不亦乐乎"就要忘记"学而时习之不亦说乎"，更不能又想着下一句，即"人不知而不愠，不亦君子乎"。当然在遇到相关问题时，譬如《论语》中有引用《诗经》的话，须查找《诗经》的相关资料，但查清了仍须回来，继续一句一章地研读《论语》。

朱子在屏山学堂，一日与众弟子登台，看到台上杂草丛生，就将草地平均分给几位士兵清除，其中有一位士兵在除草时，连根拔起，速度最慢。别人都拔完了，他还在拔。朱子问大家谁拔得最快，大家都认为是已经拔完草的士兵，而朱子却说连根拔起、速度最慢的士兵其实最快。试想除草不拔根，有用吗？过一段时日，草又长起，仍须再来。读书也应这样。

### 4.循序渐进，宁慢勿快，宁拙勿巧

孔子说："欲速则不达。"孟子说："进锐者退速。"孔子、孟子的用意仍在读书要循序渐进，不可贪多，多则惑。比如吃饭，要一口一口地吃，吃出滋味来，再吃下一口，这样饭菜才能转化为精血。囫囵吞枣地吃下去，是没有用的。

读书也好比与人相识，初次见面，仅能认识外表；再次相见则可了解职业、姓名、籍贯等；继续相见则可对其价值观、行为习惯等有更多的了解；认识再久一点，则一眼就可看穿他。

读书宁慢勿快，宁拙勿巧。曾参就是这样的一个人，《论语》中说"参也鲁"，意思是说曾参迟钝。然而曾参最后得到了孔子的真传，与孔子、颜回、子思、孟子比肩共称五大圣人。曾子的故事有很多，有为教育儿子不说谎话的"曾子烹彘"，有"啮指痛心"孝敬其母，有守礼一贯的"曾子换席"，等等。曾子修身的功夫实在是依靠他的至诚之心与说一不二的实践力而达到的。他日三省其身，与人交往，"动容貌，斯远暴慢矣；正颜

色，斯近信矣；出辞气，斯远鄙倍矣"；他不耻下问，"以能问于不能"，谦虚谨慎。正因如此，以其迟钝的天资，而获得孔子真传，成为五圣之一。

### 5.义理、考据与辞章三者兼顾，以义理为主

先说考据，所谓考据的目的就是对《论语》中的每句话，对当时的历史背景都要有充分的了解，由此而知说话人说此话的合理性与精神所在。在这里借用钱穆先生的例子予以说明。

"子见南子，子路不说。夫子矢之曰：'予所否者，天厌之，天厌之。'"这里需要考据的地方有两处。一者"矢"为什么是发誓的意思呢？朱子考据说，古人发誓的句子就是前面有"所"，后面有"者"，这样的句子就是古人的誓词。二者孔子为何去见南子呢？朱子在此处引用了古礼，说"古者仕于其国，有见其小君之礼"。孔子当时在卫国任职，受南子之请而拜访南子，实属正常之举。再考据，又知《史记》有如下记载："四方之君子，不辱欲与寡君为兄弟者，必见寡小君，寡小君愿见。"《史记》又说，"孔子辞谢，不得已而见之。"这样经此考据，自然可以知道孔子见南子实属合礼而不得已之举。

其次说义理。考据明了义理自然明了。这是清代学者的看法，其实也未尽然。仅从文字上寻找，是很难得到的，要向自己的心性求，使自己钻到圣人的心里，理解圣人的心，才能得到义理。魏晋玄学之"得意忘言"，最能启发人，从文字背后寻找。而要理解文字之外的东西，则必须反求诸己，要结合自身的实际

生活，从中体悟出真义。汤用彤先生讲得好，他说："徒于文字上寻求而乏心性之体会，则所获者其糟粕而已。"

还有辞章。《论语》是散文中的小品文，意境极高。它与《孟子》不同，《孟子》是大文章，此区别如《史记》与《汉书》之不同。《论语》中的比兴手法比较多，在诵读中用心去体会，如"岁寒，然后知松柏之后凋也"，读至此，似乎有松柏临雪而挺直的画面，此中所喻之意在于坚贞不屈。

宋人王应麟《困学纪闻》上记载关于赋比兴的文字："叙物以言情，谓之赋，情物尽也。索物以托情谓之比，情附物也。触物以起情谓之兴，物动情也。"

在读《论语》时，一定要体会其中赋比兴的手法，不要将《论语》当成一部死板的说教书。读得越多，体会越深，乐趣也越多。

### 6.心要虚空，不能先入为主

读《论语》一定不能先入为主，心要虚空，如同临帖，先不能有自己。口中背诵如同背自己讲的话，并且不能随便增加字或者减少字，随意杜撰。现在很多人读书，有傲慢心，没有读通圣人的真义，就先入为主，自以为是，将自己的看法硬接在圣人身上，强说成是圣人的意思。读书一定要谦虚，像不识字的人一样，一字一句地研读书中每一个字每一句话的含义，不带成见地熟读。今天理解不了，明天理解不了，但总有一天，书中的真义会蹦出来的。

## 7.精选版本

读《论语》还要注意选择版本。大致说来朱注本，即朱熹的《论语集注》最胜。按照钱穆先生讲，朱注有三大长处，一则简明，二则深入浅出，三则在义理、考据、辞章三方面皆优，因此选择古本以朱注为优。然朱注毕竟远在宋朝，离今天已久远，作为今天的学人不妨再选择钱穆的《论语新解》作为参考，会更有益于理解。

# 出自《论语》的常用成语与俗语

## 《学而第一》

**【犯上作乱】**

有子曰："其为人也孝弟，而好犯上者，鲜矣；不好犯上，而好作乱者，未之有也。"

**【巧言令色】**

子曰："巧言令色，鲜矣仁！"

**【三省吾身】【日省吾身】**

曾子曰："吾日三省吾身：为人谋而不忠乎？与朋友交而不信乎？传不习乎？"

**【入孝出悌】【行有余力】**

子曰："弟子入则孝，出则弟，谨而信，泛爱众而亲仁。行有余力，则以学文。"

**【贤贤易色】【言而有信】**

子夏曰："贤贤易色，事父母能竭其力，事君能致其身，与朋友交言而有信。虽曰未学，吾必谓之学矣。"

**【慎终追远】**

曾子曰："慎终追远，民德归厚矣。"

**【温良恭俭让】**

子贡曰："夫子温、良、恭、俭、让以得之。夫子之求之也，其诸异乎人之求之与？"

## 【小大由之】

有子曰：“礼之用，和为贵。先王之道斯为美，小大由之。有所不行，知和而和，不以礼节之，亦不可行也。”

## 【食无求饱】【居无求安】

子曰：“君子食无求饱，居无求安。敏于事而慎于言，就有道而正焉，可谓好学也已。”

## 【贫而乐道】【互相切磋】
## 【告往知来】

子贡曰：“贫而无谄，富而无骄，何如？”子曰：“可也，未若贫而乐，富而好礼者也。”子贡曰：“《诗》云：‘如切如磋，如琢如磨。’其斯之谓与？”子曰：“赐也，始可与言《诗》已矣，告诸往而知来者。”

# 《为政第二》

## 【众星捧月】【众星拱北】

子曰：“为政以德，譬如北辰，居其所而众星共之。”

## 【一言以蔽之】

子曰：“《诗》三百，一言以蔽之，曰‘思无邪’。”

## 【三十而立】【而立之年】
## 【不惑之年】【知命之年】
## 【从心所欲】【随心所欲】

子曰：“吾十有五而志于学，三十而立，四十而不惑，五十而知天命，六十而耳顺，七十而从心所欲，不逾矩。”

## 【犬马之养】

子曰：“今之孝者，是谓能养。至于犬马，皆能有养；不敬，何以别乎？”

【温故知新】

子曰："温故而知新，可以为师矣。"

【君子不器】

子曰："君子不器。"

【周而不比】

子曰："君子周而不比，小人比而不周。"

【学而不思则罔，思而不学则殆】

子曰："学而不思则罔，思而不学则殆。"

【知之为知之，不知为不知】

子曰："知之为知之，不知为不知，是知也。"

【举直错枉】

子曰："举直错诸枉，则民服；举枉错诸直，则民不服。"

【人而无信，不知其可】

子曰："人而无信，不知其可也。大车无輗，小车无軏，其何以行之哉？"

【见义勇为】

子曰："非其鬼而祭之，谄也。见义不为，无勇也。"

## 《八佾第三》

【是可忍，孰不可忍】

孔子谓季氏："八佾舞于庭，是可忍也，孰不可忍也？"

【了如指掌】【了若指掌】

或问禘之说。子曰："不知也。知其说者之于天下也，其如示诸斯乎！"指其掌。

【告朔饩羊】【爱礼存羊】

子贡欲去告朔之饩羊，子曰："赐也，尔爱其羊，我爱其礼。"

【乐而不淫】【哀而不伤】

子曰："《关雎》，乐而不淫，哀而不伤。"

【成事不说】【既往不咎】【不咎既往】

哀公问社于宰我。宰我对曰："夏后氏以松，殷人以柏，周人以栗，曰使民战栗。"子闻之，曰："成事不说，遂事不谏，既往不咎。"

【尽美尽善】

子谓《韶》："尽美矣，又尽善也。"谓《武》："尽美矣，未尽善也。"

## 《里仁第四》

【里仁为美】

子曰："里仁为美。择不处仁，焉得知？"

【造次颠沛】

子曰："君子无终食之间违仁，造次必于是，颠沛必于是。"

【心有余而力不足】

子曰："有能一日用其力于仁矣乎？我未见力不足者。盖有之矣，我未之见也。"

【观过知仁】

子曰："人之过也，各于其党。观过，斯知仁矣。"

【朝闻夕死】

子曰："朝闻道，夕死可矣。"

【恶衣恶食】

子曰："士志于道，而耻恶衣恶食者，未足与议也。"

【一以贯之】

子曰："参乎！吾道一以贯之。"曾子曰："唯。"子出。门人问曰："何谓也？"
曾子曰："夫子之道，忠恕而
已矣。"

【见贤思齐】

子曰："见贤思齐焉，见不贤
而内自省也。"

【劳而不怨】

子曰："事父母几谏。见志不
从，又敬不违，劳而不怨。"

【游必有方】

子曰："父母在，不远游。游
必有方。"

【讷言敏行】

子曰："君子欲讷于言而敏
于行。"

## 《公冶长第五》

【闻一知二】【闻一知十】

子谓子贡曰："女与回也孰

愈？"对曰："赐也何敢望
回。回也闻一以知十，赐也
闻一以知二。"子曰："弗如
也！吾与女，弗如也。"

【朽木不雕】【朽木难雕】
【朽木粪土】

宰予昼寝。子曰："朽木不可
雕也，粪土之墙不可杇也，于
予与何诛。"

【听其言而观其行】

子曰："始吾于人也，听其言
而信其行；今吾于人也，听其
言而观其行。于予与改是。"

【无欲则刚】

子曰："吾未见刚者。"或对
曰："申枨。"子曰："枨也
欲，焉得刚？"

【敏而好学】【不耻下问】

子曰："敏而好学，不耻下
问，是以谓之'文'也。"

## 【善与人交】

子曰："晏平仲善与人交，久而敬之。"

## 【三思而行】【三思而后行】

季文子三思而后行。子闻之，曰："再，斯可矣。"

## 【愚不可及】

子曰："宁武子，邦有道则知，邦无道则愚。其知可及也，其愚不可及也。"

## 【斐然成章】

子曰："吾党之小子狂简，斐然成章，不知所以裁之。"

## 【不念旧恶】

子曰："伯夷、叔齐，不念旧恶，怨是用希。"

## 【安老怀少】

子曰："老者安之，朋友信之，少者怀之。"

# 《雍也第六》

## 【迁怒于人】【行不贰过】

子曰："有颜回者好学，不迁怒，不贰过。"

## 【肥马轻裘】【乘肥衣轻】【周急济贫】【周贫济老】

子华使于齐，冉子为其母请粟。子曰："与之釜。"请益。曰："与之庾。"冉子与之粟五秉。子曰："赤之适齐也，乘肥马，衣轻裘。吾闻之也，君子周急不继富。"

## 【犁生骍角】

子谓仲弓，曰："犁牛之子骍且角，虽欲勿用，山川其舍诸？"

## 【一箪一瓢】【箪食瓢饮】【陋巷箪瓢】【不改其乐】【不堪其忧】

子曰："一箪食，一瓢饮，在

陋巷。人不堪其忧，回也不改其乐。贤哉，回也！"

【行不由径】

子游曰："有澹台灭明者，行不由径，非公事，未尝至于偃之室也。"

【文质彬彬】

子曰："质胜文则野，文胜质则史。文质彬彬，然后君子。"

【敬而远之】【先难后获】

樊迟问知。子曰："务民之义，敬鬼神而远之，可谓知矣。"问仁。曰："仁者先难而后获，可谓仁矣。"

【乐山乐水】

子曰："知者乐水，仁者乐山。"

【博学于文】

子曰："君子博学于文，约之以礼，亦可以弗畔矣夫！"

【中庸之道】

子曰："中庸之为德也，其至矣乎！"

【博施济众】【立人达人】【己欲立而立人，己欲达而达人】【能近取譬】

子贡曰："如有博施于民而能济众，何如？可谓仁乎？"子曰："何事于仁，必也圣乎！尧、舜其犹病诸！夫仁者，己欲立而立人，己欲达而达人。能近取譬，可谓仁之方也已。"

## 《述而第七》

【述而不作】【信而好古】

子曰："述而不作，信而好

古，窃比于我老彭。"

【学而不厌】【诲人不倦】

子曰："默而识之，学而不厌，诲人不倦，何有于我哉？"

【不愤不启】【不悱不发】
【举一反三】【一举三反】
【一隅三反】

子曰："不愤不启，不悱不发。举一隅不以三隅反，则不复也。"

【用行舍藏】

子谓颜渊曰："用之则行，舍之则藏，唯我与尔有是夫！"

【暴虎冯河】【临事而惧】
【好谋而成】

子曰："暴虎冯河，死而无悔者，吾不与也。必也临事而惧，好谋而成也。"

【执鞭随蹬】

子曰："富而可求也，虽执鞭之士，吾亦为之。"

【求仁得仁】

子曰："求仁而得仁，又何怨。"

【曲肱而枕】【乐在其中】
【富贵浮云】

子曰："饭疏食，饮水，曲肱而枕之，乐亦在其中矣。不义而富且贵，于我如浮云。"

【发愤忘食】【乐以忘忧】

子曰："发愤忘食，乐以忘忧，不知老之将至云尔。"

【生而知之】

子曰："我非生而知之者，好古，敏以求之者也。"

【怪力乱神】

子不语怪、力、乱、神。

【三人行必有我师】【择善而从】

子曰："三人行，必有我师焉。择其善者而从之，其不善者而改之。"

【亡而为有】【虚而为盈】【约而为泰】

子曰："亡而为有，虚而为盈，约而为泰，难乎有恒矣。"

【君子坦荡荡】

子曰："君子坦荡荡，小人长戚戚。"

【威而不猛】

子温而厉，威而不猛，恭而安。

## 《泰伯第八》

【故旧不遗】

子曰："故旧不遗，则民不偷。"

【人之将死，其言也善】

曾子言曰："鸟之将死，其鸣也哀；人之将死，其言也善。"

【犯而不校】

曾子曰："以能问于不能，以多问于寡；有若无，实若虚，犯而不校，昔者吾友尝从事于斯矣。"

【六尺之孤】【托孤寄命】

曾子曰："可以托六尺之孤，可以寄百里之命，临大节而不可夺也，君子人与？君子人也。"

【任重道远】【死而后已】

曾子曰："士不可以不弘毅，任重而道远。仁以为己任，不亦重乎？死而后已，不亦远乎？"

【不在其位，不谋其政】

子曰："不在其位，不谋其政。"

# 《子罕第九》

【斯文扫地】

子畏于匡。曰："文王既没，文不在兹乎？天之将丧斯文也，后死者不得与于斯文也；天之未丧斯文也，匡人其如予何？"

【空空如也】

子曰："吾有知乎哉？无知也。有鄙夫问于我，空空如也。我叩其两端而竭焉。"

【仰之弥高】【循循善诱】
【欲罢不能】

颜渊喟然叹曰："仰之弥高，钻之弥坚；瞻之在前，忽焉在后。夫子循循然诱人，博我以文，约我以礼，欲罢不能。"

【待贾而沽】【待价而沽】

子曰："沽之哉！沽之哉！我待贾者也。"

【逝者如斯】【不舍昼夜】

子在川上，曰："逝者如斯夫，不舍昼夜。"

【为山止篑】【功亏一篑】

子曰："譬如为山，未成一篑，止，吾止也。"

【苗而不秀】【秀而不实】

子曰："苗而不秀者有矣夫！秀而不实者有矣夫！"

【后生可畏】

子曰："后生可畏，焉知来者之不如今也？"

【知过必改】

子曰："主忠信，毋友不如己者，过则勿惮改。"

【匹夫不可夺志】

子曰：“三军可夺帅也，匹夫不可夺志也。”

【不忮不求】

子曰：“不忮不求，何用不臧？”

【松柏后凋】【岁寒松柏】【岁寒知松柏】

子曰：“岁寒，然后知松柏之后凋也。”

## 《乡党第十》

【侃侃而谈】

朝，与下大夫言，侃侃如也。

【敛容屏气】【鞠躬屏气】【屏气凝神】【屏声敛息】

摄齐升堂，鞠躬如也，屏气似不息者。

【食不厌精，脍不厌细】【鱼馁肉败】

食不厌精，脍不厌细。食饐而餲，鱼馁而肉败，不食。

## 《先进第十一》

【不得其死】【不得好死】

子乐。“若由也，不得其死然。”

【一仍旧贯】【言必有中】

鲁人为长府。闵子骞曰：“仍旧贯，如之何？何必改作？”子曰：“夫人不言，言必有中。”

【登堂入室】【升堂入室】

子曰：“由也升堂矣，未入于室也。”

【过犹不及】

子贡问：“师与商也孰贤？”子曰：“师也过，商也不及。"曰："然则师愈与？"

子曰："过犹不及。"

**【鸣鼓而攻之】【群起而攻之】**

子曰："非吾徒也。小子鸣鼓而攻之，可也。"

**【春风沂水】【沂水舞雩】**
**【喟然而叹】**

曰："莫春者，春服既成，冠者五六人，童子六七人，浴乎沂，风乎舞雩，咏而归。"夫子喟然叹曰："吾与点也！"

## 《颜渊第十二》

**【克己复礼】**

颜渊问仁。子曰："克己复礼为仁。一日克己复礼，天下归仁焉。为仁由己，而由人乎哉？"

**【己所不欲，勿施于人】**

子曰："己所不欲，勿施于

人。在邦无怨，在家无怨。"

**【内省不疚】**

子曰："内省不疚，夫何忧何惧？"

**【死生有命，富贵在天】【四海之内皆兄弟】**

子夏曰："商闻之矣：死生有命，富贵在天。君子敬而无失，与人恭而有礼，四海之内皆兄弟也。"

**【一言既出，驷马难追】【驷不及舌】**

子贡曰："夫子之说，君子也。驷不及舌。"

**【爱之欲其生，恶之欲其死】**

子曰："爱之欲其生，恶之欲其死。既欲其生，又欲其死，是惑也。"

**【片言折狱】**

子曰："片言可以折狱者，其由也与？"

**【成人之美】**

子曰："君子成人之美，不成人之恶。小人反是。"

**【风行草偃】**

子曰："君子之德风，小人之德草。草上之风，必偃。"

**【察言观色】**

子曰："夫达也者，质直而好义，察言而观色，虑以下人。"

**【不可则止】**

子贡问友。子曰："忠告而善道之，不可则止，无自辱焉。"

**【以文会友】**

曾子曰："君子以文会友，以友辅仁。"

# 《子路第十三》

**【名正言顺】【名不正言不顺】【手足无措】**

子曰："名不正，则言不顺；言不顺，则事不成。……刑罚不中，则民无所措手足。"

**【胜残去杀】**

子曰："善人为邦百年，亦可以胜残去杀矣。"

**【一言兴邦】**

定公问："一言而可以兴邦，有诸？"

**【近悦远来】**

叶公问政。子曰："近者说，远者来。"

**【欲速不达】【欲速则不达】**

子曰："无欲速，无见小利。欲速，则不达；见小利，则大事不成。"

【父为子隐】【子为父隐】

子曰："父为子隐，子为父隐，直在其中矣。"

【言必信，行必果】

子曰："言必信，行必果，硁硁然小人哉！"

【斗筲之人】【斗筲之器】

子曰："噫！斗筲之人，何足算也。"

【和而不同】

子曰："君子和而不同，小人同而不和。"

【求全责备】【求备于人】

子曰："君子易事而难说也。说之不以道，不说也；及其使人也，器之。小人难事而易说也。说之虽不以道，说也；及其使人也，求备焉。"

【刚毅木讷】

子曰："刚、毅、木、讷，近仁。"

# 《宪问第十四》

【危言危行】

子曰："邦有道，危言危行；邦无道，危行言孙。"

【没齿无怨】

子曰："夺伯氏骈邑三百，饭疏食，没齿无怨言。"

【见利思义】【见危授命】
【久要不忘】

子曰："见利思义，见危授命，久要不忘平生之言，亦可以为成人矣。"

【谲而不正】

子曰："晋文公谲而不正，齐桓公正而不谲。"

【一匡天下】【披发左衽】

【匹夫匹妇】【匹夫沟渎】

【匹夫小谅】

子曰："管仲相桓公，霸诸侯，一匡天下，民到于今受其赐。微管仲，吾其披发左衽矣。岂若匹夫匹妇之为谅也，自经于沟渎而莫之知也。"

【不在其位，不谋其政】

子曰："不在其位，不谋其政。"

【思不出位】

曾子曰："君子思不出其位。"

【言过其行】【言过其实】

子曰："君子耻其言而过其行。"

【仁者不忧】【知者不惑】

【勇者不惧】

子曰："君子道者三，我无能焉：仁者不忧，知者不惑，勇者不惧。"

【以德报怨】【以直报怨】

【以德报德】

或曰："以德报怨何如？"子曰："何以报德？以直报怨，以德报德。"

【怨天尤人】【下学上达】

子曰："不怨天，不尤人，下学而上达。知我者其天乎！"

【知其不可而为之】

子路宿于石门。晨门曰："奚自？"子路曰："自孔氏。"曰："是知其不可而为之者与？"

【老而不死】

子曰："幼而不孙弟，长而无述焉，老而不死，是为贼！"

## 《卫灵公第十五》

【君子固穷】

子曰："君子固穷，小人穷斯滥矣。"

【一以贯之】

子曰："非也。予一以贯之。"

【无为而治】

子曰："无为而治者，其舜也与？"

【志士仁人】【求生害仁】
【杀身成仁】【成仁取义】
【取义成仁】

子曰："志士仁人，无求生以害仁，有杀身以成仁。"

【工欲善其事，必先利其器】

子曰："工欲善其事，必先利其器。居是邦也，事其大夫之贤者，友其士之仁者。"

【人无远虑，必有近忧】

子曰："人无远虑，必有近忧。"

【躬自厚而薄责于人】

子曰："躬自厚而薄责于人，

则远怨矣。"

【言不及义】【好行小慧】

子曰："群居终日，言不及义，好行小慧，难矣哉！"

【求人不如求己】

子曰："君子求诸己，小人求诸人。"

【群而不党】

子曰："君子矜而不争，群而不党。"

【以言举人】【以人废言】
【因人废言】

子曰："君子不以言举人，不以人废言。"

【己所不欲，勿施于人】

子曰："己所不欲，勿施于人。"

【直道而行】

子曰："斯民也，三代之所以

直道而行也。"

【小不忍则乱大谋】

子曰："巧言乱德，小不忍，则乱大谋。"

【人能弘道】

子曰："人能弘道，非道弘人。"

【当仁不让】

子曰："当仁，不让于师。"

【有教无类】

子曰："有教无类。"

【道不相谋】【不相为谋】

子曰："道不同，不相为谋。"

## 《季氏第十六》

【持危扶颠】【开柙出虎】
【龟玉毁椟】【玉毁椟中】

孔子曰："危而不持，颠而不扶，则将焉用彼相矣？且尔言过矣。虎兕出于柙，龟玉毁于椟中，是谁之过与？"

【不患寡而患不均，不患贫而患不安】

孔子曰："丘也闻有国有家者，不患寡而患不均，不患贫而患不安。"

【既来之，则安之】【分崩离析】【大动干戈】【祸起萧墙】【事在萧墙】【萧墙之祸】

孔子曰："夫如是，故远人不服，则修文德以来之。既来之，则安之。今由与求也；相夫子，远人不服而不能来也，邦分崩离析而不能守也。而谋动干戈于邦内。吾恐季孙之忧，不在颛臾，而在萧墙之内也。"

【益者三友】【直谅多闻】

孔子曰："益者三友，损者三

友。友直，友谅，友多闻，益矣。友便辟，友善柔，友便佞，损矣。"

## 【血气方刚】

孔子曰："及其壮也，血气方刚，戒之在斗。"

## 【生而知之】【学而知之】
## 【困而学之】【困而不学】

孔子曰："生而知之者，上也；学而知之者，次也；困而学之，又其次也；困而不学，民斯为下矣。"

## 【见善如不及，见不善如探汤】

孔子曰："见善如不及，见不善如探汤。吾见其人矣，吾闻其语矣。"

## 【过庭之训】【诗礼之训】

尝独立，鲤趋而过庭。曰："学《诗》乎？"对曰："未也。""不学《诗》，无以言。"鲤退而学《诗》。他日，又独立，鲤趋而过庭。曰："学礼乎？"对曰："未也。""不学礼，无以立。"鲤退而学礼。

# 《阳货第十七》

## 【怀宝迷邦】【岁不我与】
## 【时不我与】

阳货谓孔子曰："来！予与尔言。"曰："怀其宝而迷其邦，可谓仁乎？"曰："不可。""好从事而亟失时，可谓知乎？"曰："不可。""日月逝矣，岁不我与。"孔子曰："诺，吾将仕矣。"

## 【性相近，习相远】

子曰："性相近也，习相远也。"

## 【上智下愚】

子曰："唯上知与下愚不移。"

## 【割鸡焉用牛刀】【牛刀割鸡】

子之武城，闻弦歌之声。夫子莞尔而笑，曰："割鸡焉用牛刀。"

## 【色厉内荏】【穿窬之盗】

子曰："色厉而内荏，譬诸小人，其犹穿窬之盗也与。"

## 【道听途说】

子曰："道听而涂说，德之弃也。"

## 【患得患失】【无所不至】

子曰："其未得之也，患得之；既得之，患失之。苟患失之，无所不至矣。"

## 【恶紫夺朱】【以紫乱朱】
## 【以紫为朱】

子曰："恶紫之夺朱也，恶郑声之乱雅乐也，恶利口之覆邦家者。"

## 【饱食终日】【无所用心】

子曰："饱食终日，无所用心，难矣哉！不有博弈者乎？为之，犹贤乎已。"

## 【居下讪上】【恶居下流】

子曰："有恶：恶称人之恶者，恶居下流而讪上者，恶勇而无礼者，恶果敢而窒者。"

# 《微子第十八》

## 【枉道事人】【父母之邦】

子曰："枉道而事人，何必去父母之邦？"

## 【来者可追】

楚狂接舆歌而过孔子，曰："凤兮！凤兮！何德之衰？往者不可谏，来者犹可追。"

## 【四体不勤，五谷不分】

丈人曰："四体不勤，五谷不分，孰为夫子？"

## 【降志辱身】【无可无不可】

谓："柳下惠、少连，降志辱身矣。……我则异于是，无可无不可。"

# 《子张第十九》

## 【见危致命】【临危致命】【见得思义】

子张曰："士见危致命，见得思义，祭思敬，丧思哀，其可已矣。"

## 【小道可观】

子夏曰："虽小道，必有可观者焉，致远恐泥，是以君子不为也。"

## 【博学笃志】【切问近思】

子夏曰："博学而笃志，切问而近思，仁在其中矣。"

## 【文过饰非】

子夏曰："小人之过也，必文。"

## 【望之俨然】【即温听厉】

子夏曰："君子有三变：望之俨然，即之也温，听其言也厉。"

## 【有始有终】【有始有卒】

子夏曰："君子之道，焉可诬也？有始有卒者，其惟圣人乎！"

## 【学而优则仕】

子夏曰："仕而优则学，学而优则仕。"

## 【文武之道】

子贡曰："文、武之道，未坠于地，在人。"

【不自量力】【自不量力】

子贡曰："仲尼，日月也，无得而逾焉。人虽欲自绝，其何伤于日月乎？多见其不知量也。"

【生荣死哀】

子贡曰："其生也荣，其死也哀，如之何其可及也？"

## 《尧曰第二十》

【允执其中】

尧曰："咨！尔舜！天之历数在尔躬，允执其中。四海困穷，天禄永终。"

【兴灭继绝】【存亡继绝】
【继绝存亡】【天下归心】

谨权量，审法度，修废官，四方之政行焉。兴灭国，继绝世，举逸民，天下之民归心焉。

【惠而不费】【劳而不怨】
【欲而不贪】【泰而不骄】
【威而不猛】

子曰："君子惠而不费，劳而不怨，欲而不贪，泰而不骄，威而不猛。"

【望而生畏】

子曰："君子正其衣冠，尊其瞻视，俨然人望而畏之，斯不亦威而不猛乎？"

【不教而杀】【不教而诛】
【不戒视成】【慢令致期】

子曰："不教而杀谓之虐；不戒视成谓之暴；慢令致期谓之贼；犹之与人也，出纳之吝，谓之有司。"